DE L'EXCEPTION DE DOL

EN DROIT ROMAIN

DES DONS MANUELS

EN DROIT FRANÇAIS

THÈSE POUR LE DOCTORAT

présentée à la Faculté de Droit de Nancy

PAR

JULES CLAUDE

Substitut du Procureur de la République, à Remiremont.

L'acte public sur les matières ci-après sera présenté et soutenu le Samedi 3 mai 1884, à quatre heures du soir.

Président : M. P. LOMBARD, Professeur.

Suffragants :
MM. LEDERLIN, Professeur-Doyen.
BLONDEL, GARNIER, Professeurs.
GAVET, Agrégé.

Le candidat répondra en outre aux questions qui lui seront faites sur les autres matières de l'enseignement.

NANCY

IMPRIMERIE NANCÉIENNE, 1, RUE DE LA PÉPINIÈRE

1884

FACULTÉ DE DROIT DE NANCY

MM. LEDERLIN, I ⚜, — Doyen, Professeur de Droit romain (2º chaire), autorisé à faire le cours de Pandectes et Chargé du cours de Droit français étudié dans ses origines féodales et coutumières.

JALABERT ✻, I ⚜, — Doyen honoraire.

LOMBARD (A.), I ⚜, — Professeur de Droit commercial et Chargé du cours de Droit des gens.

LIÉGEOIS, I ⚜, — Professeur de Droit administratif et Chargé du cours d'histoire du Droit romain et du Droit français.

BLONDEL, A ⚜, — Professeur de Code civil (2º chaire) et Chargé du cours de Droit constitutionnel.

BINET, A ⚜, — Professeur de Code civil (3e chaire) et Chargé du cours de Droit civil approfondi dans ses rapports avec l'Enregistrement.

LOMBARD (Paul), A ⚜, — Professeur de Code civil (1re chaire).

GARNIER, A ⚜, — Professeur d'Économie politique.

MAY, — Professeur de Droit romain (1re chaire).

CHAVEGRIN, — Agrégé, Chargé du cours de Droit international privé.

GARDEIL, — Agrégé, Chargé du Cours de Droit criminel.

BEAUCHET, — Agrégé, Chargé du cours de Procédure civile.

BOURCART, — Agrégé, Chargé du cours de Pandectes, autorisé à faire le cours de Droit romain (2º chaire).

GAVET, — Agrégé, Chargé du cours d'Histoire générale du Droit français public et privé.

LACHASSE, I ⚜. — Docteur en Droit, secrétaire.

MEIS ET AMICIS.

L'EXCEPTIO DOLI

INTRODUCTION

Quand on étudie la législation romaine et que sans s'arrêter à la surface du droit, on veut pénétrer les secrets de ses institutions, il est un spectacle assurément très curieux qui doit attirer les regards du jurisconsulte, c'est celui de la lutte entre le *jus* et l'*æquitas*, les deux éléments contraires dont est sorti le droit romain. Lutte sans trève, qui, commencée presque immédiatement après la rédaction de la loi des Douze Tables, se continua à travers les vicissitudes de la fortune de Rome sous la République et sous l'Empire, et aboutit à la formation du droit classique, ce chef-d'œuvre à la fois de logique et de bon sens.

Il est difficile d'expliquer comment de nouvelles règles qui, fondées uniquement sur l'équité n'avaient aucune base législative, sont parvenues à s'introduire dans la cité romaine; comment elles ont pu occuper une place qui était réservée exclusivement au vieux droit quiritaire. Cependant si, remontant aux débuts de Rome, on examine les caractères du droit à ce moment, on s'aperçoit qu'il ne pouvait convenir qu'à un peuple primitif, chez lequel les relations juridiques étaient extrêmement simples précisément à cause des circonstances dont sa naissance avait été accompagnée.

Créé en effet pour l'usage d'hommes qui sortaient à peine de l'état nomade, il devait nécessairement paraître grossier et imparfait à une époque où la civilisation commençait à prendre un certain développement. « Tout » ce qui surgit, dit Ihering, dans le système primitif des » Romains, est robuste comme l'étaient les Romains eux-» mêmes à cette époque ; point de demi-mesure, rien d'in-» déterminé, de composé ; tout était entier ou n'était point, » simple et déduit d'une seule idée, mais celle-ci poussée » avec une logique inexorable. Le droit fait l'impression » d'une machine grandiose par le seul ascendant de son » ingénieuse simplicité. Mais son uniformité repose sur » une imperfection ; il n'y a pas d'appareil qu'on puisse » appliquer à la machine ; elle produit toujours les mêmes » pièces ; en d'autres termes, le droit ne peut se plier aux » conditions et aux besoins individuels ; l'égalité qu'il » poursuit et réalise est de celles dont on dit *summum* » *jus, summa injuria* (1) ».

Les Romains devaient sentir d'autant plus la nécessité de corriger les imperfections de leur droit, qu'ils pouvaient, en le comparant aux législations étrangères, en voir facilement toute la rigueur et tous les vices. C'est ce qui arriva en effet ; grâce à leur génie pratique, ils admirent peu à peu les différentes règles du *jus gentium*, du droit d'humanité au regard de celles du *jus civile*, du droit national.

---

(1) Ihering, *Esprit du droit romain*, t. IV, p. 82.

Cette introduction du droit des gens et de l'équité fut l'œuvre des magistrats, principalement du préteur. On s'étonne à bon droit de voir ce dernier faire des réformes législatives que ne comportaient certainement pas ses pouvoirs. Quelques auteurs ont même critiqué fort vivement cet empiétement du pouvoir judiciaire sur le pouvoir législatif; ils l'ont qualifié d'usurpation. « Quelle que fût la » base, déclare M. Blondeau, des dispositions prétorien- » nes, cette nouvelle classe d'éléments législatifs, résultat » de la confusion des pouvoirs politiques, dut offrir de » très graves inconvénients ; il n'y a point de liberté, a dit » Montesquieu, si la puissance de juger n'est séparée de la » puissance législative (1) ».

Cette critique me paraît exagérée ; sans doute le préteur commit une usurpation en accomplissant des actes qui étaient du domaine du pouvoir législatif; mais c'était là une usurpation nécessaire justifiée par les circonstances où il se trouvait. Le droit romain était, surtout à son origine, essentiellement coutumier; ce caractère résulte des nombreux textes où les jurisconsultes, particulièrement Gaius, représentent les *mores majorum* comme l'une des principales sources du droit.

La loi des Douze Tables, qui n'avait fait en quelque sorte que réunir les différentes coutumes des Romains, était intervenue à une époque où ces usages n'étaient déjà plus en harmonie avec les mœurs ; il arriva par suite qu'à peine fût-elle promulguée, on sentit la nécessité d'y apporter de graves modifications. Quelques-unes d'entre elles dont l'utilité paraissait incontestable, furent réalisées par des lois ou plébiscites ; c'est ce qui arriva notamment pour le mariage entre patriciens et plébéiens, qui était prohibé

---

(1) Blondeau, *Droit privé des Romains*. Introduction, LXXIX.

par la loi des Douze Tables. Mais, et c'est là un fait caractéristique de cette époque, les lois sur le droit privé étaient
extrêmement rares; les comices ne s'assemblaient pas fréquemment et, lors de leurs réunions, ils statuaient presque
toujours sur des questions de politique intérieure ou extérieure.

Qui donc allait prendre la direction du mouvement de
réformes, lequel ne pouvait évidemment pas s'arrêter? Il
était un homme qui, par la nature du rôle qu'il était appelé
à jouer dans la procédure, se trouvait dans les meilleures
conditions pour reconnaître les vices de la législation et
réaliser les progrès qu'il jugeait nécessaire. C'était le préteur. Grâce à lui, de nouveaux principes juridiques furent
proclamés; un nouveau droit se forma, ayant pour base la
loi des Douze Tables, interprétée par le préteur; et la jurisprudence prétorienne nous apparaît comme une espèce
de coutume plus assurée que la précédente, parce qu'elle
s'appuyait sur l'œuvre des décemvirs. C'est ainsi, du reste,
que les Romains la considérèrent; pour eux le droit prétorien est la parole vivante du droit civil : « Nam et ipsum
» honorarium viva vox juris civilis (l. 1, Dig., *De justit. et
jure;* l. 1, 8); Cicéron appelle le préteur *juris civilis cus-
tos.* (Cicér., *De legib.,* l. 3, 3.) Les intéressés ont donc reconnu eux-mêmes la légitimité de l'intervention du préteur; dans leur esprit, le magistrat ne commettait pas un
excès de pouvoir en apportant des modifications aux règles du droit civil. Aussi, Papinien n'hésite-t-il pas à
définir le droit prétorien : « Jus prætorium est quod præ-
» tores introduxerunt adjuvandi vel supplendi vel corri-
» gendi juris civilis gratiâ, propter utilitatem publicam. »
(L. 7, Dig., *De justit. et jure,* L. 1, 1.) Tout ce qu'on demandait du magistrat c'est que, tout en tournant la loi, il
ne l'attaquât pas ouvertement.

Le peu de durée de ses fonctions palliait dans une très grande mesure les inconvénients que présentait un pouvoir aussi absolu. Si, en effet, pendant la durée de sa magistrature, il pouvait à son gré accorder ou refuser les formules d'actions, il était, à la fin de ses fonctions, responsable de ses actes devant le peuple et il pouvait être condamné sévèrement si celui-ci jugeait qu'il n'avait pas suffisamment respecté les règles du droit et de l'équité. D'autre part, le renouvellement fréquent des magistrats ne leur permettait pas de s'arrêter dans leurs réformes ; les préteurs sortis tous les ans des rangs de la foule étaient au courant de ses aspirations; ils connaissaient par leur propre expérience les progrès qu'il était nécessaire de réaliser ; par suite ils savaient mettre le droit constamment d'accord avec les mœurs.

Nous avons montré pourquoi le préteur fut l'auteur des réformes ; il reste à voir comment il est parvenu à les réaliser. Il ne faut pas croire en effet qu'il se contentait d'abroger purement et simplement les dispositions de la loi des Douze Tables qui le gênaient et de les remplacer par d'autres qu'il trouvait plus conformes aux règles de l'équité. Il était trop respectueux de la *lex* pour commettre un acte aussi grave ; car il ne faut pas se dissimuler que les Romains auraient supporté difficilement qu'une atteinte fût portée au monument législatif des décemvirs; il fallait donc, tout en paraissant appliquer la loi, la tourner par des artifices juridiques, par les moyens de procédure qui plaisaient tant à l'esprit romain. L'exception de dol est précisément un des moyens employés par le préteur et certainement l'un des plus efficaces.

Bien souvent les prétentions du demandeur, quoique fondées sur les principes du droit civil, étaient contraires à l'équité, et si on se place au moment de la rédaction de la loi des Douze Tables, on voit facilement comment un pareil résultat pouvait se produire. A cette époque, chaque acte juridique exigeait, pour sa validité, des formalités solennelles très nombreuses ; l'omission de la moindre d'entre elles rendait absolument inefficaces les conventions intervenues entre les parties; mais en revanche, si elles avaient été toutes observées, l'acte devait produire nécessairement son effet, quelles que fussent les circonstances qui en avaient accompagné la réalisation. Ainsi, une personne a mancipé un fonds dont elle était propriétaire; si les actes solennels indiqués par la loi ont été accomplis, les paroles prononcées en présence des témoins, la propriété du fonds est transférée en faveur de celui à qui a été faite la mancipation. Peut-être l'une des parties n'a-t-elle pas eu une liberté complète? Peut-être a-t-elle été induite en erreur par les manœuvres frauduleuses de son adversaire? Peu importe, ces événements ne peuvent avoir aucune influence sur le résultat final: la loi étant muette, il n'est pas permis au juge d'y suppléer; il devra nécessairement condamner le défendeur à faire la tradition de la chose mancipée et à ne pas troubler l'acheteur dans sa légitime possession. De même une personne a-t-elle stipulé d'une autre une certaine somme ou a-t-elle fait avec elle une expensilation, on n'a pas à rechercher si ces actes ont été déterminés par le dol ou même par la violence ; les formes du contrat ont-elles été observées? Telle est la seule question que doit examiner le juge.

Sous le système des *legis actiones*, il n'était guère possible au magistrat d'empêcher ces résultats iniques ; il ne jouait, dans cette procédure, qu'un rôle absolument passif. Ses fonctions se bornaient à assister, impassible, à l'accomplissement des formalités solennelles par les parties et à nommer le juge qui serait chargé de statuer sur l'affaire en litige (1). Mais on sait que les *legis actiones* disparurent d'assez bonne heure et furent remplacées par un système de procédure beaucoup plus large, par le système formulaire. Ce qui en constituait le trait caractéristique, c'était la formule, instruction écrite, par laquelle le magistrat indiquait au juge les différents points qu'il devait examiner. Toute formule, en règle générale, contenait au moins deux parties, l'*intentio* et la *condemnatio*; l'*intentio*

-----

(1) On a soutenu que, même sous les *legis actiones*, il y avait certains moyens de réprimer le dol, et ces moyens auraient consisté, suivant M. de Savigny, dans des *sponsiones* forcées.

On fait observer que ces *sponsiones* étaient familières à l'esprit romain ; que, dans bien des cas, lorsqu'une personne était dépourvue d'action, le magistrat, si sa cause lui paraissait juste, ne trouvait rien de mieux que de faire naître cette action, en obligeant l'adversaire à s'engager par une promesse faite sous forme de stipulation. Quoi de plus naturel que les Romains se soient servis ici de ces *sponsionès*? Le défendeur, dépourvu de tout moyen de défense, aurait pu ainsi réclamer à l'auteur du dol des dommages-intérêts. On invoque certains textes de Plaute en faveur de cette opinion. (Plaute, *Rudens*, V, 3, vers 24.)

Un personnage de condition honteuse a promis une grosse somme d'argent à l'esclave Grippus; pour se soustraire à l'exécution de sa promesse, il invoque le dol dont il a été victime : « Cedo quicum habeam judicem ni, » dolo malo in stipulatus sis aut etiam dum haud siem quinque et vigenti » annos natus. » Cela signifierait, d'après les partisans de cette doctrine, qu'il provoque son adversaire à une *sponsio* sur laquelle s'engagera un procès où seront soumises aux juges les deux questions suivantes : la promesse de Labrax n'a-t-elle pas été surprise par dol? N'est-il pas protégé par la loi Plœtoria, comme mineur de 25 ans ?

M. Accarias, et je me range volontiers à son avis, n'admet pas ce système ; suivant lui, les *sponsiones* forcées n'ont pas eu d'application en matière de dol ; il fait observer très justement qu'aucun jurisconsulte ne parle de ces *sponsiones* comme moyen de défense à une demande entachée de mauvaise foi. Or, s'il est un point certain, c'est qu'on ne peut trouver de renseignements sérieux dans les œuvres d'auteurs dramatiques. Le texte de Plaute est, du reste, assez obscur : Labrax peut vouloir dire simplement qu'il consent à plaider, si le magistrat lui-même ne reconnaît pas que sa promesse est le résultat d'un dol et qu'il est mineur de 25 ans, et il résulterait de là qu'il s'appuierait non seulement sur le dol de son adversaire, mais encore sur sa propre minorité. (Accarias, t. II, p. 1196, note 1 et n° 891.)

exprimait les prétentions du demandeur; la *condemnatio* donnait au juge le pouvoir de condamner ou d'absoudre, suivant que l'*intentio* était ou n'était pas exacte.

La *condemnatio* était donc nécessairement condition-nelle. Eh bien, qui pouvait empêcher le magistrat, quand les prétentions du demandeur, quoique fondées en droit civil pur, lui paraissaient contraires à l'équité, de rendre la *condemnatio* doublement conditionnelle, de la subordon-ner à cette seconde condition qu'il n'y a pas de dol de la part du demandeur? Ce résultat était atteint par l'excep-tion de dol.

Par l'emploi raisonnable de cette exception, le préteur sut réaliser de nombreuses réformes qu'il jugeait néces-saires, et cela sans violer ouvertement la loi des Douze Tables, pour laquelle il conservait le plus profond respect. Du reste, le préteur ne se borna pas à créer un moyen de défense ; de bonne heure, il s'aperçut qu'il y avait des cas où des demandes tout à fait conformes à l'équité ne trou-vaient aucun fondement dans le droit civil. Reprenons les exemples que nous avons indiqués; supposons qu'une mancipation, qu'une promesse a été déterminée par des manœuvres frauduleuses ; la chose mancipée a été livrée, la promesse exécutée ; celui qui a profité de ces actes conservera-t-il le fruit de son dol? Ne pourra-t-il être inquiété par sa victime? Il est probable que, pendant un certain temps, le préteur hésita à créer, en dehors de toutes les règles du droit, une action qui permît à l'ancien pro-priétaire de recouvrer les choses qui lui avaient été extor-quées. Porter une pareille atteinte au droit civil, était un acte trop grave pour que le magistrat, de sa propre auto-rité, osât l'accomplir; nous croyons, pour nous, qu'il chercha d'abord à réparer le mal produit par une applica-tion rigoureuse du droit civil, par des mesures extraordinaires qu'il prenait pour chaque cas particulier, agissant toujours avec une extrême réserve, et seulement lorsque la cause du plaignant lui paraissait tout à fait digne d'intérêt; nous croyons, par conséquent, que la *restitutio in integrum propter dolum* a dû précéder l'action *de dolo* (1).

Cette *restitutio* avait un effet très complet ; elle anéantissait d'une manière absolue l'acte juridique ainsi que toutes ses conséquences. La mancipation, la promesse, étaient considérées comme n'ayant jamais eu lieu ; il était dès lors naturel que la victime du dol eût l'action en revendication contre celui qui avait agi frauduleusement à son égard: c'était là l'application pure et simple des règles du droit civil. Ce qui caractérise donc la restitution *in integrum*, c'est qu'elle porte plutôt sur les faits que sur le droit. Le magistrat, pour pouvoir donner une formule d'action, alors que certaines circonstances s'y opposaient, ne trouvait rien de mieux que de considérer ces circonstances comme ne s'étant jamais produites.

Mais une pareille situation ne pouvait subsister longtemps; les Romains ne se dissimulaient pas que c'était là le triomphe de l'arbitraire ; il parut nécessaire à tous que la répression du dol fût assurée d'une façon générale; c'est

____

(1) Tel n'est pas l'avis de M. Accarias. Suivant lui, l'action a dû précéder la restitution *in integrum*, et il appuie son opinion sur une anecdote rapportée par Cicéron. (*De Officiis*, t. III, n° 14.) Le chevalier Cannius a acheté, par suite de manœuvres frauduleuses, employées à son égard par le banquier Pithius, la maison de campagne de ce dernier. Le banquier ayant transformé le contrat de vente en contrat *litteris*, Cicéron déclare que Cannius n'avait aucun moyen d'obtenir réparation, « parce que, dit-il, mon collègue Aquilius Gallus n'avait pas encore inventé ses formules sur le dol. » Ce passage n'est pas suffisamment clair pour qu'on puisse y trouver un argument bien puissant contre notre doctrine. Si Cannius n'avait plus aucune ressource à sa disposition, c'est que ces faits de dol n'étaient peut-être pas assez graves pour que la *restitutio in integrum*, qui constituait une mesure tout à fait extraordinaire, fût accordée par le préteur.

alors que le préteur, réalisant un nouveau progrès, créa une action de dol, action qui permit à celui qui avait été la victime de manœuvres frauduleuses de rendre les choses qu'il avait livrées imprudemment. Cette action avait un caractère particulier qu'elle partagea, du reste, plus tard avec beaucoup d'autres actions. La *condemnatio* de sa formule n'avait aucun fondement dans les principes du droit civil; elle dépendait uniquement de la réalité des faits frauduleux allégués par le demandeur.

Mon intention n'est pas d'étudier tout le système prétorien relatif à la répression du dol, c'est-à-dire l'*exceptio doli*, la *restitutio in integrum ob dolum* et l'*actio de dolo* ; il m'a suffi d'indiquer les différentes phases par lesquelles il a passé; d'en montrer le développement historique. Nous entendons nous attacher désormais à l'examen d'un seul des moyens imaginés par le préteur pour réprimer la fraude; nous nous occuperons exclusivement de l'exception de dol (1). Elle s'est imposée à notre choix, soit par

---

(1) Quelques auteurs pensent, sur le témoignage de Cicéron, que l'exception de dol fut introduite par Aquilius Gallus vers l'an 688. En effet, le grand orateur, en rapportant l'anecdote par nous déjà citée, déclare que Cannius n'avait aucun moyen de se faire indemniser de la perte qu'il subissait; d'autre part, il dit que son collègue Aquilius Gallus n'avait pas encore inventé les formules sur le dol, ce qui fait supposer qu'il entend parler à la fois de l'action et de l'exception. Cependant, cette interprétation de la pensée de Cicéron me paraît impossible à admettre, car lui-même *(Verrines*, III, 63) affirme que l'*actio quod metus causâ* a été imaginée par Cneius Octavius, qui fut consul en 674, c'est-à-dire à une époque antérieure à la création de l'action *de dolo*. Or, cértainement, l'*exceptio quod metus causa* est au moins contemporaine de l'action; par conséquent, si on admettait que l'exception de dol n'est pas antérieure à l'action dé dol, il en résulterait qu'elle serait postérieure à l'*exceptio quod metus causâ*. Or, Ulpien (l. 4, § 33, *De met.* et *dole exceptione,* l. 44, 4) contredit absolument ce résultat, car il s'exprime ainsi : « Cassius metus causâ exceptionem non proposuerat; contentus doli » exceptione quæ est generalis. Sed utilius visum est etiam de metu oppo » nere exceptionem, etc. »). Donc, l'exception de dol est antérieure à l'*exceptio quod metus causâ* et, par suite, est plus ancienne également que

son antériorité historique, soit plutôt encore parce qu'elle fut un moyen général de modérer la rigueur du droit civil dans ses applications pratiques.

L'étude que nous ferons de l'exception de dol comprendra trois parties. Dans la première, j'examinerai les caractères généraux de cette exception. Dans la seconde, j'indiquerai les conditions nécessaires pour qu'elle puisse être valablement opposée et ait quelque efficacité. Enfin, en dernier lieu, je déterminerai les effets de l'exception de dol.

l'*actio de dolo*. Et cela s'explique rationnellement; car les Romains ont dû songer avant tout à empêcher une condamnation inique; ce n'est que plus tard que les moyens d'attaque ont dû leur paraître nécessaires.

PREMIÈRE PARTIE

Caractères généraux de l'exception de dol.

PREMIER CARACTÈRE

GÉNÉRALITÉ

L'exception de dol était ainsi conçue : « Si nihil in eâ
» re dolo malo Auli Aggerii factum sit neque fiat. » (L. 4,
§ 33, *De Doli et metus except.*; l. 44, 4 ; G. C. IV, § 119.)
Comme on le voit immédiatement, ce qui caractérise cette
exception, c'est sa généralité ; elle est donnée dans tous les
cas où il y a dol ; Ulpien lui-même le remarque en ces
termes : « Metus causâ exceptionem cassius non pro-
» posuerat contentus dol exceptione, quæ sit generalis. »
Le mot dol, lui-même est pris dans un sens très large, il
désigne toute demande injuste, c'est-à-dire contraire à
l'équité.

De cette idée découle des conséquences très importantes :

1° Le juge devra tenir compte, dans son appréciation, de
tous les faits qui entachent d'injustice la demande qui lui
est soumise ; d'où il résulte que si le défendeur a à faire
valoir d'autres exceptions qui se rattachent à l'équité, il
pourra s'abstenir de les invoquer, et demander simplement l'insertion dans la formule de l'exception de dol.

Quelques auteurs sont partis de là pour établir une
opposition entre l'exception de dol et toutes les autres
exceptions, qui seraient conçues *in factum*. Quelquefois,

disent-ils, la formule précise le fait allégué par le défendeur, mais sans donner à ce fait la qualification de frauduleux, par exemple ; elle subordonne la condamnation du défendeur à l'absence de pacte de remise ou de transaction : « nisi de non petendo pactum sit, nisi transac- » tum sit ; » elle ne présente au juge qu'une simple question de fait, puisque les conséquences juridiques de ce fait ont déjà été déterminées par le magistrat. Le préteur peut au contraire n'indiquer au juge aucun fait déterminé, mais il lui ordonne d'une manière générale de tenir compte du dol du demandeur ; dans ce cas, le juge a un plus large pouvoir d'appréciation ; il doit examiner les différents faits allégués par le défendeur et en apprécier la gravité.

Ces deux formes d'exceptions présentaient chacune leurs avantages particuliers. C'était au défendeur à rechercher quelle était celle qui, dans l'affaire en litige, présentait pour lui le plus d'efficacité. Si les faits qu'il invoquait étaient bien déterminés et d'une preuve facile, il valait mieux pour lui employer l'exception *in factum*, car il échappait ainsi à l'appréciation arbitraire du juge. Si au contraire il n'y avait rien de bien précis, s'il existait seulement des circonstances favorables à la défense, l'*exceptio doli* était bien préférable, surtout si le talent d'un avocat éloquent mettait en relief les manœuvres qui constituaient le demandeur en mauvaise foi.

Quant au fondement de cette distinction, on la trouve dans divers textes où il est question d'exceptions *in factum*. (L. 4, § 16 ; l. 2, § 5 ; l. 4, § 32 ; l. 14 ; liv. 44, 4 ; l. 15, *De Oblig. et actionibus*, liv. 44, 7 ; l. 4, *De Novationibus*, liv. 46, 2 ; Justinien, Inst., liv. 4, 13, § 1. C. 9, *De non numeratâ pecuniâ* ; liv. 4, 40).

Evidemment les divers jurisconsultes romains qui parlent d'exceptions *in factum* ne peuvent avoir l'intention d'opposer ces exceptions à d'autres qui seraient *in jus*, puisque les moyens tirés du droit civil constituent de véritables défenses au fond et non des exceptions. Il est vrai que certains sénatus-consultes, certaines constitutions impériales, et même certaines lois, comme la loi Plætoria, ont créé des exceptions, et il semblerait que ces dernières eussent dû être au moins conçues *in jus* ; mais, en réalité, les moyens de défense imaginés par l'autorité législative ne sont que des exceptions improprement dites ; elles n'en ont que le caractère extérieur. Cela s'explique ; les auteurs des sénatus-consultes et des constitutions impériales craignaient de jeter par leurs innovations un trouble trop grand dans le corps du droit civil, et c'est pourquoi ils ont préféré laisser subsister en théorie le droit du demandeur dans toute son intégrité, tout en fournissant au défendeur le moyen de s'en garantir en pratique à l'aide d'une exception.

Certains textes d'Ulpien semblent favorables à cette théorie ; c'est ainsi que (l. 2, § 5, *De Doli et metus except.*, liv. 44, 4) le jurisconsulte romain s'exprime en ces termes : « Et generaliter sciendum est ex omnibus in factum excep- » tionibus, doli oriri exceptionem. » On ne peut évidemment mieux mettre en relief les deux formes d'exceptions, puisque Ulpien déclare que le défendeur pourra indifféremment employer l'exception *in factum* ou l'exception de dol.

Dans le paragraphe 32 de la loi 4 *eodem*, le jurisconsulte fait une application de cette idée à un cas particulier : « Quia et si ipse Titius fundum a te peteret, exceptione in » factum comparata vel doli mali summoveretur » (1).

---

(1) De même quand une personne a promis alors qu'elle n'était pas débitrice, Ulpien (l. 17, pp., *De doli mali et metus except.*, l. 44, 4) et Gaius (C. IV, § 11) lui donnent l'*exceptio doli ;* les Institutes de Justinien déclarent, au contraire, qu'il aura une exception *in factum*.

Seulement, quelquefois la forme *in factum* est la seule possible ; cela arrive lorsque l'exception est dirigée contre une personne à qui le défendeur devait la *reverentia* (1). (L. 4, § 16, *eod.*)

Cette doctrine, quelque séduisante qu'elle paraisse être, n'a pas été admise par la plupart des commentateurs du droit romain. Ils ont pensé, avec raison, qu'elle ne pouvait s'accorder avec les textes qui nous ont été conservés par Justinien. Sans doute, elle contient une grande part de vérité ; il est vrai de dire que dans certains cas l'exception limite les pouvoirs du juge à la simple vérification des faits, le préteur ayant fixé lui-même la valeur qu'ils doivent avoir dans le procès ; que dans d'autres, au contraire, elle laisse au juge le pouvoir d'apprécier non seulement l'exactitude des faits, mais encore leur valeur juridique. M. Bonjean a également raison de ranger les exceptions *in factum* dans la première catégorie et l'exception de dol dans la seconde ; mais là où il est dans l'erreur, c'est lorsqu'il oppose la seule exception de dol à toutes les autres qui seraient conçues *in factum*. Il est forcé lui-même d'avouer que certaines exceptions, comme celles qui résultent de la loi Cincia (*Fr. Vatic.*, nᵒˢ 298 et suiv.) du sénatus-consulte Trébellien (l. 2, § 7, *Ad senat.- cons.*, Trebell., liv. 14, 6) paraissent déroger au principe qu'il pose, puisqu'elles sont fondées sur des lois ou des sénatus-consultes et que, par conséquent, elles s'appuient sur le droit civil. Il cherche à expliquer cette anomalie en prétendant qu'il ne s'agit pas là d'une véritable exception ; mais c'est se mettre en contradiction avec les textes, qui attribuent formellement cette qualité aux moyens de défense créés par les sénatus-consultes ou constitutions im-

---

(1) Bonjean, *Des actions,* t. II, p. 304).

périales et qui n'établissent aucune différence avec les autres exceptions.

Certains jurisconsultes romains vont même encore plus loin ; ils mettent en opposition les exceptions *in factum* avec d'autres exceptions auxquelles ils donnent des noms particuliers. Ainsi, Paul (*Fr. Vatic.*, § 310) suppose qu'une personne demande la tradition d'une chose mancipée ou l'exécution d'une promesse ; si le défendeur prétend que le droit allégué par son adversaire a pour fondement une donation qui tombe sous le coup de la loi Cincia, il pourra demander l'insertion dans la formule de l'exception *legis Cinciæ* ou d'une exception conçue en ces termes : « Si non donationis causâ mancipavit vel promisit me da » turum. » Le défendeur s'est-il borné à invoquer l'exception *legis Cinciæ*, le juge devra se reporter à la loi Cincia et examiner si toutes les conditions exigées par elle pour son application, sont remplies ; il aura donc à statuer sur une question de droit. Si, au contraire, c'est l'exception *in factum* qui a été employée, il aura seulement à rechercher si oui ou non la mancipation ou la promesse a eu pour cause une donation. La même observation pourrait être répétée soit pour l'exception *restitutæ hereditatis*, soit pour l'exception *senatus-consulti Macedoniani*.

Mais, même en admettant qu'on ne soit pas en présence de véritables exceptions ; qu'il y ait ici une dérogation aux règles générales ; le système que nous combattons n'en serait pas pour cela plus acceptable ; car, si on se borne aux exceptions qui ont leur source dans les édits du préteur, on ne peut leur reconnaître à toutes le caractère d'exception *in factum*. Ainsi, les exceptions *quod metus causâ, pacti conventi*, n'ont certainement pas cette forme ; cela résulte, pour la première, de la formule qu'on y emploie ; elle est tout à fait analogue à celle de l'exception de dol, et elle laisse au juge le même pouvoir d'appréciation.

Quant à l'*exceptio pacti conventi*, elle est sans doute moins générale ; elle restreint davantage les pouvoirs du juge ; cependant la mission de ce dernier ne consiste pas à vérifier un simple fait : il doit encore rechercher si ce fait contient les éléments nécessaires pour constituer un pacte.

Il est donc inexact de mettre en opposition l'*exceptio doli* avec toutes les autres exceptions qui seraient *in factum* (1). En réalité, lorsque les jurisconsultes romains parlent d'exceptions *in factum*, ils veulent dire simplement qu'il y a des exceptions auxquelles il n'a pas été donné de noms, qui sont innomées, et il en résulte que la distinction à laquelle nous aboutissons est assez analogue à celle qui consiste à diviser les contrats en contrats nommés et innomés. Cette distinction trouve d'ailleurs en notre matière une justification historique. Le préteur qui était responsable de ses actes devant l'opinion publique, n'osait pas, aux débuts de ses réformes, tirer des faits des conséquences qui étaient en désaccord avec les principes du droit strict ; il préférait laisser la question à l'appréciation du juge dont la responsabilité était beaucoup moins grave. C'est ce qui explique que l'*exceptio doli*, créée de bonne heure par le magistrat, ait ce caractère de généralité que tous les commentateurs du droit romain sont d'accord à lui reconnaître ; elle constituait pour lui un moyen commode de pallier les vices du droit civil sans se compromettre. Plus tard, quand la nécessité des réformes qu'il

------

(1) En ce sens : Ortolan, t. III, nº 2261. — Accarias, *Précis de droit romain*, t. II, nº 895. — Keller, *Procédure civile des Romains*, p. 147. Ce dernier est toutefois en désaccord avec nous pour l'*exceptio pacti,* qu'il qualifie d'*in factum.*

opérait fut consacrée par le consentement universel, il devint plus hardi ; il résolut lui-même la question de droit qu'il laissait autrefois à l'appréciation du juge, et il ne laissa à ce dernier que le soin de vérifier l'exactitude des faits allégués par le défendeur ; en d'autres termes, il imagina l'*exceptio in factum*. Seulement, comme l'*exceptio doli mali* et les autres exceptions nommées présentaient, dans certains cas, d'incontestables avantages, il se garda bien de les faire disparaître.

C'est ainsi que s'expliquent tous les textes invoqués par nos adversaires, et qui constituaient le fondement de leur doctrine. Maintenant, si on trouve fréquemment l'*exceptio doli* en opposition avec les exceptions *in factum*, c'est que précisément à cause de sa généralité, elle était de nature à s'offrir le plus souvent aux regards des plaideurs et des jurisconsultes dont on demandait les conseils ; d'autant plus que, comme le déclare Ulpien dans un texte cité par M. Bonjean (1), l'exception de dol peut être opposée toutes les fois que le demandeur a agi en connaissance d'une exception qui protégeait le défendeur : « Nam si inter ini- » tia nihil dolo malo facit, attamen nunc petendo facit do- » lose. » La seule objection sérieuse qui puisse nous être opposée serait tirée de textes du Digeste (2) et du Code qui, parlant de l'*exceptio numeratæ pecuniæ*, la qualifient d'*in factum ;* or, il est incontestable que, dans notre théorie, elle constitue une exception nommée. Mais, s'il en est ainsi, c'est qu'aux débuts on n'avait pas songé à donner un nom à cette exception ; que, dès lors, elle avait été confondue, pendant un certain temps, avec les exceptions *in factum*. Plus tard, quand on la soumit à des règles spé-

---

(1) L. 2, § 5, *De doli et metus exceptione*, l. 44, 4.
(2) L. 4, § 16, *eod.*, c. 9, l. 4, 30.

ciales, notamment en ce qui concerne la preuve, elle reçut un nom particulier ; il ne faut pas s'étonner si quelques jurisconsultes de l'époque classique la placent encore parmi les exceptions *in factum*.

Enfin, ce qui montre toute l'exactitude de notre système, c'est que ces dernières exceptions ont été imaginées pour remédier aux lacunes et aux inconvénients des exceptions nommées ; et c'est là surtout qu'on peut s'apercevoir de leur analogie avec les contrats innomés qui, eux aussi, ont été admis, parce qu'on jugeait insuffisants les différents contrats dont l'existence avait été reconnue par le droit civil. Et nous ne faisons pas une pure affirmation, car nous avons une preuve de cette idée dans l'exception de dol qui nous occupe particulièrement. Dans le cours de notre étude, nous verrons en effet que l'*exceptio doli* ne pouvait être donnée contre des personnes auxquelles était due la *Reverentia* ; eh bien, en cette hypothèse, le préteur donnait une exception *in factum* (1).

C'est également ce qui arrivait pour le cas où on voulait protéger le défendeur contre un ayant cause de l'auteur du dol (2).

Enfin, Ulpien, dans la loi 23, *De Prescriptis Verbis*, l. 19, 5, parle d'exceptions utiles : « Quotiens vel actio vel » excèptio deficit, utilis actio vel exceptio est » ; ce texte resterait absolument inexplicable si Ulpien n'avait voulu précisément entendre par exceptions utiles, les exceptions conçues *in factum* ; car il ne pouvait songer à les opposer aux exceptions directes qui n'existent pas dans le droit romain.

Nous avons dit que l'exception de dol, à raison de sa

---

(1) L. 4, §§ 16 et 32, *De Doli et metus exceptione*.
(2) Accarias, *Des Contrats innomés*, p. 347.

généralité, pouvait remplacer toutes les exceptions qui étaient fondées sur l'équité. On pourrait croire, à la lecture des différents textes qui s'occupent des exceptions, que toutes ont ce caractère, et il en résulterait ainsi que l'exception de dol constituerait en droit romain un moyen de défense général applicable à toutes les hypothèses où le défendeur veut résister aux prétentions du demandeur. Et, en effet, Gaius, C. IV, § 16 et Justinien, pp., liv. 14, 13, nous représentent les exceptions comme des instruments servant à paralyser les demandes qui, quoique fondées en droit civil, sont contraires à l'équité (1). Mais évidemment ils statuent sur ce qui arrive le plus souvent : *eo quod plerum que fit* : leur but a été de montrer l'utilité des exceptions en général, et il est certain que la plupart d'entre elles ont pour objet d'empêcher le triomphe d'une demande injuste. Mais il en est quelques-unes qui, par leur but, par leur nature, sont destinées à blesser l'équité dans leurs applications pratiques. Telles sont, l'*exceptio juris jurandi* et l'*exceptio rei judicatæ*, qui, ayant été créées pour assurer le respect du serment et des jugements, sont données nécessairement, alors même que la fausseté de ces serments et jugements est établie. Aussi, quand Marcellus parle de ces exceptions, les désigne-t-il par ces expressions énergiques : « Exceptio ab æquitate naturali » abhorrens » (2).

2° De la généralité de l'exception de dol découle une deuxième conséquence. Le juge, quand elle aura été insé-

---

(1) Voici notamment comment Justinien s'exprime : « Sæpe enim accidit » ut licet ipsa persecutio actor experitia, justa sit adversus eum cum quo » agltur. »

(2) Nous ne voulons pas entrer dans le détail de cette controverse, pour laquelle je me réfère au précis de droit romain de M. Accarias. (T. II, p. 1205, note 1.)

rée, n'aura pas à se préoccuper de l'époque à laquelle le dol aura été commis. Pourvu qu'au moment où l'affaire lui est soumise, les prétentions du demandeur lui paraissent injustes, pour quelque cause que ce soit, il devra les repousser et absoudre le défendeur.

Il résulte de cette idée qu'il n'est nullement nécessaire que le droit sur lequel le demandeur appuie ses prétentions soit contraire à l'équité, pour que l'exception de dol produise son effet.

Ainsi, le fait de stipuler d'une personne le paiement d'une certaine somme n'a certainement en soi rien de contraire à l'équité ; mais si cette stipulation n'a pas de cause ; si elle n'a pas été précédée ou suivie d'une numération de deniers de la part du créancier, les poursuites que dirigeraient ce dernier contre celui qui a promis seraient injustes et devraient être paralysées par l'exception de dol.

Les jurisconsultes romains ont poussé fort loin cette idée que le dol peut résulter du fait même de la poursuite ; c'est ainsi qu'Ulpien déclare, dans un texte déjà cité, que toutes les exceptions *in factum* engendrent l'*exceptio doli ;* car celui qui intente une action qu'il sait devoir être paralysée par une exception, agit par cela même frauduleusement ; la fraude ici consiste dans la certitude qu'il a de l'inutilité de la poursuite. (L. 2, § 5, *De doli et metus except.*)

Enfin une demande, quoique juste en principe, peut cependant échouer par suite de l'insertion dans la formule de l'exception de dol ; cela arrive lorsque le demandeur a commis un dol *in judicio,* c'est-à-dire postérieurement à la *litis contestatio.*

Cela résulte d'un texte formel d'Ulpien. Le jurisconsulte romain suppose qu'une action a été intentée *per procuratorem* et il déclare que l'exception de dol comprend le dol commis par le *procurator post litem contestatam. A fortiori*, elle comprend également le dol commis au même moment par celui qui agit en son propre nom. Maintenant, comment peut-il se faire que le demandeur commette un dol *in judicio ?* Au premier abord on ne voit pas dans quelle hypothèse cela pourra se présenter. Ce résultat se produisait cependant dans certains cas, où le demandeur, pour triompher dans sa demande, devait exécuter certaines obligations, par exemple, quand le défendeur réclamait le paiement de créances nées en sa faveur contre le demandeur et qui étaient relatives à l'objet même du litige. Ce qui caractérisait ces créances, c'est qu'elles supposaient la reconnaissance par le juge des prétentions du demandeur et que par conséquent elles étaient réglées et constatées par lui ; si donc le demandeur refusait de les payer, il commettait un dol postérieur à la *litis contestatio.* Il est vrai que dans cette hypothèse on pouvait oublier d'insérer l'*exceptio doli mali* dans la formule ; mais le défendeur, comme nous le verrons plus tard, avait la ressource de demander au magistrat l'*in integrum restitutio.*

Il avait même, suivant nous, un moyen plus simple à sa disposition ; il refusait d'exécuter la condamnation prononcée contre lui et il opposait à l'*actio judicati,* l'exception de dol (1).

---

(1) L. 23, § 3, *De Condict. indeb.*, 12, 6.

DEUXIÈME CARACTÈRE

PERPÉTUITÉ

L'*exceptio doli* a un second caractère qu'elle partage du reste avec beaucoup d'autres exceptions, elle est perpétuelle. Ce caractère lui est reconnu par plusieurs textes ; Gaius, c. IV, § 12, s'exprime à ce sujet en ces termes : « Peremptoriæ sunt, quæ perpetuo valent, nec evitari » possunt, velut quod metus causâ, aut dolo malo. »

Justinien, dans ses Institutes, admet également cette manière de voir : « Perpetuæ et peremptoriæ sunt quæ » semper agentibus obstant, et semper rem de quâ agitur » perimunt : qualis est exceptio doli mali (1). » Ces textes, comme on le voit, déclarent péremptoire l'*exceptio doli mali*, et cela se comprend facilement ; car du moment que le demandeur est repoussé à quelque époque qu'il intente son action, son droit est frappé d'une paralysie perpétuelle, il est comme s'il n'existait pas. (L. 112, *De Regul. juris*, 1. 50, 17). Ulpien (l. 5, § 6, *De Doli et met. except.*), comparant l'action de *dolo malo* à l'exception de dol, nous donne la raison pour laquelle on a attribué à cette dernière une efficacité aussi absolue : « Celui qui intente l'*actio de dolo malo*, dit-il, agit quand il lui plaît, il est donc naturel qu'on limite le temps pendant lequel sa demande sera recevable ; mais le défendeur est livré au caprice de son adversaire, il ne sait pas quand il pourra opposer ses moyens de défense et notamment les exceptions qu'il a à faire valoir ; il est donc juste qu'il puisse les opposer, quel que soit le temps écoulé depuis que le dol a été commis :

---

(1) Instit., IV, 13, § 9.

« Non sicùt de dolo malo actio certo tempore finitur; ita
» etiam exceptio eodem tempore danda est; nam hæc per-
» petuo competit, quum actor quidem in suâ potestate ha-
» beat, quando utatur suo jure ; is autem cum quo agitur
» non habéat potestatem quando conveniatur. »

Il est vrai que le motif donné par Ulpien semblerait
devoir s'appliquer à toutes les exceptions ; il y en a cependant parmi elles qui sont temporaires et ce résultat
s'explique si on réfléchit qu'elles peuvent être fondées sur
ce fait que la poursuite est prématurée.

Quant aux conséquences du caractère de perpétuité de
l'*exceptio doli*, elles peuvent se réduire toutes à cette idée :
le droit du demandeur est considéré comme inexistant. Il
en résulte que les divers modes d'extinction d'obligation
ne peuvent plus avoir aucun effet sur une créance entachée
de dol.

Le paiement se résoudra, suivant les cas, en une donation ou en paiement de l'indu (l. 34, § 11 ; l. 46, 3) ; il en
sera de même d'une promesse faite *novandi causâ* par un
débiteur qui pouvait opposer l'*exceptio doli ;* enfin un pacte
de constitut qui aurait pour base une obligation contractée
par suite de manœuvres frauduleuses, devrait être proclamé nul.

DEUXIÈME PARTIE

Conditions nécessaires pour que l'exception de dol
puisse être opposée valablement.

CHAPITRE Ier

QUELS ACTES CONSTITUENT LE DOL

Évidemment, la première condition pour que l'exception
de dol puisse être insérée efficacement dans la formule,
c'est qu'il y ait véritablement dol de la part du demandeur.
Mais, que faut-il entendre par dol en cette matière?

Généralement on s'arrête à la définition du dol donnée
par Labeon et approuvée par Ulpien (l. 1, § 2, *De Dolo
malo*, 4, 3) : « Dolum malum esse omnem calliditatem, fal-
» laciam, machinationem ad circumveniendum fallendum
» drecipiendum alterum (adhibitam). » Le dol serait toutes
ruses, fourberies, manœuvres qui tendraient à frustrer un
tiers (1).

Cette définition ne peut certainement nous convenir à
cause du but même de l'exception de dol et de sa généralité. Et, en effet, elle a été imaginée pour empêcher le
triomphe d'une demande qui, quoique fondée sur les règles du droit civil, est contraire à l'équité; dès lors elle
doit être donnée et avoir toute son efficacité toutes les fois
que la demande ne paraîtra pas juste. (Inst., pp., l. 4, 13

---

(1) Accarias, *Précis de droit romain*, n° 838, p. 1,047, t. II.

et l. 1, § 1, *De Doli et metus except.*, Dig., l. 44, 4). Ulpien est surtout formel en ce sens : « Sæpe enim accidit ut quis » jure civili teneatur, sed iniquum sit eum judicio condem- » nari, ideo autem prætor hanc exceptionem ne cui dolus » suus contra naturalem æquitatem possit. »

§ 1er.

Il nous faut donc chercher dans quel cas une demande conforme aux principes du droit civil pourra être considé- rée comme contraire à l'équité. Le plus souvent elle le sera par suite des vices dont a été entaché le droit dont on poursuit la réalisation en justice. Parmi ces vices, il est évident qu'on doit placer les manœuvres frauduleuses em- ployées à l'égard du défendeur pour l'amener à contracter; c'est même l'hypothèse où l'*exceptio doli* présente le plus d'utilité ; c'est probablement aussi celle où, aux débuts, on en sentit le plus vivement la nécessité. Mais il serait faux de croire que le dol (je prends ici le mot dol dans son sens strict) soit le seul vice qui donne naissance à l'exception ; car, si on suppose qu'une personne a contracté une obliga- tion par erreur, l'action par laquelle le créancier demande l'exécution de la promesse est entachée de mauvaise foi et, comme telle, peut être repoussée par l'*exceptio doli* (l. 17, *De Dolo malo*, l. 4, 3). Il est vrai que Justinien donne dans la même hypothèse, une exception *in factum* (Instit., liv. 4, 13, § 1er) ; mais il se place probablement à une époque as- sez avancée ; aux débuts, ce fut certainement l'exception de dol qui était employée.

Enfin il se peut que ce soit la violence, la contrainte qui ait amené le défendeur à contracter; on sait qu'en cette hypothèse il avait à sa disposition une exception spéciale ; l'*exceptio quod metus causâ*, mais cette exception est assez récente, et il est probable qu'aux débuts l'*exceptio doli* était employée par le magistrat. Cela résulte formellement d'un texte d'Ulpien dont nous avons déjà parlé. (L. 4, § 33, *De Doli et metus exceptione*, 1. 44, 4.) « Metus causâ exceptio- » nem Cassius non proposuerat, contentus doli exceptione, » quæ est generalis. » Du reste, l'usage de l'*exceptio doli* dans cette hypothèse n'avait rien que de très naturel. La violence, en effet, ne constitue-t-elle pas le dol renforcé, le dol poussé à ses dernières limites ? Qu'y a-t-il de plus frauduleux que la contrainte employée dans le but de faire contracter des obligations à une personne déterminée ? Si plus tard une exception fut créée pour ce cas particulier, c'est que, comme le dit Ulpien, l'*exceptio doli* avait certains inconvénients qui n'existaient pas dans l'*exceptio quod metus causâ*.

Ainsi il n'est pas douteux que l'erreur, le dol et la violence permettent au défendeur qui en a été victime, d'opposer l'*exceptio doli*, et il ne faudrait pas croire que cette règle est spéciale aux contrats ; elle reçoit son application en toute matière.

Si un héritier, par exemple, n'a fait adition que par suite de manœuvres frauduleuses employées à son égard par les créanciers de la succession, il pourrait opposer à l'action de ces créanciers l'exception de dol. Cette idée est exprimée nettement dans la loi 40, Dig., *De Dolo malo*, liv. 4, 3 : « Is qui decepit aliquem, ut hereditatem non idoneam » adiret de dolo tenebitur ; nisi fortasse ipse creditor erat » et solus erat ; tunc enim sufficit contra eum doli mali » exceptio. »

§ 2.

Jusqu'ici nous ne nous sommes occupé que des cas où la demande était injuste par suite des vices qui avaient entaché la convention, le *negotium juris* sur lequel elle s'appuyait; mais il n'est pas nécessaire que la fraude soit contemporaine du droit, car elle peut résulter de la demande elle-même et c'est précisément dans cette hypothèse que *l'exceptio doli* présente le plus d'intérêt. A ce sujet nous devons examiner successivement plusieurs catégories d'hypothèses.

Il peut arriver d'abord que le droit du demandeur, tout à fait conforme à l'équité au moment de sa formation, devienne injuste par suite d'événements postérieurs.

L'une des hypothèses les plus pratiques où ce résultat se produisait, était celle où une personne avait vendu et livré une chose *mancipi*. Comme la mancipation était nécessaire pour en transférer la propriété, le vendeur, malgré la tradition qu'il avait faite de la chose, en conservait néanmoins le *dominum ex jure quititium*, et par conséquent il pouvait exercer l'action en revendication contre l'acheteur ou ses ayants cause.

Mais en agissant ainsi, il faisait preuve de mauvaise foi et on pouvait lui opposer efficacement *l'exceptio doli*. Toutefois nous devons constater que de bonne heure l'exception de dol cessa d'être appliquée en ce cas, l'acheteur eut une exception spéciale appelée : *exceptio rei venditæ et traditæ*.

Ce fut surtout dans la matière des obligations que *l'exceptio doli* eut d'importantes applications.

On sait que les Romains s'attachaient d'une manière exclusive pour l'appréciation de la validité d'un acte aux formes extérieures dont il était revêtu. Nulle part cette idée n'est plus frappante que dans les contrats *verbis ;* tout changement dans les paroles prononcées amenait nécessairement la nullité de la stipulation; mais si les formules solennelles avaient été accomplies rigoureusement, celui qui avait promis était tenu d'une façon absolue, et aucune circonstance ne pouvait le dégager de sa promesse. Et cependant l'obligation n'avait été contractée qu'en vue d'un but déterminé; elle avait une cause. Le plus souvent cette cause résidait dans une numération de deniers ; le stipulant, au moment du contrat, a déclaré qu'il verserait une certaine somme au promettant. Supposons qu'il se refusât à ce versement; pouvait-il néanmoins réclamer l'exécution de la promesse contractée avec lui? Sans aucun doute.

Les deux parties ont accompli les formes solennelles de la stipulation; elles ont prononcé les paroles exigées ; qu'importe, dès lors, que le demandeur ait ou n'ait pas versé les deniers qui avaient été promis ? L'obligation existe et elle ne peut être annulée.

Un résultat si contraire à l'équité ne pouvait être maintenu par le magistrat. Demander l'exécution d'une obligation qui n'avait été contractée qu'en vue d'une numération de deniers qui ne s'était pas réalisée, c'était évidemment commettre un acte de mauvaise foi. Aussi, ne faut-il pas s'étonner si Gaius déclare que le défendeur pourra repousser, par l'exception de dol, une action fondée sur une stipulation qui n'a pas été accompagnée ou suivie d'une numération de deniers : « Si verbi gratiâ reus dolo malo » aliquid actorem facere dicat, qui forte pecuniam petit, » quam non numeravit, sic exceptio concipitur: si in eâ » re nihil dolo malo Auli Aggerii factum sit neque fiat (1).»

Ulpien est plus absolu encore : il donne l'*exceptio doli* dans tous les cas où la stipulation n'a pas de cause: « Si » quis sine causâ ab aliquo fuerit stipulatus, deinde ex eâ » stipulatione experiatur ; exceptio utique doli mali ei

____

(1) C. IV, § 119.

» nocebit ; licet enim eo tempore, quo stipulabatur, nihil
» dolo malo admiserit ; tamen dicendum est, cum litem
» contestatur, dolo facere, qui perseveret ex eâ stipula-
» tione petere. Proinde et si crediterus pecuniam stipu-
» latus est, nec credidit : et si certa fuit causâ stipulationis,
» quæ tamen aut non est secuta aut finita est dicendum
» erit nocere exceptionem (1). »

Il est vrai que dans d'autres textes, le même jurisconsulte donne le choix entre l'*exceptio doli* et une exception
in factum, l'*exceptio non numeratæ pecuniæ* (2) ; mais, s'il
agit ainsi, c'est que cette dernière exception fut imaginée
pour remédier à certains inconvénients de l'exception de
dol.

Aux débuts, lorsque le défendeur opposait l'*exceptio
doli* ou l'*exceptio non numeratæ pecuniæ*, c'était toujours
à lui (et cela était conforme aux règles de droit commun)
qu'incombait le fardeau de la preuve : *reus in excipiendo
fit actor*. Mais au troisième siècle, les empereurs rompant
avec ces principes, décidèrent que le demandeur devrait
désormais faire la preuve du versement des deniers au
défendeur, sous peine d'échouer dans sa demande ; et
remarquons qu'il était en cette situation non seulement
lorsque l'*exceptio non numeratæ pecuniæ* lui était opposée, mais encore lorsque le défendeur avait fait simplement insérer l'exception de dol ; par suite cette dernière
exception revêtait en cette matière un caractère tout à fait
anormal qu'elle n'avait dans aucune de ses applications.

De la règle que la validité des actes s'appréciait d'après
leur forme extérieure, il découlait une seconde conséquence ; c'était qu'une convention, un pacte nu ne pouvait

---

(1) L. 2, § 3, *De Doli mali et metus exceptione*, l₀ 44, 4.
(2) L. 4, § 16, *De Doli mali et metus exceptione*.

par lui-même engendrer d'obligation, sauf dans certains cas exceptionnels, où on avait admis l'existence de contrats consensuels.

Et cependant si un tel pacte était intervenu, il y avait une évidente mauvaise foi de la part de celui qui en refusait l'exécution. Comment empêcher un pareil résultat? A cette époque, le préteur n'osait pas créer des actions qui n'eussent aucun fondement dans le droit civil : *ex pacto actio neque nascitur neque tollitur*. Il y avait cependant un cas où l'intervention du preteur paraissait plus facile. C'était celui où le créancier avait consenti à son débiteur un pacte de remise ; car pour assurer l'exécution de ce pacte, une action n'était pas nécessaire ; un moyen de défense suffisait ; et ce moyen de défense, n'était-il pas naturel que ce soit cette exception de dol, qui permettait au magistrat d'adoucir les rigueurs du droit civil.

L'emploi de cette exception dans cette hypothèse est constaté par plusieurs textes. C'est ainsi que nous lisons à la loi 10, § 2, *De Pactis*, liv. 2, 14 : « Plerumque solemus » dicere doli exceptionem subsidium esse pacti excep- » tionis : quosdam denique, qui exceptione pacti uti non » possunt, doli exceptione usuros et julianus scribit et alii » plerique consentiunt : ut puta si procurator meus pacis- » catur, exceptio doli mihi poderit, ut Trebatio videtur qui » putat sicuti pactum procuratoris mihi nocet, ita et pro- » desse ; » et plus loin (loi 21, § 1, *eodem*) : « Quod si ser- » vus ne a se peteretur pactus fuerit ; nihil valebit pactum. » De doli exceptione videamus. Et si in rem paciscatur, » proderit domino et heredi ejus pacti conventi exceptio ; » quod si in personam pactum conceptum est tunc domino » doli exceptio superest. » Ainsi, à l'époque classique, on se servait encore de l'*exceptio doli* dans les cas où il n'é- tait pas possible d'employer l'*exceptio pacti conventi*. Il

n'est pas douteux, du reste, qu'au début elle ne fut employée d'une façon générale pour sanctionner les pactes
nus ; car beaucoup de jurisconsultes romains, examinant
des hypothèses où des conventions sont intervenues sans
formes solennelles, admettent en faveur du défendeur l'exception de dol, concurremment avec l'*exceptio pacti conventi*. Ainsi Ulpien supposant une convention par laquelle
un créancier accorde à son débiteur un délai, déclare que
si le créancier réclame un paiement de la dette avant
l'expiration du délai, il sera repoussé par l'exception de
dol.

« Item queritur si quis pure stipulatus sit certam quan-
» titatem, quia actum sit, sed post stipulationem interpo-
» sitam pactus sit ne interim pecunia usque ad certum
» diem petatur, an noceat exceptio doli ? Et quidem de
» pacto convento excipi posse, nequaquam ambigendum
» est et si hac quis exceptione uti velit, nihilominus poterit
» dolo enim facere eum qui contra pactum petat negari
» non potest (1). »

Enfin, il est une dernière hypothèse où toujours par suite
d'un événement postérieur à la formation du droit, le demandeur pourra être repoussé par l'exception de dol.
C'est le cas de concours d'actions.

L'un des traits caractéristiques de la procédure romaine
consiste certainement dans la variété des moyens qu'elle
offrait au plaideur pour sanctionner son droit. Il arrivait,
en effet, fréquemment, qu'une personne lésée avait à sa
disposition différentes actions qui tendaient au même but.
Ainsi celui qui avait été victime d'un vol pouvait exercer
soit l'action en revendication, et par suite l'action *ad exhi-*

---

(1) Voir aussi la loi 2, § 6, *De Doli et metus exceptione*, qui suppose un cas
où on présume que le créancier a accordé un délai à son débiteur.

bendum qui en préparait l'exercice, soit la *conditio furtiva* ; toutes deux étaient *rei* persécutoires, c'est-à-dire qu'elles tendaient à la réparation du dommage causé par le vol. Était-il équitable de permettre à une personne qui avait déjà obtenu une indemnité suffisante par l'exercice d'une première action, de faire une seconde demande en justice, demande fondée sur les mêmes moyens que la première? Evidemment non. Et s'il est possible qu'aux débuts de Rome, à une époque où la législation était essentiellement formaliste, le cumul d'actions tendant au même résultat ait été admis par les jurisconsultes romains, cette règle ne fut pas longtemps maintenue, car on n'en trouve aucune trace dans les textes. De bonne heure, nous voyons au contraire les Romains frappés de cette idée qu'on ne doit pas pouvoir demander deux fois la même chose en justice ; la bonne fois est contraire à ce résultat : *bona fides non patitur ut bis idem exigatur* (1).

Mais, comme en définitive les poursuites exercées sont fondées sur les principes du droit civil, et que par suite la vérification de l'*intentio* par le juge entraînerait nécessairement la condamnation du défendeur, il n'y a qu'un moyen d'empêcher cette iniquité, c'est d'insérer l'exception de dol dans la formule ; car nul doute que le demandeur ne commette un dol en poursuivant le défendeur après avoir déjà obtenu satisfaction.

C'est en effet la doctrine généralement admise à l'époque classique, comme on peut le voir à la lecture de nombreux textes (2). Il est vrai que plusieurs d'entre eux ne mentionnent pas expressément l'*exceptio doli* ; il semblerait en résulter qu'il s'agit ici d'une exception *in factum* ;

---

(1) L. 5, 7, *De Regulis juris*, liv. 40, 17.

(2) L. 14, § 15, *Quod metus causâ*, 4, 2. L. 3, § 5 et 26, § 4, *Nautœ caupones*, liv. 4, 9.

mais nous doutons qu'on ait imaginé pour le concours d'actions un moyen de défense particulier. Il est plus vraisemblable de supposer que l'exception de dol y était presque toujours employée, puisque Gaius nous le dit lui-même, la demande était considérée comme contraire à la bonne foi.

Maintenant, si on remonte à une époque plus ancienne, il serait peut-être inexact de prétendre que les jurisconsultes romains se soient inspirés uniquement des principes de l'équité dans la théorie du concours des actions. Nous croyons, au contraire, que, dominés par les règles de procédure, qui ont toujours exercé une si grande influence sur les esprits à Rome, ils ont cherché à expliquer l'échec de la seconde demande par l'effet extinctif de la *litis contestatio;* qu'en d'autres termes, ils ont été guidés surtout par la règle : *bis de eadem re non sit actio.* Il est évident qu'avec un pareil système, il ne pouvait être question d'*exceptio doli;* il fallait uniquement rechercher par quels moyens on pouvait se prévaloir de l'effet de la *litis contestatio.* Or, sur ce point, nous sommes complètement renseignés par Gaius. (C. III, p. 180.) Suivant ce jurisconsulte, il faut distinguer les *judicia legitima* et les *judicia imperio continentia.* Dans les premiers, le droit du demandeur est anéanti de plein droit, et par conséquent une nouvelle formule d'action doit lui être refusée. Dans les seconds, le défendeur ne pouvait repousser l'action du demandeur qu'au moyen d'une exception. Certains textes favorisent singulièrement cette manière de voir; et en effet, Paul (L. 34, § 1, *De obligat. et actionib.*, liv. 44, 7), supposant qu'une personne a soustrait une chose qui lui avait été prêtée, s'exprime en ces termes : « Si is cui rem commo- » davero eam subripuerit, tenebitur quidem et commodati » actione et condictione : sed altera actio alteram peremit

» aut ipso jure, aut per exceptionem : quod est tutius. »
Ainsi le jurisconsulte semble bien faire la distinction que
nous indiquons à l'instant au sujet de l'effet de la *litis contestatio*.

Ce système offrait de graves inconvénients, il protégeait
d'une façon excessive le défendeur ; car, pour que tout
droit d'agir fût perdu, il n'était pas nécessaire que le demandeur eût obtenu une réparation complète du préjudice
qui lui avait été causé ; il suffisait que l'une des actions
qui était à sa disposition ait été exercée ; immédiatement le
droit déduit en justice était anéanti par la novation judiciaire. Aussi les jurisconsultes romains ont-ils cherché de
bonne heure à pallier les inconvénients de ce principe,
notamment au moyen de l'*in integrum restitutio ;* et, en ce
qui concerne le concours des actions, ils l'ont abandonné
pour se référer uniquement à la règle posée par Gaius :
« Bona fides non patitur ut bis idem exigatur », règle qui
devient le principe fondamental de notre théorie.

§ 3.

Nous avons vu jusqu'ici le dol résulter soit des circonstances dont a été entourée la formation du droit qui sert
de base à l'action en justice, soit d'événements postérieurs
qui rendaient la demande injuste ; nous arrivons maintenant à une autre catégorie d'hypothèses. L'*exceptio doli* va
nous apparaître avec un caractère plus original, mais aussi
plus arbitraire ; elle ne sera plus fondée sur les vices qui
entachent la demande ; elle aura pour but de garantir un
droit du défendeur. Ici elle paraît véritablement en contradiction avec les principes des Romains ; car s'il est une
règle fondamentale à Rome, c'est que le juge n'a qu'à
examiner les prétentions du demandeur. Lié par les termes

de la formule rédigée par le magistrat, il est dans l'alternative de condamner ou d'absoudre le défendeur ; jamais il ne doit prononcer de condamnation contre le demandeur : si le défendeur a des prétentions à faire valoir contre ce dernier, c'est à lui à introduire une demande spéciale en justice.

Et cependant, dans les hypothèses que nous allons examiner, l'insertion de l'*exceptio doli* aboutira à une condamnation indirecte du demandeur, puisque son droit sera paralysé s'il ne satisfait pas aux réclamations du défendeur. Évidemment, les jurisconsultes romains ne sont arrivés à un pareil résultat que par des progrès successifs ; ils n'ont dû d'abord songer à assurer la réalisation des droits du défendeur que lorsque ces droits réunissaient certains caractères particuliers, lorsqu'ils se rattachaient par un rapport intime à celui que faisait valoir en justice le demandeur. En d'autres termes, nous croyons que le droit de rétention a dû précéder la compensation, du moins celle qui a été introduite dans les actions de droit strict.

En général, il n'est pas permis de retenir de sa propre autorité la chose d'un autre, sous prétexte qu'il est notre débiteur. Nulle part ce principe n'eut autant de force qu'à Rome ; toutefois, les jurisconsultes romains s'aperçurent de bonne heure que, si respectable qu'il fût, il devait subir des exceptions. Il était en effet des cas où il y avait une telle connexité entre la chose et la créance invoquée par le défendeur, que le refus par le demandeur de satisfaire à ces réclamations devait être considéré à juste titre comme un acte de mauvaise foi ; cela arrivait notamment quand la créance était relative à la chose même revendiquée par le demandeur.

Lorsqu'il s'agissait d'une action de bonne foi, les pouvoirs très larges qui étaient attribués au juge lui permettaient de tenir compte de ces créances ; car il devait juger *ex æquo et bono* et, par suite, repousser la demande si elle lui paraissait contraire à l'équité. Mais il n'en était pas de même dans les actions de droit strict ou simplement arbitraires ; le juge, si l'*intentio* de la formule lui paraissait exacte, était dans la nécessité de prononcer la condamnation du défendeur. Le remède en cette hypothèse ne pouvait consister que dans l'exception de dol.

De tout ceci, il résulte que le droit de rétention s'exerçait à Rome par les pouvoirs du juge ou par l'*exceptio doli*, suivant la nature de l'action à laquelle il était opposé.

Comme il n'est pas dans notre intention de faire une théorie complète du droit de rétention, mais seulement de l'examiner comme application pratique de l'exception de dol, notre étude doit se borner à la recherche des conditions nécessaires pour que cette exception puisse être ici valablement opposée.

Ces conditions me paraissent être au nombre de trois. Il faut :

1° Qu'on soit en possession de la chose sur laquelle on entend exercer le droit de rétention ;

2° Que cette possession n'ait pas été établie d'une manière illégale ;

3° Que la créance invoquée par le défendeur soit relative à la chose même qui est l'objet du droit de rétention.

J'ai dit en premier lieu qu'il était nécessaire qu'on ait la chose en sa possession, c'est-à-dire qu'on l'ait en son pouvoir ; car nous n'entendons pas parler en cette matière d'une véritable possession, de celle qui réunit l'*animus* et le *corpus*.

Cette condition résulte de l'expression même employée pour qualifier le droit dont nous nous occupons. On ne retient pas en effet ce que l'on n'a pas en son pouvoir.

Si on examine les choses de plus haut, on s'aperçoit qu'elle n'est que l'une des applications de la règle toujours considérée comme fondamentale par les Romains : on ne peut jamais se faire justice à soi-même. Cette règle, au début, en comprenait deux autres :

1° On ne peut pas s'emparer de la chose d'un autre sous prétexte qu'il est notre débiteur ;

2° On ne peut également la retenir pour obliger son propriétaire à nous faire une prestation que nous soutenons nous être due. La seconde règle a disparu du jour où on a admis le droit de rétention ; mais la première a subsisté et c'est elle qui restreint ce droit dans les limites que nous venons de tracer.

Il faut, ai-je dit, en second lieu, que le pouvoir sur la chose ait été acquis par un acte légal. Nul jurisconsulte, il est vrai, ne mentionne expressément cette condition ; mais elle résulte implicitement des textes qui punissent celui qui s'est emparé par la force de choses appartenant à son débiteur. Ainsi, loi 7, liv. 4, 8, nous lisons : « Creditores si adversus debitores suos agant, per judicem, » in id quod deberi sibi putant reposcere debent : alioquin, » si in rem debitoris sui intraverint, nullo id concedente, » divus Marcus decrevit, jus crediti eos non habere. » La loi 25, *De Pignoribus,* est plus formelle encore : « Cum » vitiose vel inutiliter contractus pignoris intercedat, re » tentioni locus non est. » Au point de vue de l'équité ces décisions sont absolument irréprochables : le magistrat ne doit pas intervenir en matière législative pour protéger et garantir des actes entachés de fraude ou de violence.

Enfin, le droit de rétention n'existe en général qu'autant que la créance invoquée par le défendeur est relative à la chose même sur laquelle on veut exercer ce droit ; en termes juridiques, il faut qu'il y ait *debitum cum re junc-*

tum. En droit français, une controverse célèbre s'élève au
sujet de savoir si le droit de rétention a lieu dans tous les
cás où il y a *debitum cum re junctum*; ou si, au contraire,
il doit être limité aux cas spécialement prévus par la loi.
En droit romain, aucun doute n'existe sur ce point ; le
droit de rétention étant fondé en effet sur la mauvaise foi
du défendeur et ayant pour instrument pratique l'exception de dol, qui est donnée d'une façon générale partout où
les poursuites du demandeur sont contraires à l'équité, on
ne peut lui opposer d'autres restrictions que celles qui résultent des règles précédemment posées.

Ainsi donc, lorsqu'il y aura *debitum cum re junctum*, le
défendeur pourra toujours opposer l'exception de dol à
l'action qui est intentée contre lui. Il s'ensuit que le droit
de rétention a lieu quand la créance du défendeur est née
ou bien d'impenses faites sur la chose du demandeur ou
bien d'un dommage causé par elle. De plus, nous trouve-
rons également ce droit employé dans une troisième hypothèse ; nous entendons parler ici du cas où une obligation
a été garantie par un gage.

Et tout d'abord nous disons que le droit de rétention
peut être exercé, lorsque le défendeur prétend avoir fait
des dépenses sur la chose que réclame le demandeur. Cette
idée est indiquée par les textes qui en donnent de nombreuses applications. Les différentes hypothèses que nous
allons examiner présentent un caractère commun, le défendeur y est dépourvu d'action directe contre son adversaire, en sorte que l'*exceptio doli* constitue sa ressource
unique pour se faire rembourser de ses dépenses. C'est ce
que nous dit la loi 51, *De Condict. Indeb.*, L. 12, 6 : « Ex
» quibus causis retentionem quidem habemus, petitionem
» quidem non habemus. » Le premier cas qui se présente
à nous est celui de la spécification. Un ouvrier a fait avec

la matière d'autrui un objet nouveau dans l'intention de se l'approprier. S'il avait été de bonne foi et que, par suite de l'application de règles que nous n'avons pas à indiquer ici, le spécificateur n'acquérait pas la propriété de la chose nouvelle, il méritait au moins d'être indemnisé de sa main-d'œuvre. Toutefois, comme les dépenses ont été faites sans le consentement du propriétaire, il ne peut être question d'action en sa faveur ; la loi ne lui donne qu'un *jus retentionis* ; il l'exerçait jusqu'à concurrence de la plus-value qu'il avait donnée à la chose au moyen de l'*exceptio doli* opposée à la revendication du propriétaire.

La même solution était donnée dans tous les cas dits *d'accession* ; Paul le déclare d'une façon générale : « In » omnibus igitur istis, in quibus mea res, per prævalen- » tiam alienam rem trahit, meamque efficit si eam rem » vindicem, per exceptionem doli cogar pretium ejus quod » accesserit dare (1). »

Les Institutes de Justinien font de cette règle des applications nombreuses, notamment aux cas où des personnes ont peint sur des toiles, ou écrit sur des tablettes qui ne leur appartenaient pas (2). De même dans les hypothèses où on a fait des constructions ou des plantations sur le terrain d'autrui (3) ; enfin dans toutes celles où un possesseur de mauvaise foi a fait des dépenses nécessaires et, s'il s'agit d'un possesseur de bonne foi, des dépenses nécessaires et utiles, mais celles-ci seulement jusqu'à concurrence de la plus-value de la chose. Il y a dans tous ces cas une simple obligation naturelle à la charge du demandeur ; cela résulte bien de la loi 33, *De Cond. Indeb.*, 12, 6, qui

---

(1) L. 23, § 4, *De Rei Vindicatione*, 6, 1.

(2) § 33 et 34, Inst., liv. 2, 1er.

(3) § 30 et 32, Inst., liv. 2, 1er, voir aussi l. 9 pp., § 1 et 2, *De acquirend rer. domin.*, 2, 1er, l. 14, *De Doli et metus except.*, 44, 4.

supposant qu'une personne a construit sur le terrain d'autrui, déclare que le constructeur n'aura d'autre ressource pour se faire rembourser ses dépenses que de retenir le fonds qu'il possède.

Il n'y a là du reste qu'une application d'une règle plus générale, en vertu de laquelle il n'y a point de quasi-contrat de gestion d'affaires, quand une personne, en faisant les affaires d'autrui, a cru faire les siennes. Il est certain, quoique plusieurs commentateurs l'aient contesté, que le prétendu gérant n'avait aucune action pour se faire indemniser de ses dépenses, quelles qu'elles fussent; seulement, s'il possédait la chose en litige, il pouvait opposer à l'action en revendication du propriétaire l'*exceptio doli*, et par suite exercer le droit de rétention. Paul le déclare formellement (1) :

« Diversum est cum quasi in rem meam impendo quæ sit
» aliena aut communis : hoc enim casu ubi quasi in rem
» meam impendo, tantum retentionem habeo quia neminem
» mihi obligari volui. »

Pour terminer tout ce qui a rapport au *debitum cum re junctum*, nous aurions également à parler des hypothèses où celui qui a fait des dépenses sur la chose d'autrui était investi de la possession de cette chose en vertu d'un contrat tel que le *commodat* ou le dépôt. Le dépositaire et le commodataire avaient certainement le droit de retenir la chose tant que le remboursement de leurs dépenses n'avait pas été effectué ; mais comme ces différents contrats donnaient naissance à des actions de bonne foi, il n'était pas nécessaire d'insérer l'exception de dol dans la formule ; le juge devait en tenir compte puisqu'il devait statuer *ex æquo et bono* (2).

---

(1) L. 14, § 1, *Communi dividund.*, liv. 10, 3.
(2) L. 15, § 2 ; l. 59, *De furtis*, 47, 2. — *Collect. leg. mosaic.*, t. X, 2, § 6.

Le droit de rétention existe également quand il nous a été causé quelque dommage par la chose en litige. Un texte du Digeste en fait une application particulière pour l'hypothèse où un bateau a échoué sur un champ ; le propriétaire du champ aura le droit de le retenir jusqu'à ce qu'il lui soit donné caution de l'indemniser du dommage causé. « Ratis vi fluminis in agrum meum delatæ, non » aliter potestatem tibi faciendam quam si de præterito » quoque damno mihi cavisses. »

Remarquons, que dans ce cas, on trouve toujours le *debitum cum re junctum*. Le droit à indemnité que fait valoir le propriétaire du champ est né à l'occasion de la chose qu'il entend retenir.

Enfin le créancier gagiste avait le droit de rétention sur la chose qui lui avait été livrée à titre de gage, tant qu'il n'avait pas reçu le paiement de la dette. Ce n'était là que la stricte application du contrat de gage ; le droit de rétention s'exerçait donc ici *officio judicis*. Aussi n'aurions-nous pas parlé de cette hypothèse spéciale, si on ne s'était pas servi, dans un cas tout particulier, de l'exception de dol.

Un rescrit de Gordien autorise en effet le créancier à retenir, après l'extinction de la créance garantie par le gage, la chose engagée qui se trouve en sa possession, s'il a en outre une autre créance à faire valoir contre le même débiteur (1). Le titre du code de Justinien qui contient ce récit est intitulé : *Etiam ob chirographariam pecuniam pignus teneri posse ;* il semblerait donc qu'elle attribue un véritable droit de gage au créancier ; mais à sa lecture on s'aperçoit que c'est un simple droit de rétention qui est accordé au créancier, droit qu'il exerce au moyen de l'exception de dol : « At si in possessione fueris constitutus :

____

(1) C. unique, liv. 8, 27.

» nisi ea pecunia tibi a debitore reddatur, vel offeratur quæ
» sine pignore debetur eam restituere propter exceptionem
» doli mali non cogeris. » Le droit de rétention garantit ici,
comme on le voit, des créances absolument étrangères au
contrat de gage ; d'autre part, il n'est pas possible de voir
en cette hypóthèse le *debitum cum re junctum*, qui est
considéré cependant comme une de ces conditions essentielles.

Ce n'est pas tout. L'*exceptio doli* revêt un caractère tout
à fait anormal ; elle est donnée contre une personne qui
est exempte de tout dol ; car on ne peut voir un acte de
mauvaise foi de la part d'un débiteur qui demande la restitution d'une chose après avoir payé la dette qu'elle
garantissait. Sans doute, le créancier pouvait compter
qu'elle lui assurerait l'exécution des autres obligations
contractées envers lui par le même débiteur ; mais cette
espérance n'était pas légitime puisque, d'après la convention elle-même, la chose engagée n'était destinée à
garantir qu'une seule dette.

La Constitution de Gordien est d'autant moins justifiable
qu'elle ne distingue pas, comme le fait avec raison l'article
2082 du Code civil, suivant que l'origine de la créance
pour laquelle on veut exercer le droit de rétention est
antérieure ou postérieure à la constitution de gage. On ne
peut donc dire, pour sa justification, que si le créancier n'a
pas exigé de garanties pour la seconde dette, c'est qu'il a
considéré le gage dont il était déjà saisi comme suffisant
pour répondre des deux dettes.

Nous avons indiqué les diverses conditions qui, suivant
nous, sont nécessaires pour l'exercice du droit de rétention ;
il nous resterait à en déterminer l'étendue, c'est-à-dire à
rechercher s'il est opposable à toute personne ou s'il ne
peut être invoqué que contre certains individus déter-

minés ; mais l'examen de cette question se trouvera mieux placé au moment où nous nous demanderons à qui d'une façon générale l'exception de dol peut être opposée.

COMPENSATION

L'exception de dol, à raison de sa généralité, était destinée à agrandir de plus en plus son domaine. Elle avait trouvé dans le droit de rétention une application qui pouvait encore, à la rigueur, s'accorder avec les principes de la procédure romaine ; on ne pourrait pas en dire autant de celle dont l'enrichit Marc-Aurèle et dont Justinien, dans ses Institutes, nous parle en ces termes : « Sed et in » strictis judiciis ex rescripto divi Marci, opposita doli » mali exceptione compensatio inducebatur » (1).

La compensation est une opération par laquelle, étant données deux personnes respectivement créancières et débitrices l'une de l'autre, elles reçoivent chacune en paiement de ce qui leur est dû, leur propre dette. Rien de plus juste que cette opération lorsqu'elle émane de la libre volonté des parties ; mais ce n'est pas la compensation conventionnelle que l'empereur Marc-Aurèle a eu l'intention d'admettre ; sa réforme a beaucoup plus de portée. Elle a pour but de permettre au débiteur d'opposer à l'action dirigée contre lui, une créance qui lui est propre ; elle donne au juge le pouvoir exorbitant d'absoudre le défendeur, alors qu'il reconnaît la parfaite exactitude des prétentions du demandeur ; en d'autres termes, c'est la compensation judiciaire qui est créée par le rescrit de Marc-Aurèle.

Il ne faudrait pas croire, du reste, que cette opération

—————————

(1) § 30, liv. 4, 6.

n'ait jamais eu lieu auparavant. Même sous les *legis actiones*, il y a déjà une forme de procédure où elle peut prendre place. C'est la *judicis postulatio*. Le juge, dans cette *legis actio*, ne paraît avoir eu d'autre mission que de régler équitablement les droits des parties, et comme il statuait surtout sur des affaires qui donnaient lieu à des actions contraires, il y avait pour lui presque nécessité d'opérer la compensation entre les diverses obligations qui lui étaient soumises.

Si nous passons au système formulaire, il était certainement une hypothèse où la compensation pouvait avoir également lieu ; c'est celle où il s'agissait d'actions de bonne foi. Le juge, dans ces actions, jouissait des pouvoirs les plus larges ; il ne condamnait le défendeur qu'à ce qui était exigé par la bonne foi : *Quidquid paret ex fide bonâ dare opportere condemna.* Si donc le demandeur se trouvait obligé envers le défendeur, en vertu du contrat sur lequel s'appuyait l'action portée en justice, il était juste que sa demande se trouvât repoussée jusqu'à concurrence de sa propre dette. Car, quoi de plus raisonnable qu'une partie ne pût obtenir l'exécution d'une obligation, lorsqu'elle-même n'avait pas satisfait aux siennes ?

Enfin la compensation avait encore été introduite dans des cas particuliers d'actions de droit strict, lorsque le demandeur était un *argentarius* ou un *bonorum emptor ;* elle y était justifiée par des motifs tout spéciaux.

Pourquoi a-t-on généralisé la compensation et l'a-t-on étendue à toutes les actions personnelles ? Pourquoi a-t-on permis au juge de tenir compte, dans sa décision, de prétentions absolument étrangères au litige ? Ne le faisait-on pas excéder ses pouvoirs, outrepasser la mission qui lui avait été confiée ?

Deux motifs ont été donnés pour justifier la compensation en cette hypothèse ; d'une part, dit-on, elle évite un déplacement de fonds et, par conséquent, elle est conforme à l'intérêt général ; d'autre part, elle est conforme à l'équité, car le créancier n'a pas d'intérêt légitime à toucher ce qu'il ne peut garder.

C'est surtout cette seconde idée qui est développée par les jurisconsultes romains : « Dolo facit qui petit quod red-» diturus est », déclare Paul (1). Papinien n'est pas moins formel ; voici en quels termes il s'exprime : « In » rem suam procurator datus, post litis contestationem si » vice mutua conveniatur æquitate compensationis ute-» tur. » Pour nous, nous ne pouvons voir de dol dans l'acte de celui qui réclame ce qui lui est dû, alors que lui-même est débiteur en vertu d'une toute autre cause. En définitive, il ne fait que demander l'exécution d'une obligation librement consentie par le débiteur. Lui opposer l'exception de dol sous prétexte que ce dernier a acquis des droits contre lui, c'était méconnaître absolument les conventions intervenues entre les parties.

Quoi qu'il en soit, l'application de l'*exceptio doli* en matière de compensation paraît avoir été approuvée par la majorité des jurisconsultes romains ; s'ensuit-il, comme l'ont prétendu certains commentateurs, que l'empereur Marc-Aurèle, en admettant la compensation dans les actions de droit strict, n'ait fait que confirmer un usage qui existait avant lui. On a invoqué, en faveur de cette opinion, de nombreux textes du Digeste. Nous n'avons pas l'intention d'entrer dans les détails de cette controverse, qui semble avoir divisé les meilleurs auteurs ; toutefois, s'il nous est permis de donner une opinion à ce sujet, nous croyons que

---

(1) L. 8, pp., *De doli et metus except.*, 44, 4 ; 1, 173, § 3, *De regul. juris*, 50, 17.

les jurisconsultes de Rome n'ont pas dû songer à employer l'exception, en cette hypothèse, avant la réforme de Marc-Aurèle ; et notre opinion est fondée précisément sur le caractère anormal que revêt l'exception de dol en matière de compensation. La mauvaise foi du demandeur n'étant rien moins que certaine, on comprend qu'il ait fallu une constitution impériale pour étendre la notion du dol à la demande formée par un créancier contre une personne dont il est en même temps le débiteur *ex dispari causâ*.

Du reste, du moment qu'on admettait la compensation *ex dispari causâ* dans les actions de droit strict, il était évident qu'on ne pouvait plus exiger, pour qu'elle eût lieu dans les actions de bonne foi, que les obligations fussent nées *ex eadem causâ*. On étendit donc ici encore la notion de la compensation. Mais, devait-on dans cette dernière hypothèse insérer dans la formule l'exception de dol? Nous pensons que cela est fort douteux ; tous les jurisconsultes romains sont d'accord pour déclarer que l'action de bonne foi contient l'exception de dol : « Judicium bonæ fidei » continet in se doli mali exceptionem. » Il est vrai qu'avant la réforme de Marc-Aurèle, ce principe ne donnait au juge que le pouvoir de compenser *ex pari causâ ;* mais l'extension anormale que donnait l'empereur à l'exception de dol, devait par contre-coup accroître les pouvoirs du juge de l'action de bonne foi ; car du moment qu'on considérait comme entaché de dol le fait de réclamer le paiement d'une créance, alors qu'on était soi-même débiteur, le juge devait nécessairement tenir compte de ce dol en vertu des pouvoirs qui lui avaient été conférés par le magistrat.

Mais revenons au droit commun, et, laissant de côté toute appréciation sur l'origine et l'étendue de la réforme de Marc-Aurèle, recherchons quelles sont les conditions nécessaires pour que l'*exceptio doli* puisse recevoir son application en matière de compensation. Ces conditions peuvent se ramener à une idée unique ; il faut que celui contre lequel on invoque l'exception de dol demande ce qu'il peut être obligé de rendre immédiatement.

Il suit de là que le défendeur ne pouvait se prévaloir de la compensation, qu'autant qu'il avait une créance propre et personnelle contre le demandeur. Ainsi on n'admettait pas en compensation, une créance qu'un tiers avait contre lui, alors même que ce tiers aurait consenti à cette opération (1).

Ce principe n'était pas absolu ; et il recevait certaines dérogations commandées par des motifs tout spéciaux. Le fidéjusseur pouvait invoquer contre le demandeur la créance du débiteur principal (2) ; de même le débiteur corréal pouvait opposer au créancier commun la créance d'un autre codébiteur corréal, s'il y avait société entre eux (3). Ces décisions se justifiaient facilement ; dans ces deux cas, en effet, le défendeur condamné aurait eu un recours contre le débiteur principal ou contre son codébiteur ; obligé de payer, celui-ci aurait immédiatement poursuivi le créancier primitif et l'aurait ainsi forcé à rendre ce qu'il venait de toucher. On pouvait donc sans aucun doute appliquer la maxime : *Dolo facit, qui petit, quod redditurus.*

Réciproquement, la créance qu'on invoque en compensation doit être due personnellement par celui à qui on l'oppose. Un tuteur agissant en son propre nom ne pourrait se voir opposer une dette du pupille ; et, à l'inverse, s'il poursuivait un débiteur du pupille, celui-ci ne pourrait

(1) L. 18, § 1er, *De compensat.*, 16, 2.
(2) L. 5, *eod.*
(3) L. 10, 45, 2.

demander l'insertion de l'exception de dol sous prétexte qu'il a une créance contre le tuteur. Dans ces deux cas, on ne peut dire que ce dernier agit avec mauvaise foi : il ne demande pas ce qu'il sera obligé de rendre.

Nous devons du reste apporter aux deux règles que nous avons posées, un tempérament sérieux, fondé sur les principes qui régissent les rapports du *pater familias* avec les personnes qui sont sous sa puissance. L'action personnelle dirigée contre le fils de famille ou l'esclave pourra être paralysée par l'exception de dol, si le demandeur se trouve être le débiteur du *pater familias;* en revanche, ce dernier, poursuivant ses propres débiteurs, pourra se voir opposer en compensation la dette de son fils ou de son esclave. Paul fait observer que ce résultat sera tout à fait avantageux pour le défendeur, qui obtiendra ainsi le paiement de la totalité de sa créance, alors, que s'il avait agi lui-même, il n'aurait pu obtenir de condamnation que jusqu'à concurrence du pécule : « Si cum filio familias aut » servo contracta sit societas, et agat dominus vel pater, » solidum per compensationem servamus; quamvis si » ageremus duntaxat de peculio præsterretur. »

Il faut, en second lieu, pour qu'une créance puisse être opposée en compensation, qu'elle soit échue; car, on ne peut pas dire qu'il y a dol, même en se plaçant à une époque postérieure à la décision de Marc-Aurèle, de la part de celui qui poursuit son débiteur, alors qu'il existe à sa charge une dette, mais une dette dont on ne peut pas lui demander pour le moment le remboursement.

Si donc il s'agit d'une dette à terme, ou d'une dette conditionnelle, elles ne peuvent servir de base à sa compensation qu'autant que le terme est accompli ou la condition réalisée. Cela est dit formellement par la loi 7, *De compensatione,* 16, 2 : « Quod in diem debetur non com-

» pensabitur antequam dies venit, quanquam dari opor-
» teat. » Cela était de toute justice; permettre en une
pareille hypothèse d'opposer l'exception de dol, ce serait
rendre cette exception dolosive elle-même, puisqu'elle
ferait perdre à un débiteur le bénéfice du terme qui lui a
été accordé.

Il semblerait que ces principes eussent dû amener nécessairement les jurisconsultes romains à repousser la compensation, lorsque l'une des dettes n'était que naturelle ;
car, comme elle n'était jamais exigible, elle ne pouvait
servir de fondement à une action en justice et par suite
aucun des motifs invoqués en faveur de la compensation
n'existait en cette hypothèse. Cependant Ulpien déclare
qu'ici la compensation peut avoir lieu : « Etiam quod na-
» turâ debetur, venit in compensationem ; » et on peut
justifier cette opinion dans une certaine mesure.

Sans doute, celui qui n'est obligé que naturellement, ne
sera jamais poursuivi en paiement de sa dette ; mais s'il
est de bonne foi, il doit l'exécuter volontairement et dès
lors, s'il réclame le remboursement de sa propre créance, il
méconnaît les règles de l'équité et il mérite qu'on lui oppose l'exception de dol.

Il y a, toutefois, certaines obligations naturelles qui, à
cause de leur caractère particulier, n'ont pas une efficacité
aussi grande. Leur trait caractéristique, c'est qu'elles
peuvent servir de base à une action en justice ; seulement,
cette action est paralysée par une exception péremptoire.
Il en est ainsi notamment des obligations contractées en
contravention du sénatus-consulte macédonien par les fils
de famille ; il en était de même de celles qui subsistaient
après la sentence du juge. Différents textes déclarent formellement que de pareilles obligations ne peuvent être
opposées en compensation : « Quœcumque per exceptionem

» perimi possunt, in compensationem non veniunt » (1). Une telle décision paraît, au premier abord, injustifiable. Comment, le débiteur naturel qui ne peut que paralyser l'action de son adversaire par une exception, ne pourrait se voir opposer la compensation ; et celui contre lequel il n'existe pas même d'action ne jouirait pas de la même faveur ! Cette apparente contradiction peut cependant s'expliquer. Quand le défendeur a le droit, d'après l'édit, de faire insérer une exception péremptoire, c'est que l'équité ou l'intérêt public exigeait que l'action du créancier fût dénuée de toute efficacité ; or, il ne fallait pas lui donner une situation plus avantageuse, par cela seul que les rôles s'étant changés, il était devenu défendeur. Au contraire, quand une obligation est simplement privée d'une sanction judiciaire, ce n'est, le plus souvent, que par application des règles rigoureuses du droit civil : par exemple, de celles qui privent les *pactes nus* de toute action. Il est juste, dès lors, que leurs conséquences soient atténuées le plus possible, et on arrive à ce résultat en permettant au créancier d'obtenir indirectement le paiement de sa créance par la compensation.

Jusqu'ici, nous avons indiqué les différentes conditions qui, de l'avis de tous les auteurs, devaient être exigées pour qu'on pût opposer l'exception de dol en matière de compensation ; il y a, au contraire, une vive controverse sur la question de savoir s'il est nécessaire que les objets des deux dettes constituent des choses de même espèce qui, en même quantité et qualité, représentent toujours la même valeur. Ce qui fait naître le doute, c'est que la condamnation sous le système formulaire est toujours pécuniaire et qu'ainsi on peut dire que les deux dettes, quels

---

(1) L. 2; l. 14, *De Compensat.*, 16, 2.

que soient leurs objets primitifs, portent en définitive sur des sommes d'argent. Aussi, cette considération a-t-elle été présentée comme décisive par les partisans de la doctrine qui admet la compensation même entre deux dettes de corps certain.

Cette doctrine, on a cherché également à la soutenir par des arguments de texte, et on a invoqué à ce sujet la loi 10, § 2, *De compensatione*, 16, 2, où Ulpien déclare que la compensation est admise dans la *condictio furtiva* ; or, la *condictio furtiva* a pour objet un corps certain, puisqu'on y demande la translation de la propriété de la chose dolée. On nous oppose aussi, d'une part, les Institutes de Justinien, qui considèrent le rescrit de Marc-Aurèle comme ayant autorisé la compensation d'une façon générale ; d'autre part, un texte de Paul, ainsi conçu (§ 12, 1. 2, 12) : « In causâ depositi compensationi locus non est : » sed res ipsa reddenda est. » Il semble en résulter que l'hypothèse du dépôt soit la seule où la compensation ne puisse avoir lieu (1).

Cette opinion a été justement repoussée par la plupart des auteurs ; nous croyons qu'elle méconnaît absolument la nature de la compensation. L'acte juridique dont nous nous occupons n'est pas un véritable mode d'extinction des obligations : il n'est que le résultat de la procédure ; ce n'est qu'au moyen de l'exception de dol qu'il peut se produire. Cette exception, elle doit conserver, dans toutes ses applications, ses caractères essentiels ; or, il ne faut pas oublier qu'elle ne peut être opposée que quand on se trouve en présence d'une demande entachée de mauvaise foi.

Sans doute, le rescrit de Marc-Aurèle a étendu la notion

---

(1) Accarias, *Précis de Dr. rom.*, t. II, p. 1236, note 1. — Lair, *Compensation*, p. 37, note 2.

du dol ; mais, précisément à cause du caractère anormal que revêt ici l'*exceptio doli*, il faut restreindre son application, en cette matière, dans de rigoureuses limites ; et certainement, il n'est pas possible de voir un acte de mauvaise foi dans le fait de demander le paiement d'une dette, alors que le demandeur est débiteur de choses tout à fait différentes. Si la compensation avait été admise en cette hypothèse, elle eût été contraire à l'équité.

On objecte le caractère pécuniaire de la condamnation sous le système formulaire ; on dit qu'en définitive, les deux dettes auront toujours pour objet des sommes d'argent ; que, par suite, la condition de fungibilité se trouvera remplie. Cette considération ne nous touche pas ; ce n'est pas, en effet, à l'issue d'un procès qu'on doit se placer pour apprécier le caractère d'une demande ; c'est au moment où l'instance est engagée, ou tout au moins au moment où le juge examine l'affaire.

Qu'importe que le défendeur soit, dans tous les cas, condamné au paiement d'une somme d'argent : c'est là un résultat pratique qui ne peut avoir aucune influence sur l'appréciation du dol.

Quant à la loi d'Ulpien, qu'on invoque, elle n'est nullement décisive ; et, en effet, la *condictio furtiva* n'a été imaginée que comme remède aux lacunes de l'action en revendication, qui, on le sait, perdait toute efficacité lorsque la chose revendiquée avait péri ; elle présentait cet avantage très sérieux de faire obtenir au demandeur la valeur la plus grande qu'ait atteinte la chose volée ; il est donc à remarquer qu'en définitive, elle avait toujours pour objet une somme d'argent et, cela est si vrai, que le jurisconsulte romain s'exprime en ces termes : « Si de eâ » re pecuniare agitur » ; ce qui fait bien supposer que la demande est, en cette hypothèse, absolument pécuniaire.

Enfin, l'argument tiré des Sentences de Paul n'est véritablement pas sérieux; le jurisconsulte n'y fait qu'une simple constatation ; la compensation n'a pas lieu, suivant lui, en matière de dépôt ; mais il ne dit nullement que c'est la seule hypothèse où cette opération ne soit pas possible.

On peut dire, au contraire, qu'il applique simplement dans ce texte la règle générale que nous avons posée : ce procédé a du reste été suivi par Justinien qui, dans une constitution impériale, s'exprime en ces termes : « Ex- » ceptâ actione depositi, secundum nostram sanctionem in » quâ non compensationi locum esse disposuimus » (1).

Ce n'est pas tout; en interprétant, comme le font nos adversaires, le texte de Paul, on met ce jurisconsulte en contradiction avec lui-même, car nous lisons dans ses Sentences : « Compensatio debiti ex pari specie et causâ » dispari admittitur : velut si pecuniam tibi et tu mihi pe- » cuniam debeas aut frumentum aut cetera hujusmodi » (2).

Nous ferons remarquer que ce texte ne fait pas partie du Digeste et qu'il n'a pu par conséquent être remanié par Justinien ; de plus, il est contenu dans un ouvrage de doctrine dans lequel nous devons avoir la plus grande confiance. Il est vrai qu'on a trouvé un moyen fort simple d'écarter l'argument embarrassant que nous en tirons. Paul, dit-on, a voulu parler de la compensation de *l'argentarius ;* et, en effet, cette compensation ne pouvait avoir lieu que s'il s'agissait de dettes de choses fungibles. Cela était de toute justice ; car *l'argentarius* devant opérer la compensation *in jure*, il était nécessaire qu'il pût le faire sans craindre de se tromper et par suite de commettre une *plus petitio*. Ce qui prouve bien, ajoute-t-on, que telle a été la

____

(1) C. 14, *De Compensat.*, 4, 31.
(2) Paul, *Sentences*, 2, 5, § 3.

pensée de Paul, c'est qu'il dit : « Si totum petas, plus pe-
» tendo causâ cadis. » Or, en matière de compensation, il
ne peut être question de *plus petitio* en dehors du cas de
l'*argentarius*.

Malheureusement pour ceux qui interprètent ainsi le texte
du jurisconsulte romain, rien dans les paroles de Paul ne
fait supposer qu'il s'agit de la compensation que devait
opérer l'*argentarius*.

Paul, qui vivait à une époque postérieure à la réforme de
Marc-Aurèle, pose une règle générale ; il ne prévoit certainement pas un cas exceptionnel qui n'avait plus aucune
importance au moment où il écrivait ses Sentences. Quant
à la *plus petitio*, qu'on trouve déraisonnable en cette hypothèse, nous n'hésitons pas du tout à l'admettre, et nous
dirons plus tard, lorsque nous nous occuperons des effets
de l'exception de dol, les motifs qui nous portent à adopter
cette solution.

Un autre texte du même jurisconsulte confirme notre
opinion. Voici en effet comment il s'exprime dans un cas
particulier : « Si convenerit ut nomen debitoris mei pigno-
» ris tibi sit, tuenda est a prætore hæc conventio, ut et te
» in exigendâ pecuniâ et debitorem adversus me, si cum eo
» experiar, tueatur. Ergo si id nomen pecuniarium fuerit,
» exactam pecuniam tecum pensabis; si vero corporis ali-
» cujus id quod acceperis, erit tibi pignoris loco » (1).
Paul suppose qu'une créance a été donnée en gage par un
débiteur à son créancier, et il examine la situation des
parties au cas où la créance est payée à ce dernier. Deux
hypothèses, dit-il, doivent être distinguées : la créance a-
t-elle pour objet une somme d'argent, il y a compensation
jusqu'à concurrence de la plus faible ; a-t-elle pour objet

____

(1) L. 18, pp., *De Pignoratia actione*, 13, 7.

un corps certain, ce corps certain restera en gage entre les mains du premier créancier. La compensation est donc rejetée absolument par le jurisconsulte romain dans ce dernier cas, et, remarquons qu'encore ici il n'est nullement question de l'*argentarius*.

Enfin, un texte de Scævola nous fournit un dernier argument. Voici, en effet, comment il s'exprime (1) : «Si debeas » decem millia aut hominem, utrum adversarus volet, ita » compensatio hujus debiti admittitur, si adversarius pa-» lam dixisset, utrum voluisset. »

Il s'agit d'une dette alternative ayant pour objets une somme d'argent et un corps certain. Le jurisconsulte Scævola se demande si cette dette peut être compensée avec une autre, et il déclare que cette compensation ne peut avoir lieu que quand le créancier aura déclaré le choix qu'il entendait faire. Pourquoi? Évidemment, parce que s'il choisissait le corps certain, il ne pourrait plus être question de compenser cette dette avec une autre, quelle qu'elle fût (2).

Une dernière condition doit être exigée pour qu'une personne puisse opposer l'exception de dol sous prétexte qu'elle est elle-même créancière ; il faut que la créance qu'elle invoque soit liquide, c'est-à-dire certaine quant à son existence et quant à sa valeur. Rationnellement, il est juste qu'il en soit ainsi. Du moment, en effet, que l'équité est le fondement de la compensation et l'exception de dol son instrument pratique, il était nécessaire d'apporter des limites aux répétitions du défendeur. On ne doit pas lui

____

(1) L. 23, *De Compensat.*, 16, 2.

(2) En ce sens : Muhllenbruck, *Doctrina Pandectarum*, § 471. — Ortolan, t. III, p. 676, n° 2197. — Maynz, t. II, p. 528, § 375. — Bonjean, *Des actions*, t. II, p. 323. — Zimmern, *Traduction* d'Etienne, p. 305. — Pilette, *Revue historique de droit français et étranger*, t. VII, p. 140.

permettre d'opposer aux créances liquides des droits qui peuvent donner lieu à des contestations, soit sur leur existence, soit sur leur étendue. Il est impossible d'ailleurs de voir un dol dans le fait de celui qui demande le paiement d'une créance certaine sans avoir déduit de cette créance une dette douteuse ou indéterminée.

Toutefois, il est probable que la condition de liquidité était abandonnée à Rome à l'appréciation du juge. Cette faculté d'examen lui était certainement attribuée dans les actions de bonne foi ; il n'y avait aucune raison pour qu'elle n'existât pas dans les actions de droit strict lorsque l'exception de dol y était insérée.

De plus, cette idée résulte des expressions employées par les textes : « Si reprobavit pensationem » (1); ces mots montrent clairement que c'était aux juges à statuer sur les difficultés que faisait naître le caractère incertain de la créance invoquée en compensation.

Pour terminer l'étude de la compensation, il nous faudrait d'une part examiner quelle influence elle exerce sur l'action du demandeur ; d'autre part, l'étudier sous la procédure extraordinaire. Mais, tout d'abord nous n'avons pas à nous occuper de ce dernier point, car sous ce système de procédure, la compensation s'opère *ipso jure* sans l'aide d'une exception, elle sort ainsi du domaine de notre étude, Quant aux effets de cette opération, à l'époque classique, nous préférons en laisser l'examen pour le moment où nous déterminerons d'une façon générale les effets de l'exception de dol.

---

(1) L. 7, § 1, *De Compensat.*, 16, 2.

CHAPITRE II

PERSONNES AUXQUELLES ON PEUT OPPOSER L'EXCEPTION DE DOL

Avec la compensation, nous avons terminé la série des applications de l'exception de dol et, par suite, le développement de la première condition nécessaire pour son éfficacité. Si on examine attentivement la formule de cette exception, on s'aperçoit que le demandeur y est indiqué comme l'auteur du dol. Il résulte de là une seconde condition essentielle pour qu'on puisse opposer efficacement l'*exceptio doli*. Il faut que la mauvaise foi émane du demandeur ou, plus exactement, que dans les rapports du demandeur avec le défendeur l'action portée en justice paraisse contraire à l'équité.

Ulpien le remarque en ces termes (1) : « Et quidem illud
» annotandum est quod specialiter exprimendum est de
» cujus dolo quis queratur : non in rem, si in eâ re dolo
» malo factum est sed sic : si in eâ re dolo malo actoris
» factum est. Docere igitur debet is, qui objicit exceptio-
» nem dolo malo actoris factum : nec sufficit ei ostendere
» esse dolum ; aut si alterius dicat dolo factum, eorum
» personas specialiter enumerare, dummodo hæ sint qua-
» rum dolus noceat. »

C'est là une analogie que l'exception de dol a avec *l'actio de dolo malo*. Le préteur n'a pas voulu que le moyen qu'il mettait à la disposition du défendeur froissât en aucun cas l'équité ; or, il aurait nécessairement manqué son but, s'il avait accordé l'exception de dol d'une façon générale dans toutes les hypothèses où le *negotium juris* qui

_____

(1) L. 2, § 1, *De Doli et metus except.*, 44, 4.

avait engendré le droit du demandeur avait été entaché de dol.

On sait du reste que, quand la mauvaise foi a été accompagnée de violence, le défendeur a la ressource de l'*exceptio metus*, qui est donnée contre toute personne. La différence qui existe entre les deux exceptions se justifie facilement. Celui qui a été victime de la violence n'a à sa charge aucune faute ; il ne pouvait pas, à moins d'être un homme doué d'une rare énergie, agir autrement qu'il ne l'a fait ; au contraire, on peut reprocher à celui contre lequel le dol a été commis, de s'être laissé tromper par les manœuvres frauduleuses qu'on a employées à son égard. Leur situation devait donc être différente. Ajoutons que la violence a un caractère beaucoup plus dangereux pour l'ordre public, qu'elle trouble toujours dans une certaine mesure.

Mais revenons à la règle proclamée par Ulpien : on peut en détacher deux principes : 1° l'*exceptio doli* est toujours opposable à l'auteur du dol ; 2° elle n'est opposable à aucune autre personne.

Il résulte du premier que toute personne à laquelle le dol a causé un préjudice, peut invoquer l'*exceptio doli*. Peu importe que les faits aient ou n'aient pas été dirigés contre elle ; du moment que l'action intentée est injuste à son égard, le préteur doit intervenir et en paralyser l'effet (1). Ce n'est pas tout ; la qualité du demandeur lui-même ne le garantit pas contre l'exception, et c'est ainsi qu'elle pourra fort bien faire échouer des poursuites dont l'auteur est un mineur de vingt-cinq ans ou un fou furieux (2).

Une application intéressante de cette idée est faite dans

______

(1) L. 2, § 2, *De Doli et met. except.*, 44, 4.
(2) L. 4, § 26, *De Doli et met. except.*

le cas où un débiteur a payé sa dette à un pupille sans l'autorisation du tuteur. Si le pupille s'est enrichi de ce paiement, la demande nouvelle qu'il ferait contre le débiteur serait paralysée par l'exception de dol (1). Ulpien généralise même cette règle et l'applique dans toutes les hypothèses où un débiteur a payé sa dette à un créancier qui ne pouvait recevoir un paiement valable, lorsqu'il y a eu enrichissement de ce créancier.

Le principe que nous avons proclamé subit cependant une dérogation tenant aux rapports qui unissent le demandeur au défendeur. Si le premier, en effet, est une des personnes à l'égard desquelles le second est tenu de la *reverentia*, l'exception de dol n'est pas possible.

C'est ce que déclare Ulpien lui-même (2) : « Adversus » parentes patronosque, neque doli exceptio, neque alia » quidem quæ patroni parentisve opinionem apud bonos » mores sugillet, competere potest; in factum tamen erit » excipiendum. »

Nous savons que l'*actio de dolo* comporte la même restriction; mais elle s'explique là par un motif particulier qui n'existe pas pour l'exception. L'action de dol emporte, en cas de condamnation, une peine très grave : l'infamie. Si l'*exceptio doli*, qui n'a pas ce caractère infamant, n'est cependant pas donnée contre certaines personnes, c'est qu'en définitive, il y a en elle quelque chose d'irrespectueux qui ne peut s'accorder avec leur qualité. Remarquons que le défendeur n'est nullement désarmé en cette hypothèse, car Ulpien lui donne une exception *in factum* qui a pour lui autant d'efficacité que l'exception de dol.

J'ai dit en second lieu que l'*exceptio doli* ne pouvait être

____

(1) L. 4, § 4, *De Doli et metus except.*
(2) L. 4, § 16 *eod.*

opposée qu'à l'auteur des manœuvres frauduleuses. Cette dernière règle soulève dans ses applications certaines diffi-cultés à cause des rapports qui unissent certaines person-nes à celle qui a usé de la fraude. A ce sujet, nous devons distinguer deux hypothèses :

1° Le demandeur est l'ayant cause de l'auteur du dol. Il se peut d'abord qu'il soit son héritier légitime ou institué ; en ce cas pas de difficulté : l'héritier continue la personne de son auteur, il n'a pas plus de droits que lui et il est tenu de toutes ses obligations. Il en résulte que l'exception de dol pourra lui être opposée.

C'est ce qui résulte implicitement de la loi 4, § 16, *De Doli et metus exceptione*. Ulpien y déclare que l'affranchi ne peut pas s'appuyer sur le dol de son patron pour repousser les poursuites dirigées contre lui par l'héritier de ce patron, parce que, dit-il, le respect est dû au patron tant de son vivant qu'après sa mort : « Namque convenit tam vivo » quam mortuo patrono a libero honorem exhiberi. » Donc, s'il s'agissait de l'héritier d'une toute autre personne, l'*exceptio doli* serait efficace.

La même solution devrait être maintenue lorsque le dé-fendeur se trouve en présence non plus d'un héritier, mais d'un simple ayant cause à titre universel. Ulpien le décide formellement dans le cas où une personne a cédé ses droits successifs après avoir engagé frauduleusement son cohéri-tier à répudier la succession (1).

Mais là où naît la difficulté, c'est lorsqu'il s'agit d'ayants cause à titre particulier. Néanmoins, sur ce point, les textes ne laissent subsister aucun doute. Il faut faire une distinc-tion entre les ayants cause à titre gratuit et les ayants cause à titre onéreux. L'exception de dol peut toujours

---

(5) L. 4, § 28, *eod.*

être invoquée contre les premiers, non pas en vertu de l'idée que j'indiquais tout à l'heure au sujet des héritiers, mais principalement parce qu'ils combattent *de lucro captando.* S'il est, en effet, une règle fondamentale en droit romain, c'est celle en vertu de laquelle nul ne peut s'enrichir aux dépens d'autrui. Quand une personne poursuit un tel résultat, elle doit être repoussée par l'exception de dol (1). Ulpien en fait l'application au légataire et au donataire : « Si quis autem ex causâ legati vindicet, aut is cui
» ex causâ donationis res præstita est : an de dolo excep-
» tionem patiatur ex causâ ejus, in cujus locum succes-
» serit? Et majis putat Pomponius summovendum. Et ego
» puto exceptione eos esse repellendos cum lucrativam
» causam sunt nancti. Aliud autem est enim emere, aliud
» ex his causis succedere. »

Il y a cependant un texte qui semble contraire à cette solution, c'est la loi 5, *De diversus tempor. præscript.*, 44, 3. Elle est ainsi conçue : « An vitium auctoris vel donatoris
» ejusve qui mihi rem legavit mihi noceat sic forte auctor
» meus justum initium possidendi non habuit, videm dum
» est? Et puto neque nocere neque prodesse ; nam denique
» et usucapere possum quod auctor meus usucapere non
» potuit. » On a cherché à expliquer l'apparente contradiction qui existe entre ce texte et celui d'Ulpien, en distinguant la mauvaise foi et le dol.

D'autres auteurs ont dit que la mauvaise foi ne nuisait pas à celui qui, possédant, n'avait pas besoin d'agir, mais nuisait à celui qui ne possédait pas. Voici, pour nous, la solution qu'il faut adopter à ce sujet. Les hypothèses prévues par les deux lois sont différentes ; dans la loi 5, *De diversus tempor.*, il s'agit d'acquérir un droit nouveau en

---

(1) L. 4, § 29, 30 et 31, *eod.*

usucapant ; pour cela, il est suffisant que le possesseur soit de bonne foi et ait un juste titre.

Dans le texte d'Ulpien, au contraire, une personne veut se prévaloir d'un droit qui n'a été acquis par son auteur que grâce à la mauvaise foi ; il est juste alors que ce soit dans la personne de son auteur que les conditions nécessaires à la réussite de la demande soient réunies.

Ce que nous venons de dire pour les donataires et légataires ne peut certainement pas s'appliquer aux ayants cause à titre onéreux ; et, en effet, ceux-ci ont donné un équivalent à l'auteur du dol, en échange du droit qu'ils acquéraient de lui : « Pugnant de vitando damno. » Le principe de la personnalité de l'exception de dol doit recouvrer ici tout son empire.

La seconde hypothèse que nous avons à examiner est celle où le demandeur a été représenté par l'auteur du dol dans le *negotium juris*, qui a donné naissance au droit dont il demande la réalisation en justice. On sait qu'en droit romain, il y a deux sortes de représentation : la représentation par les personnes qui sont en notre puissance, et la représentation *per extraneam personam*.

Supposons d'abord que c'est un père de famille qui fonde sa demande sur un droit qui lui a été acquis par son fils ou son esclave. Le défendeur pourra-t-il opposer l'action du père de famille, le dol de ces derniers. Ulpien résout encore ici la question ; il déclare qu'on doit faire une distinction, suivant que le droit dont on poursuit la réalisation fait ou ne fait pas partie du pécule. Dans le premier cas, l'exception de dol sera toujours efficace, à quelque époque les actes frauduleux aient eu lieu ; dans le second, elle ne pourra être opposée que si le dol a été commis dans l'affaire même qui a donné naissance au droit :

« Si autem non ex peculiari causâ, tum de eo duntaxat

» excipi oportet, qui admissus in ipso negotio quod geri-
» tur, non etiam si postea aliquis dolus intervenisset. Ne-
» que enim esse æquum servo dolum amplius damno no-
» cere quam in quô operâ ejus esset usus » (1). Cette distinction se justifie par la qualité particulière que prend le
pater familias, lorsqu'il agit *ex causâ peculiari*; il est alors
un véritable ayant cause à titre universel et, comme tel,
il est tenu de toutes les obligations de son auteur, au
moins jusqu'à concurrence du pécule. Si, au contraire, il
fait valoir un droit qui n'est pas contenu dans le pécule, il
est juste qu'il ne soit responsable du dol commis par son
fils ou son esclave que si les actes frauduleux ont été
commis dans le *negotium juris* qui a donné naissance au
droit.

La représentation *per extraneam personam* peut être
conventionnelle ou légale. Ulpien les prévoit toutes
deux (2). En ce qui concerne la représentation conventionnelle, il nous dit que, d'une façon générale, le dol du
mandataire est opposable au mandant. Mais il ne main-
tient pas cette solution absolue dans l'hypothèse où le défendeur invoque le dol commis par un tuteur pour repousser l'action intentée contre lui par le pupille. Il déclare, en
effet, que l'*exceptio doli* ne sera ici opposable que si le
pupille s'est enrichi. Cette décision est conforme aux principes du droit romain; il n'est pas admissible, à Rome,
qu'un pupille souffre de quelque manière que ce soit du
fait de son tuteur.

---

(1) L. 4, § 17, *eod.*
(2) L. 4, §§ 18 et 23, *eod.*

CHAPITRE III

ACTIONS DANS LESQUELLES L'EXCEPTIO DOLI EST EFFICACE

Lorsque nous avons indiqué, dans notre introduction, les hypothèses où le préteur avait dû intervenir pour paralyser l'action qui lui paraissait inique, on a pu prévoir que cette exception n'était pas nécessaire dans toutes les actions. Certaines d'entre elles, en effet, grâce aux termes de leur formule, qui conféraient au juge des pouvoirs très larges, permettaient à celui-ci de tenir compte du dol du demandeur, alors qu'aucune exception n'avait été insérée.

C'étaient les actions de bonne foi. Leur *intentio* étant ainsi conçue : « Quiquid paret ex fide bonâ, » le juge ne pouvait condamner le défendeur qu'à ce qui était exigé par la bonne foi, et dès lors il devait nécessairement l'absoudre si les prétentions du demandeur étaient fondées sur des actes entachés de fraude. L'*exceptio doli* était donc superflue dans ces actions, et c'est ce qui est constaté par de nombreux jurisconsultes romains en ces termes : « Cum » enim doli exceptio insit de dote actioni ut in ceteris bonæ » fidei judiciis (1) quia hoc judicium fidei bonæ est et » continet in se doli exceptionem. — Doli mali exceptio » nem obesse, quæ tamen officio judicis rei uxoriæ conti » netur (2). » De même Paul nous déclare que le posses seur de bonne foi retient ses dépenses dans l'*actio communi dividundo* : « Æquitate ipsius judicis (3). »

Cette différence entre les actions de droit strict et les

(1) L. 21, *Soluto matrimonio*, 24, 3.
(2) *Fragm. vatican*, § 94.
(3) L. 14, § 1, *Communi dividund*, 10, 3.

actions de bonne foi a son origine dans les *legis actiones*.
Sous ce système de procédure, l'*actio sacramenti* et l'*actio
per condictionem*, qui n'en était qu'une modification, ren-
fermaient dans des limites très étroites les pouvoirs du
juge. Sa mission se bornait à déclarer que les prétentions
du demandeur étaient ou n'étaient pas exactes : « Utrum
» sacramentum justum an injustum sit. » Il paraît que dès
cette époque, on avait senti les graves inconvénients que
présentait ce système de procédure dans les affaires qui
nécessitaient une certaine appréciation de la part du juge.
Il y avait même des cas où il était à peu près impossible
d'agir ainsi, c'étaient ceux où les parties avaient des obligations réciproques à régler. Pour remédier à ces vices,
on inventa une nouvelle *legis actio* : la *judicis postulatio*.
Le juge choisi par les parties devait examiner les différentes circonstances qui avaient donné lieu au procès,
combiner les obligations du demandeur et du défendeur
entre elles, en un mot régler le litige conformément aux
règles de l'équité. Aussi Cicéron nous parle-t-il de la *judicis postulatio* en ces termes : « Præclarum a majoribus
» accepimus morem rogandi judicis si ex rogaremus, quæ
» salva fide facere possit (1). » La bonne foi était certainement un des éléments essentiels dont le juge devait tenir
compte, et c'est pourquoi on l'appelait justement : *arbiter*.

Seulement, à cette époque, une pareille procédure était
exceptionnelle et de pure faveur et les cas où elle avait
lieu étaient limitativement déterminés, surtout au début.
Cicéron nous indique quelques-unes des affaires soumises
à la *judicis postulatio* : « Quidem Scævola Pontifex maxi-
» mus summam vim esse dicebat, in omnibus iis arbitriis,
» in quibus adderetur : ex fide bonâ fideique bonæ nomen

---

(1) Cic., *De officiis*, III, 10.

» existimabat manere latissime, idque versari in tutelis
» societatibus fiduciis rebus emptis venditis, conductis lo-
» catis, quibus vitæ societas contineretur, in his magni
» esse judicis statuere, quidquem que cuique præstare
» oportet (1). »

Il est à remarquer que toutes les affaires indiquées par
Cicéron ont engendré plus tard des actions de bonne foi ;
on peut donc dire d'une façon à peu près certaine que la
judicis postulatio avait tous les caractères de ces actions ;
le juge ne devait condamner le défendeur que s'il n'y avait
pas dol de la part du demandeur, et il pouvait notamment
opérer la compensation *ex eadem causâ*.

La différence qui existait pour les pouvoirs du juge entre
l'*actio sacramenti* et la *judicis postulatio* passa dans le système formulaire avec peu de modifications. On distingua
alors le *judicium* et l'*arbitrium ;* c'est ce que nous dit Cicéron en ces termes (2) : « Aliud est judicium, aliud arbi-
» trium ; judicium est certæ pecuniæ, arbitrium incertæ.
» Ad judicium hoc modo venimus, ut totam litem ant
» obtineamus aut amittamus : ad arbitrium hoc modo adi-
» mus, ut neque nihil neque tantum quantum postulavi-
» mus, consequamur. Ejus rei ipsa verba formulæ testi-
» monio sunt. Quid est in judicio ? Directum, asperum,
» simplex. Si paret a sextercia dari oportere. Quid est in
» arbitrio ? Mite, moderatum, quantum æquius melius id
» dari. »

Sénèque (3) trace également un parallèle entre les *judicia* et les *arbitria*. C'est de cette distinction qu'est sortie
définitivement la division entre les actions de droit strict
et les actions de bonne foi. Cette division n'effaça pas l'an-

---

(1) Cic., *De officiis*, III, 17.
(2) Cic., *Pro Roscio Comedio*, IV.
(3) Sénèque, *De beneficiis*, liv. III, § 7.

cienne qui subsista toujours ; seulement le domaine des *arbitria* s'élargit, ils comprirent les actions de bonne foi, les actions *in rem* et les actions honoraires.

Quoi qu'il en soit, il résulte de ces faits que le préteur, en créant l'exception de dol, ne fit que continuer l'œuvre du droit civil. Le législateur avait commencé les réformes en instituant des actions où le juge pouvait tenir compte du dol ; le magistrat, en attribuant à ce dernier les mêmes pouvoirs dans toutes les actions, grâce à l'exception de dol, n'a fait que généraliser cette innovation.

Mais s'il ne peut s'élever aucune difficulté au sujet des actions de bonne foi, il n'en est pas de même pour d'autres actions, qui, ayant un caractère tout spécial, restent en dehors de la distinction. Ce sont les actions arbitraires et les actions *in factum*.

Ce qui caractérisait les actions arbitraires, c'était que la condamnation ne résultait pas nécessairement de la vérification par le juge des prétentions du demandeur. Alors que ces prétentions étaient reconnues exactes, le défendeur pouvait encore obtenir son absolution en donnant au demandeur les satisfactions indiquées par le juge dans son *arbitrium*. Nous avons dit que ces actions avaient été comprises à l'époque de Cicéron dans les *arbitria* ; on pourrait croire dès lors que les pouvoirs du juge y étaient assez larges pour qu'il pût tenir compte du dol. Cette manière de voir est même favorisée par les Institutes de Justinien. Et, en effet, ce prince, après avoir indiqué quelles sont, selon lui, les actions arbitraires, s'exprime en ces termes (1) : « In his enim actionibus et ceteris similibus per- » mittitur judici ex æquo et bono, secundum cujusque rei » de quâ actum estimare quemadmodum actori satisfieri

____

(1) Liv. 4, 6, § 31.

» opoteat. » Il semblerait bien résulter de ce texte que les actions arbitraires ont les caractères des actions de bonne foi ; l'exception de dol y serait donc superflue. Néanmoins les commentateurs du droit romain sont d'accord pour repousser cette idée, qui leur paraît avec raison absolument contraire aux textes (1).

En effet, l'une des plus importantes actions arbitraires est certainement l'action en revendication ; or, les jurisconsultes romains donnent précisément de nombreux exemples de l'exception de dol, opposée à cette action. Nous en avons déjà vu nous-mêmes un certain nombre (2) ; il y a surtout une loi de Paul qui a une grande importance en cette matière, parce qu'il y statue d'une façon générale ; voici comment elle est conçue : « In omnibus igitur istis, » in quibus mea res, per prævalentiam alienam rem tra- » hit, meamque efficit, si eam rem vindicem per excep- » tionem doli cogar pretium ejus quod accesserit dare (3). »

Il est vrai qu'au sujet d'autres actions arbitraires, notamment la pétition d'hérédité, de vives controverses se sont élevées entre les jurisconsultes romains. Justinien, qui la fit cesser en déclarant que désormais la pétition d'hérédité serait une action de bonne foi, semble croire que la discussion portait d'une façon générale sur la nature de la pétition d'hérédité. Nous croyons pour nous que cela n'est pas exact, car la pétition d'hérédité étant une action *in rem* et, par suite, arbitraire, était nécessairement en dehors de la distinction des actions de droit strict et de

---

(1) De Caurroy, Instit., t. III, 4, p. 164, nᵒ 1295. — Ortolan, t. III, nᵒ 1993, note 2. — Accarias, *Précis de droit Romain*, t. II, nᵒ 867, note 2.

(2) §§ 30, 32, 33, 34, Instit., *De Divis rerum*, 2, 1 ; l. 9, pp. §§ 1 et 2, *De acqui rerum domin.*, 2, 1.

(3) L. 23, § 4, *De Rei Vendic.*, 6, 1. Ajoutez encore l. 7, §§ 12, 41, 1, et l. 48, *De Rei Vindic.*, 6, 1.

bonne foi. Il est plus probable que la difficulté résidait uniquement sur ce point : devait-on insérer l'exception de dol dans la formule, pour que le juge ait le pouvoir de tenir compte des retenues que le possesseur avait le droit d'exercer? Papinien et Gaius tenaient pour l'affirmative (1); au contraire, Paul, Javolenus et Scævola admettaient la négative (2).

Nous croyons que l'opinion des premiers était préférable ; elle était plus conforme aux principes généraux, puisqu'il n'y avait aucune raison sérieuse d'établir sur ce point une différence entre l'action en revendication et la pétition d'hérédité.

Quant aux motifs qui ont fait exiger l'insertion dans les actions arbitraires de l'exception de dol, ils résident dans ce fait que toutes ces actions faisaient partie, sous les *legis actiones*, du domaine du *Sacramentum*.

On comprend donc que les pouvoirs du juge y étaient relativement restreints. Sans doute, il y avait dans les actions arbitraires quelque chose de particulier qui n'existait pas dans les *condictiones ;* c'était l'*arbitrium litis æstimandæ*. Mais, avant d'indiquer les satisfactions qui étaient dues au demandeur *ex æquo et bono*, le juge devait constater l'exactitude de l'*intentio*, et dans l'examen auquel il se livrait, il n'avait à tenir compte que des règles du droit civil pur ; en d'autres termes, avant d'être *arbiter*, il devait être *judex*. Si Justinien, dans ses Institutes, déclare que le juge doit dans les actions arbitraires statuer *ex æquo et bono*, c'est qu'il s'est placé au moment où le juge prend une nouvelle qualité, au moment où il indique les satisfactions qui devront être données au demandeur.

---

(1) L. 9 et 50, § 1, *De hered. pet.*, 5 et 3.
(2) L. 38, 44 et 58, *De hered. pet.*, 5, 3.

Nous avons dit que les difficultés pouvaient également s'élever au sujet des actions conçues *in factum*. Ces actions, créées par le préteur, confiaient au juge la mission d'examiner si certains faits allégués par le demandeur étaient exacts, et de condamner en cas d'affirmative.

Certains auteurs ont prétendu d'une façon absolue, que l'exception de dol devait être insérée dans les actions *in factum*.

D'autres, en sens inverse, ont déclaré que le juge devait toujours statuer *ex fide bonâ*, que par suite il devait tenir compte du dol sans qu'il fût besoin d'une exception.

On a invoqué en ce dernier sens, certains arguments qui ne manquent pas de force. Il serait étonnant, dit-on, que le préteur qui cherchait par tous les moyens à faire prévaloir l'équité, eût créé des actions où les pouvoirs du juge auraient été limités d'une manière telle, qu'il ne pût prendre en considération la mauvaise foi des parties. Un pareil résultat n'est pas raisonnable.

De plus, il y a certaines actions, comme l'*actio depositi* et l'*actio commodati*, qui étaient données par le magistrat sous les deux formes différentes ; elles étaient tantôt conçues *in jus*, tantôt *in factum* (1). Or un point certain, c'est que les mots *ex fide bonâ* qui étaient contenus dans la formule *in jus*, n'existaient pas dans la formule *in factum*.

En résultait-il que les pouvoirs du juge y étaient différents? Evidemment non. Il n'y avait aucune raison d'établir une distinction sur ce point entre les deux actions. Si, en définitive, les mots *ex fide bonâ* ne se rencontrent pas dans les actions *in factum*, c'est que ces actions ne

---

(1) Gaius, C. IV, § 47.

soulèvent aucune question de droit et que par suite il est inutile d'autoriser le juge à y déroger (1).

Nous pensons qu'aucune de ces deux opinions n'est conforme à la jurisprudence romaine; les actions *in factum* n'étant ni de droit strict, ni de bonne foi, on ne peut les soumettre d'une manière absolue aux principes qui régissent ces sortes d'actions et déclarer notamment qu'il est ou n'est pas nécessaire d'insérer dans la formule une exception pour permettre au juge de tenir compte de la mauvaise foi du demandeur. La question doit, suivant nous, être résolue en fait suivant les circonstances, suivant les termes mêmes dont s'est servi le préteur dans sa formule d'action. En effet; d'une part, les faits sont plus ou moins complexes et nécessitent par suite une latitude d'appréciation plus ou moins grande; d'autre part, la *condemnatio* de l'*actio in factum* pouvait être *certa* ou *incerta* : quelquefois elle était conçue en ces termes : « Quantum bonum æquum » judici videbitur. » Dans ce dernier cas, il était évident que l'exception de dol était inutile puisque le montant de la condamnation s'appréciait d'après ce qui paraissait équitable au juge.

Certains textes confirment cette théorie. Paul, au sujet d'un pacte de constitut, déclare formellement que le dol pourra être pris en considération, soit grâce à l'*exceptio doli*, soit par la simple interprétation de la formule : « Sed » et si alia die offerat, nec actor accipere voluit, nec ulla » causa ista fuit non accipiendi, æquum est succurri reo » aut exceptione, aut justa interpretatione ut factum acto- » ris usque ad tempus judicii ipsi noceat ut illa verba : ne- » que fecisse hoc significent ut neque in diem in quem » constituit, fecerit, neque postea (2) ».

____

(1) Bonjean, *Des Actions*, t. II, p. 269.
(2) En ce sens : Ortolan, l. 3, n° 2000.

Ailleurs, le jurisconsulte Scævola se demande, dans une hypothèse particulière, si l'*actio de pecuniâ constituta* sera paralysée par l'exception de dol, ou si la formule d'action sera refusée au demandeur. Cela suppose que l'*exceptio doli* pouvait être opposée à l'action de constitut qui était conçue *in factum.*

Pour l'exposé de notre opinion, nous avons ôté toute force à la considération d'équité invoquée par M. Bonjean à l'appui de son système. Quant à l'argument qu'il tire des actions *commodati* et *depositi in factum*, il n'a aucune valeur à nos yeux ; car il y a précisément une très grave difficulté sur le point de savoir dans quels cas ces actions étaient données, et quelle était leur utilité (1).

---

(1) L. 17, *De Pecun. constit.*, 13, 5.

CHAPITRE IV

QUAND L'EXCEPTION DE DOL DOIT ÊTRE REPOUSSÉE

L'exception de dol constituant une modification à la formule d'action, devait naturellement être opposée *in jure* au demandeur. Si, en effet, le défendeur ne s'en était pas prévalu devant le magistrat, le juge qui était lié par les termes de la formule se trouvait dans la nécessité de prononcer la condamnation, alors qu'il la considérait comme absolument injuste. Cette règle, conforme aux principes de la procédure romaine, est donc incontestable : mais elle reçut un tempérament qui en a annihilé les graves conséquences pratiques; on admit d'assez bonne heure la *restitutio in integrum* en faveur du défendeur. Lorsque par erreur ou pour une tout autre cause, celui-ci avait omis de se prévaloir *in jure* d'une exception péremptoire (et c'était le cas pour l'exception de dol), il pouvait se faire restituer par le magistrat contre cette omission. Gaius nous le déclare en ces termes : « Semper peremptoria qui- » dem exceptio nocet ; idemque si reus ea non fuerit usus » in integrum restitutus recuperandæ exceptionis gratia, » etc. (1). »

Au fond, la règle n'existait plus, et c'est ce que Gaius reconnaît lui-même en disant que l'exception de dol pouvait être opposée dans tous les cas. Ulpien va même plus loin, dans une hypothèse particulière où il est intervenu une transaction après la *litis contestatio;* il déclare qu'on pourra opposer le dol et il ne parle pas d'*in integrum restitutio :* « Si post litem contestatam transactum est nihilo- » minus poterit exceptione doli uti potest secuti. »

____

(1) C. 1, *De juris et facti ignor,* 1, 18.

TROISIÈME PARTIE

Des effets de l'exception de dol.

Nous supposons maintenant que sur la demande du défendeur, l'exception de dol a été insérée dans la formule. Quels en seront les effets ?

Un point certain, c'est que les pouvoirs du juge, limités par l'*intentio*, recevront une certaine extension; on devra prendre en considération la mauvaise foi des parties. Il faudra, dans une certaine mesure, consulter les règles de l'équité. Mais, est-il permis d'aller plus loin et de dire que, grâce à l'insertion dans la formule de l'exception de dol, les pouvoirs du juge seront aussi larges que dans les actions de bonne foi, en d'autres termes, que l'*exceptio doli* aura pour effet de transformer les actions de droit strict en actions de bonne foi.

La question que nous posons a un intérêt pratique considérable; car ces deux sortes d'actions ont entre elles de nombreuses différences. Pour ne citer que les plus importantes, on sait que les intérêts dans les actions de droit strict ne sont dus que lorsqu'ils ont été stipulés expressément et alors ils donnent lieu à une action spéciale qui ne se confond pas avec la demande principale ; au contraire, dans les actions de bonne foi, les intérêts sont dus à partir de la *mora*, et même si l'équité l'exige en dehors de tout *mora ;* dans tous les cas ils ne donnent jamais lieu à une demande distincte. Le taux des intérêts est également fixé d'une manière différente, suivant qu'il s'agit d'une action de droit strict ou de bonne foi; dans la première hypothèse, ils le sont par les parties ; dans la seconde, ils sont compris dans l'*officium* du juge.

De même, les fruits ne sont dus, dans la plupart des actions de droit strict, qu'à partir de la *litis contestatio;* dans les actions de bonne foi, c'est la *mora* qui en fait naître l'obligation de restitution.

Une différence également très importante existe entre les actions de droit strict et celles de bonne foi en ce qui concerne la responsabilité du débiteur. Dans quelle mesure cette responsabilité a-t-elle lieu? Voilà une question qui est résolue diversement suivant les actions qui sont en présence.

En outre, une caution peut être exigée dans les instances de bonne foi pour garantir les obligations éventuelles du défendeur ; jamais elle ne peut être demandée dans les actions de droit strict. Enfin il est une dernière différence sur laquelle je me réserve de revenir ; c'est celle qui est relative au pouvoir qui appartient au juge dans les actions de bonne foi, pouvoir grâce auquel, au lieu d'être dans l'alternative de condamner ou d'absoudre, il peut, s'il le trouve équitable, diminuer la condamnation.

Eh bien, est-il permis de déclarer que l'exception de dol efface d'une façon absolue toutes ces différences. Pour nous, nous n'hésitons pas ; nous ne pouvons croire que l'exception de dol, ait une influence aussi grande sur l'action à laquelle elle s'adjoint. Notre opinion est si raisonnable, que les auteurs qui préconisent le système contraire n'osent pas admettre la plupart des conséquences qu'il devrait entraîner logiquement, et c'est déjà un motif sérieux pour le repousser (1).

Le principal argument sur lequel il s'appuie est tiré d'un texte de Papinien, où le jurisconsulte s'exprime en ces

---

(1) Ainsi M. Accarias n'admet pas l'application des règles des actions de bonne foi relatives aux fruits, aux intérêts et aux fautes.

termes : « Igitur si res singulas heredes Lucii Titii vindi-
» cent, doli non inutiliter opponetur exceptio ; bonæ fidei
» autem judicio constituto, quærebatur an mulier promit-
» tere debeat se bona cum moreretur, filiis Titii restitu-
» ram (1). » Papinien, dit-on, supposant que l'exception de
dol a été insérée, déclare qu'on se trouve maintenant en
présence d'une action de bonne foi et, en conséquence, il
permet au demandeur d'exiger une caution du défendeur
pour la garantie de ses obligations éventuelles.

Il paraît assez invraisemblable, cependant, qu'un effet
aussi important de l'exception de dol se soit glissé dans
un texte absolument étranger à la matière des actions
et des exceptions. D'autre part, il est à remarquer qu'il
s'agit ici d'une action en revendication, c'est-à-dire d'une
simple action arbitraire ; or, on comprendrait que dans cette
action, le juge qui, on le sait, doit dans son *arbitrium*
statuer *ex æquo et bono*, ait des pouvoirs aussi larges que
dans les actions de bonne foi. Donc, en interprétant le texte
de Papinien même comme le font nos adversaires, on
serait conduit simplement à décider que l'exception de
dol transforme les actions arbitraires en action de bonne foi,
et par suite amené à faire une distinction entre ces actions et
les véritables *condictiones*. Mais cette distinction, nous ne
l'admettons pas ; nous soutenons que la loi 32 doit recevoir
une tout autre interprétation.

Que dit en somme Papinien ? qu'une formule d'action
de bonne foi a été donnée. Mais est-ce un résultat produit
par l'exception de dol ? C'est un point sur lequel le jurisconsulte ne s'explique pas. Or, nous pouvons supposer qu'en
présence de l'exception de dol opposée par Séia, les héritiers de Titius renoncent à leur action en revendication,
persuadés qu'elle n'aboutirait qu'à un échec.

____

(1) L. 42, pp., *De mortis causa donation*, 39., 6.

Seulement, comme ils n'entendent pas être privés des garanties de restitution, ils demandent au magistrat l'organisation d'une instance de bonne foi (*bonæ fidei judicio constituto*) qui permettra au juge de leur accorder les sûretés demandées.

Nos adversaires sentant eux-mêmes la faiblesse de leur argument, ont essayé d'appuyer leur système sur d'autres textes relatifs à la *replicatio doli*. On sait que quand l'exception réclamée par le défendeur doit entraîner un résultat inique, le magistrat donne une *replicatio* qui en paralyse l'effet.

Or, dit-on, plusieurs jurisconsultes romains sont d'accord pour déclarer qu'il n'y a pas lieu de donner une *replicatio doli* contre l'exception de dol (1).

Ainsi, Ulpien s'exprime en ces termes : « Marcellus ait » adversus doli exceptionem non dari replicationem doli. » Labeo quoque in eâdem opinione est ; ait enim iniquum » esse communem malitiam petitori quidem præmio esse, » et vero, cum quo ageretur, quum longe æquum sit, ex » eo, quod perfide gestum est actorem nihil consequi. » Ailleurs il revient encore sur cette idée (2) : « Quum per » delictum est duorum, semper oneratur petitor et melior » habetur possessoris causâ, sicut fit, quum de dolo exci- » pitur petitoris ; neque enim datur talis replicatio peti- » tori. »

Eh bien, s'il en est ainsi, c'est que le juge, en vertu des pouvoirs qui lui ont été conférés par l'exception de dol, doit tenir compte de la mauvaise foi partout où il la trouve, c'est-à-dire même si elle émane du défendeur ; on se trouve en définitive en présence d'une véritable action de bonne foi où tout doit se régler d'après les principes de l'équité.

---

(1) L. 4, § 13, *De Doli et metus exceptione.*
(2) L. 154, *De Div.*, *Reg. jur.*, 50, 17.

Ce résultat est confirmé expressément par une constitution impériale qui est conçue en ces termes : « Nam repli- » catio doli mali opposita bonæ fidei judicium facit et com- » mentum fraudis repellit. »

Nous ne croyons pas, pour nous, que les différents textes qu'on nous oppose soient décisifs. Et, tout d'abord, ceux d'Ulpien doivent être absolument écartés de notre controverse ; si, en effet, ce jurisconsulte déclare qu'il n'y a pas lieu à une *replicatio doli*, ce n'est pas parce que, suivant lui, le juge peut, grâce à l'élargissement de ses pouvoirs, tenir compte de la mauvaise foi du défendeur, c'est simplement en vertu d'une règle générale en droit romain, règle qu'on peut poser en ces termes : « In pari causâ » melior est causâ possidentis. » Ulpien en fait l'application à une hypothèse particulière, à celle où le dol est réciproque. « Il serait inique, dit-il, que la fraude commune profitât à celui qui agit ; il est juste, au contraire, qu'il ne résulte rien de ce qui a été fait frauduleusement. » Ainsi, si la replication de dol est refusée au demandeur, c'est précisément parce que l'on ne veut pas que le juge puisse tenir compte de la mauvaise foi du défendeur.

L'argument tiré de la Constitution impériale paraît plus puissant ; néanmoins, nous pouvons encore y répondre. L'empereur a pu simplement constater une analogie de l'action de droit strict accompagnée de l'exception de dol, avec les actions de bonne foi. Le juge qui se trouvait en présence d'une pareille formule devait, de même que dans les actions de bonne foi, tenir compte des principes de l'équité et repousser toute prétention entachée de fraude.

Allons même plus loin et admettons que la *replicatio doli* transforme les actions de droit strict en actions de bonne foi. S'ensuit-il, pour cela, qu'il fallût attribuer le même effet à l'exception de dol? Sans doute, on dit souvent, peut-être avec raison, que la replication n'est autre chose qu'une exception opposée à une exception ; mais cette exception a tout au moins un caractère tout à fait particulier qui la distingue des autres, elle émane du demandeur. Au fond, en demandant l'insertion de la *replicatio doli*, celui-ci renonce à l'*actio stricti juris* qu'il avait intentée ; il consent à ce que l'affaire soit réglée *ex æquo et bono*, et on comprend, dans une certaine mesure, que l'action soit devenue de bonne foi. Mais ce résultat étant une dérogation à la règle générale, on doit le restreindre rigoureusement aux cas prévus ; il n'est pas permis de l'étendre à l'exception de dol.

On pourrait nous faire une dernière objection ; la *clausula doli*, pourrait-on dire, lorsqu'elle a été insérée dans un contrat, donne au juge de l'action des pouvoirs très larges ; il résulte même d'un texte de la loi de la Gaule cisalpine, que l'action pouvait être rédigée comme l'action de bonne foi : « Quidquid eum Quintum Licinium ex eâ » stipulatione Lucio Seio dari facere oporteret ex fide » bonâ. » Or, pourquoi l'exception de dol, donnée par le magistrat, n'aurait-elle pas le même effet que la *clausula doli* imaginée par les parties ? Pourquoi ? Mais parce que, dans cette dernière hypothèse, la formule est absolument changée ; il n'y est plus question ni de replication, ni d'exception. Au contraire, lorsque l'*exceptio doli* a été insérée dans une action de droit strict, l'*intentio* reste telle qu'elle était auparavant ; les pouvoirs du juge y sont toujours restreints, seulement dans des limites moins étroites ; il pourra tenir compte de la mauvaise foi du demandeur.

Enfin, si on se reporte à notre introduction, on est convaincu que notre système est plus conforme à la marche, au développement de la jurisprudence prétorienne. Sans doute le magistrat a pu s'apercevoir de bonne heure des inconvénients très graves que présentait la formule de l'action de droit strict, mais son caractère s'opposait à ce qu'il réalisât d'un seul coup tous les progrès qu'il jugeait nécessaires. Il a donc cherché à détruire les vices qui lui paraissaient les plus graves et notamment celui qui permettait au demandeur de triompher malgré le dol dont il s'était rendu coupable ; jamais il n'a été dans la pensée du préteur, gardien du droit civil, de donner à sa réforme l'étendue que veulent lui attribuer nos adversaires. Transformer toutes les *condictiones* en actions de bonne foi était un acte trop grave pour qu'il osât l'accomplir. Nous croyons donc que le seul effet de l'exception de dol, c'est de permettre au juge de tenir compte de la mauvaise foi du demandeur.

Mais, s'il décide qu'il y a eu dol dans l'affaire, sera-t-il obligé de prononcer l'absolution du défendeur, ou bien pourra-t-il diminuer simplement la condamnation ? Ceci demande des explications. Ordinairement, lorsqu'une demande est injuste, elle l'est pour le tout ; ainsi quand une promesse n'a été faite que par suite de manœuvres frauduleuses, l'équité exige que l'action fondée sur une telle promesse n'aboutisse à aucun résultat. Mais l'*exceptio doli* avait de nombreuses applications et, dans les différentes hypothèses où on pouvait la faire intervenir, il était possible que la demande ne fût entachée qu'en partie de dol. Par exemple, un pacte de remise a été fait et il ne porte que sur une partie de la dette ; si le créancier demande le paiement du tout, son action ne sera pas complètement injuste. Mais là où la question qui nous occupe aura surtout une grande importance, c'est lorsque le dol résultera de cette circonstance que le défendeur a des droits à faire valoir contre le demandeur et spécialement lorsqu'il s'agira soit du droit de rétention, soit de

la compensation. Et, en effet, si on suppose qu'un possesseur demande le remboursement de dépenses faites par
lui sur le fonds en litige, il est bien rare que ces dépenses
aient une valeur égale à celle du fonds lui-même. Le demandeur qui en refusera le remboursement, verra-t-il son
action échouer nécessairement devant l'exception de dol ?
S'agit-il d'une *condictio* et le défendeur invoque-t-il des
créances qui sont nées en sa faveur contre le demandeur ?
Il est probable que les sommes réclamées de part et d'autre ne sont pas équivalentes. Le juge doit-il, en ce cas,
compenser les deux créances jusqu'à concurrence de la
plus faible ou bien absoudre complètement le défendeur ?

La première solution paraît à nos esprits plus équitable ; elle est plus conforme à nos idées. Mais cela n'est
certainement pas suffisant ; il faut voir si le résultat auquel elle aboutirait, peut s'accorder avec la procédure
romaine. Or, il faut se rappeler comment la formule de
la *condictio* était conçue, lorsqu'une exception de dol y
était insérée. Elle subordonnait la condamnation du défendeur à une double condition : 1° les prétentions du demandeur devaient être reconnues exactes ; 2° ne pas être
entachées de mauvaise foi : « Si paret Numerium Negi-
» dium Aulo Agerio a sestercia dare oportere, nisi in eâ
» re nihil dolo malo Auli Agerii factum sit neque fiat,
» judex condemna, si non absolve. »

Le juge était donc dans une alternative ; il devait condamner le défendeur, si les deux conditions exigées par
l'*intentio* lui paraissaient remplies ; l'absoudre dans le cas
contraire ; la formule qui le liait ne lui permettait pas
de prendre un troisième parti, quelque durs que pus-
sent lui paraître les deux autres ; car s'il est un principe
fondamental en droit romain, c'est que le juge doit avant
tout obéir à la formule.

Ce résultat est du reste confirmé par un texte de Gaius que nous avons déjà cité : « Exceptio ita formulæ inse- » ritur, ut conditionalem facit condemnationem, id est, ne » aliter judex eum cum quo agitur condemnet quam si » nihil in eâ re, quâ de agitur, dolo actoris factum sit (1). » Le nom même d'exception qu'on donne à cette partie de la formule montre bien qu'il en est ainsi ; elle exclut dans tel cas donné ce qui est contenu dans *l'intentio* et la *condemnatio,* et c'est ce que dit formellement Ulpien en ces termes. « Exceptio dicta est quasi quædam exclusio, quæ » opponi actioni cujusque rei solet ad excludendum quod » in intentionem condemnationemve deductum est (2). »

Cependant, malgré ces considérations qui auraient dû, selon nous, paraître décisives, un certain nombre de juris-consultes ont prétendu que l'exception de dol donnait au juge des pouvoirs assez larges pour lui permettre de diminuer la condamnation, si l'absolution complète du défendeur lui paraissait injuste. Cette opinion trouve évidemment un appui considérable dans le système d'après lequel l'exception de dol transforme toutes les actions en actions de bonne foi, car il n'est pas douteux que, dans ces dernières actions, le juge puisse tenir compte du dol sans pour cela absoudre le défendeur. Mais nous avons combattu fortement cette idée, et nous croyons en avoir montré toute l'inexactitude. Nous nous bornerons donc à apprécier les autres arguments que l'on invoque en faveur de la doctrine que nous combattons.

L'exception de dol, a-t-on dit, a été introduite par le préteur pour que l'application du droit civil ne permît plus à une personne de réussir dans une action manifes-

(1) C. **IV**, § 119.
(2) L. **21**, pp., *De except.*, **44**, 1ᵉʳ.

tement injuste : « Ne cui dolus suus per occasionem juris
» civilis contra naturalem æquitatem prosit. » Or, si l'insertion de cette exception entraîne nécessairement l'échec
total d'une demande qui n'est pas tout entière dolosive, le
but poursuivi par le magistrat ne sera-t-il pas manqué?
L'enrichissement du défendeur ne sera-t-il pas un singulier
résultat pour une exception destinée à faire triompher
l'équité. S'il en était ainsi, le remède aurait été pire que le
mal et il aurait mieux valu que l'exception de dol n'ait
jamais été créée.

Et puis, en définitive, pourquoi l'exception *doli mali*
aurait-elle eu dans les *condictiones* un résultat autre que
dans les actions de bonne foi. Ce qu'il y a de particulier
dans ces dernières actions, c'est qu'elle n'a pas besoin
d'être insérée, c'est qu'elle y est tacite ; mais ses effets
doivent être partout identiques ; dans tous les cas, elle doit
donner pleine satisfaction à l'équité. Du reste, ajoute-t-on,
cette idée résulte de nombreux textes où les jurisconsultes
romains s'expriment, à ce sujet, d'une manière formelle.

Paul (1), supposant un cas d'accession, déclare que l'exception de dol permettra d'obtenir le prix de ce qui a été
adjoint à la chose revendiquée : « In omnibus igitur istis
» in quibus mea res per prævalentiam, alienam rem tra-
» hit, meamque efficit, si eam rem vindicem, per excep-
» tionem doli mali cogar pretium ».

Plus loin (2), prévoyant l'hypothèse où un possesseur a
fait, sur la chose qu'il possédait, des dépenses dont il demande le remboursement, il décide qu'il lui en sera tenu
compte au moyen de l'exception de dol : « In rem petitam
» si possessor ante litem contestatam sumtus fecit, per

---

(1) L. 23, § 4, *De rei vindicat.*, 6, 1.
(2) L. 27, § 5, *eod.*

» doli mali exceptionem ratio eorum haberi debet. » Il est
à remarquer que, dans ces textes, il n'est nullement question d'absolution du défendeur ; il sera condamné, seulement le montant de sa condamnation sera diminué de la
valeur de l'indemnité à laquelle il a droit.

Papinien (1) est plus formel encore ; après avoir posé le
principe que le possesseur de bonne foi n'a pas d'action
contre le propriétaire pour le remboursement des dépenses qu'il a faites, il s'exprime en ces termes: « Verum
» exceptione doli posita, per officium judicis æquitatis ra-
» tione servantur. » Par suite de l'insertion de l'exception
de dol, l'*officium judicis* recevra une certaine extension ;
le juge pourra, conformément aux règles de l'équité, or-
donner le remboursement des dépenses. Enfin, une constitution impériale confirme encore ces idées exprimées par
les jurisconsultes de l'époque classique (2). « Sane eum
» qui bonâ fide possidens hoc fecerit per doli mali excep-
» tionem contra vindicantem dominium servare sumtus
» juris auctoritate significatum est. »

Ces différents textes sont, il est vrai, relatifs à des actions arbitraires, où les pouvoirs du juge sont plus étendus à cause de son *arbitrium*. Mais il y en a d'autres qui,
en présence d'une action de droit strict, attribuent le même
effet à l'exception de dol.

C'est d'abord la loi 16 : *De doli et metus exceptione*. Un
fou furieux a délégué son débiteur à son créancier ; après
le paiement de sa dette, il poursuit de nouveau son débiteur ; celui-ci repoussera la demande par l'exception de
dol *in id quod in rem furiosi processit ;* il ne sera donc
pas nécessairement absous. Sans doute ce texte ne sup-

____

(1) L. **48**, *eod.*
(2) C. **11**, *De Rei Vindicatione*, liv. 3, 32.

pose pas formellement qu'il s'agit d'une action de droit strict, mais par cela même qu'il garde le silence sur la nature de l'action intentée, il en résulte qu'il s'applique d'une façon générale à toutes les actions.

D'autres jurisconsultes, du reste, confirment ce principe dans des hypothèses où on est en présence de véritables *condictiones*.

Ainsi, Paul (1) prévoit le cas suivant : Un testateur a légué à un esclave son pécule en le chargeant de donner une certaine somme à Titius et en déclarant qu'à cette condition il serait libre. L'héritier a affranchi l'esclave, mais après l'avoir empêché d'accomplir la condition. Si l'esclave réclame le pécule, l'héritier pourra-t-il, au moyen de l'exception de dol, déduire la somme que l'esclave devait payer : « An per doli exceptionem, eam summam » quam daturus esset deducere heres possit. » Cette question montre bien qu'en général l'exception de dol pouvait amener une déduction, une diminution de la condamnation.

Dans un autre texte (2), le même jurisconsulte applique cette règle à l'*actio ex stipulatu*. Il suppose qu'une personne a, sur le mandat d'une femme qu'elle croyait sa créancière, promis par erreur à son mari une somme qu'en réalité elle ne devait pas. Si le mari ne poursuit le paiement de la dot qu'après la dissolution du mariage, l'exception de dol pourra-t-elle lui être opposée ? Paul répond affirmativement ; mais il déclare que l'exception n'aura d'efficacité que pour la partie de la dot, qui devait être restituée à la femme ou à ses héritiers : « In eo dun- » taxat exceptionem obstare debere quam mulier receptura » esset. » Il y a donc simple diminution de condamnation.

____

(1) L. 20, pp., *De Statu liberis*, 40, 7.
(2) L. 9, § 1, *De Condict. data causâ non secutâ*, 12, 4.

Il est enfin un dernier texte qui paraît absolument décisif; c'est la loi 15, *De doli et metus exceptione*. Elle est
ainsi conçue: « Fidejussor evictionis nomine condemnatus
» in id prædium, quod evictus est et omnia præstare paratus
» est, quæ jura emti continentur, quæro an agentem em-
» torem ex causâ judicati exceptione doli mali summovere
» potest? Respondit exceptionem quidem opponi posse, ju-
» dicem autem æstimaturum, ut pro damnis emptori sa-
» tisfiat. »

Un fidéjusseur a garanti l'éviction d'un fonds, l'acheteur
évincé l'a poursuivi et fait condamner. Aussitôt le fidéjusseur s'est déclaré prêt à l'indemniser, mais, malgré cette
déclaration, l'acheteur intente l'*actio judicati*. On se demande si on pourra paralyser cette action par l'exception
de dol. Le jurisconsulte Scævola répond affirmativement,
et il décide que l'exception aura pour effet de permettre au
juge d'estimer l'indemnité due à l'acheteur.

Pourquoi, dès lors, déclarer que le juge est dans l'alternative de condamner ou d'absoudre le défendeur? Le texte
qu'on vient de citer ne lui attribue-t-il pas un pouvoir
d'appréciation analogue à celui qu'il a dans les actions de
bonne foi? Objectera-t-on que ces décisions ont été données
dans des hypothèses spéciales; qu'elles ont été inspirées
par les circonstances de la cause? Mais alors comment expliquer que le jurisconsulte Paul, parlant d'une façon générale, déclare qu'il y a des exceptions qui diminuent la
condamnation : « Exceptio est conditio, quæ modo eximit
» reum damnatione modo minuit damnationem » (1).

Ce n'est pas tout; si, sortant de la théorie pure, on examine l'exception de dol dans son application la plus pratique, la compensation ; il semble bien encore que cette

______

(1) L. 22, *De except. prescript.*, 44, 1.

idée est la seule admissible. Qu'on lise, en effet, les Institutes de Justinien et on sera convaincu que Marc-Aurèle a entendu introduire dans les *condictiones*, une compensation identique à celle qui existait dans les actions de bonne foi. Voici comment l'empereur s'exprime : « In bonæ fidei » judiciis libera potestas permitti videtur judici ex æquo » et bono æstimandi, quantum actori restitui debeat. In » quo et illud continetur, ut si quid invicem præstare ac- » torem oporteat, eo compensato in reliquum is cum quo » actum est debeat condemnari. Sed et in strictis judiciis » rescripto divi Marci, opposita doli mali exceptione, com- » pensatio inducebatur. »

Après avoir dit que les pouvoirs du juge dans les actions de bonne foi lui permettaient d'opérer la compensation entre les deux dettes qui lui étaient soumises, Justinien déclare que cette compensation a eu lieu également dans les actions de droit strict en vertu du rescrit de Marc-Aurèle et il ne fait aucune distinction entre les deux sortes d'actions. La même idée est, du reste, exprimée par Théophile sur le § 30, qui déclare formellement que tel fut le résultat de la réforme de Marc-Aurèle.

Et puis à quoi aboutirait-on, en admettant que la compensation opposée sous forme d'exception entraîne l'absolution du défendeur? A ce singulier résultat que le demandeur doit, pour éviter la *plus petitio*, déduire lui-même de ses prétentions les sommes dont il peut être débiteur envers son adversaire. On assimilerait ainsi sa situation à celle de l'*argentarius* alors que, cependant, la rigueur dont on usait envers ce dernier se justifiait par des motifs tout à fait spéciaux qui ne pouvaient recevoir leur application, lorsqu'il s'agissait de simples particuliers.

Bien plus, la fungibilité constituant une condition essentielle pour la compensation de l'*argentarius*, celui-ci pouvait, sans trop de difficultés, déduire de ses créances les sommes dont il était débiteur. Mais il n'en était pas de même de la compensation créée par le rescrit de Marc-Aurèle et réalisée par l'exception de dol.

Celle-ci, quoique cela soit contesté, pouvait s'opérer *ex dispari causâ* entre toutes les dettes, quel que fût leur objet; il était donc matériellement impossible au demandeur, du moins dans un certain nombre d'hypothèses, de faire lui-même la déduction de ses dettes dans l'*intentio* de la formule.

Enfin, il y a un texte du Digeste qu'il est impossible d'expliquer dans le système contraire. C'est la loi 15, *De compensationibus*, 16, 2.

Voici comment elle est conçue : « Pecuniam certo loco a » Titio dari stipulatus sum: is petit a me quam ei debeo » pecuniam: quæro an hoc quoque pensandum sit, quanti » mea interfuit certo loco dari? Respondit si Titius petit, » eam quoque pecuniam, quam certo loco promisit, in » compensationem deduci oportet; sed cum sua causa, id » est, ut et ratio habeatur quanti Titii interfuerit eo loco quo » convenerit pecuniam dari. » Javolenus prévoit le cas où deux dettes sont payables en différents lieux, et il se demande si la compensation peut avoir lieu en cette hypothèse.

Il répond affirmativement, et il déclare que le défendeur déduira en compensation ce qui lui est dû, en tenant compte de la différence des lieux de paiement. Il résulte de ce texte que la compensation amenait une balance entre les deux créances et nullement une absolution complète (1).

---

(1) En ce sens : Lair, *Compensation*, p. 19 et suiv. — Desjardins, *Compensation*, p. 59 et suiv., n° 21. — Pellat, *De la Revendication sur la loi 58.* — Accarias, *Précis de droit romain*, n° 901, p. 1217. — Frédéric Duranton, *Revue de droit français et étranger*, 1846, t. III.

Tous ces arguments ont une certaine valeur, mais nous croyons qu'ils ne sont pas décisifs. Les considérations d'équité que l'on fait valoir ne peuvent avoir aucune influence sur la cause, en présence du texte si formel de Gaius, qui attribue à l'exception de dol l'effet d'empêcher la condamnation.

Nous avons montré, du reste, que les pouvoirs qu'on voulait attribuer au juge étaient incompatibles avec le mécanisme de la procédure formulaire.

Mais nous allons plus loin ; nous déclarons que l'exception de dol même avec l'effet exorbitant que nous lui attribuons, peut parfaitement se justifier ; que le résultat auquel elle aboutit est conforme à la marche de l'esprit humain ; qu'il n'est pas même contraire aux principes de l'équité. C'est un fait incontestable que, lorsqu'une iniquité a prévalu pendant un certain temps, il s'opère toujours une réaction violente qui dépasse les bornes de la justice. Cela arrive journellement, aussi bien en législation qu'en politique, et, s'il nous était permis de citer un exemple, nous rappellerions les principes qui régissaient, dans l'ancien droit, la situation des enfants naturels, et ceux qui ont prévalu sous la Révolution.

Eh bien, ces faits peuvent être constatés surtout chez les Romains. C'est ainsi, qu'après avoir refusé de sanctionner certaines conventions, ils sont arrivés à en considérer plus tard la violation comme un délit; il a fallu un progrès de plus pour qu'ils aient enfin là notion du contrat.

Cette règle explique l'iniquité apparente de notre système. Le préteur réprima très rigoureusement le dol, lorsqu'il se décida enfin à ne plus respecter les actes frauduleux. Le demandeur, s'il persiste dans sa demande, sera débouté entièrement. La rigueur du système prétorien à l'égard du dol se justifie d'autant mieux que le demandeur pouvait éviter, à l'aide de moyens assez simples, les résultats qu'elle produisait. L'injustice de sa demande provenait-elle d'une remise partielle de dette qu'il avait consentie à son débiteur? Il n'avait qu'à réduire sa demande *in jure* en présence de la résistance du défendeur. Ce dernier prétendait-il exercer un droit de rétention, ou bien invoquait-il la compensation? En ce cas, il pouvait n'être pas possible d'évaluer exactement les créances dont il demandait le remboursement.

Mais le demandeur avait encore un moyen bien simple d'éviter la *plus petitio*; pour cela, il n'avait qu'à prier le magistrat de faire à la formule certaines modifications. Ainsi il pouvait demander l'insertion d'une prescription qui limitait son droit : « Ea res agatur cujus N^{us} Neg^{us} » Aul° Ag° plus debet quam Aul^{us} Ag^{us} Num° Neg° » debet. » Bien plus, il peut opérer lui-même la compensation, mais en ayant soin d'employer une *intentio incerta*. La formule était alors conçue en ces termes : « Quiquid » paret amplius quam. » On en trouve un exemple dans une constitution impériale, qui ne se rapporte certes pas à l'*argentarius* (1) : « Etiam si fideicommissum tibi ex » ejus bonis deberi constat, cui debuisse te minorem quan- » titatem dicis, æquitas compensationis usurarum excludit » computationem, petitio autem ejus quod amplius tibi » deberi probaveris, sola relinquitur. » Il n'était pas même nécessaire de changer l'*intentio*, il suffisait d'insérer une *deductio* dans la *condemnatio :* « Judex condemna Num^{um} » Neg^{um} Aul° Ag° quod superest deducto eo quod ipse » debet. »

Cette déduction semble bien être employée par certains textes, notamment la loi 2, § 7, *De Doli et metus*

______

(1) C. 5., *De Compens.*, 4, 31.

exceptione, 44, 4 : « Item queritur statu liberum mercatus
» quis fuerit jussum decem dare cum hoc ignoraret, et
» duplam stipulatus fuerit, deinde decem acceperit ? Edicto
» eo in libertatem, agere ex duplæ stipulatione potest ; sed
» nisi decem quæ implendæ conditionis causâ acceperit, de-
» duxerit, exceptione summovendus est. » Ainsi l'acheteur
sera absolument repoussé par l'exception de dol, s'il ne
déduit pas les cinquante sous d'or dont il est débiteur.

Enfin, nous croyons que le demandeur pouvait agir
comme si une *clausula doli* était intervenue entre lui et
le défendeur, c'est-à-dire employer la formule des actions
de bonne foi: « Quidquid paret ex fide bonâ », et il est évident que dans cette hypothèse le juge aurait eu les plus larges pouvoirs ; et on pourrait alors dire avec raison que
l'exception de dol a transformé la *condictio* en action de
bonne foi, puisque c'est elle qui aurait obligé le demandeur à demander au magistrat la formule de ces dernières
actions.

L'iniquité de notre système n'est donc rien moins qu'é-
tablie. Le demandeur avait bien mérité la rigueur dont on
avait usé envers lui, par sa mauvaise foi et par son refus
persévérant d'admettre aucune modification à la formule
qu'il avait demandée. Ce qui montre bien que les choses
devaient se passer ainsi, c'est que dans plusieurs textes
nous trouvons les expressions (1): « Si perseveret actor, »
qui indiquent nettement la persistance du demandeur à poursuivre pour le tout le défendeur aux risques d'échouer dans
son action. Ce n'est pas tout, la loi 30 *in fine, ad legem fal-
cidiam*, 35, 2, parle d'une notification faite par le défendeur au demandeur, et par laquelle il le somme de tenir
compte de certaines dettes, dont il est débiteur envers lui,

____

(1) L. 2, § 5, *De Rei Vindic.*, 6, 1.

sous peine de se voir opposer l'exception de dol : « Sed
» potest heredi hoc remedio succuri, ut æstimatione facta
» legati, denunciet legatori ut partem æstimationis inferat,
» si non inferat utatur adversus eum exceptione doli
» mali. »

Dans les actions arbitraires, lorsque le défendeur exigeait le remboursement de dépenses faites sur la chose
revendiquée, la situation du demandeur était moins dé-
savantageuse, encore. Et en effet, comme on pouvait considérer le dol comme postérieur à la *litis contestatio*, le
juge, dans son *pronunciamentum*, ne devait pas en tenir
compte ; il constatait simplement l'exactitude de l'*intentio* ;
seulement, si dans l'intervalle qui le séparait de la sentence,
le demandeur persistait à refuser le remboursement,
le juge repoussait la demande en vertu de l'exception de
dol ; le demandeur ne devait donc s'en prendre qu'à lui,
s'il avait échoué dans son action.

Les considérations que nous venons de faire valoir en
faveur de notre solution nous permettent en même temps
de réfuter brièvement les arguments de textes qui ont
été invoqués contre elle. En réalité, ces textes n'ont pas
la portée qu'on veut leur attribuer ; sauf un, celui de
Paul, ils sont relatifs à des hypothèses particulières, et
leurs décisions s'expliquent précisément par ce fait que le
demandeur pouvait *in jure* réduire sa demande.

Évidemment, les jurisconsultes dont ils émanent se sont
attachés surtout aux résultats pratiques de l'exception de
dol. Et, en effet, si en théorie pure on doit déclarer que
l'exception de dol entraîne l'absolution complète du défendeur, il faut bien avouer qu'en pratique elle n'avait jamais
cet effet. Le demandeur, lorsqu'il était menacé de l'insertion de l'exception, se hâtait de prier le magistrat de
modifier sa formule d'action. Les expressions mêmes dont

se servent quelques textes montrent bien que c'est ainsi qu'ils doivent être interprétés.

L'exception de dol, si on la traduit littéralement, force le demandeur à tenir compte des dépenses faites par le possesseur de bonne foi : « Per exceptionem ratio eorum » haberi debet: per exceptionem (1) doli cogar pretium » ejus quod accesserit, dare. »

Bien plus, Ulpien marque nettement l'alternative où est placé le demandeur auquel on oppose l'exception de dol : « Cum autem cæperit istum servum dominus vindicare » doli exceptione summovebitur, vel officio judicis conse- » quetur ut indemnis maneat. »

Voici l'hypothèse prévue : un délit est commis par un esclave qui est possédé *a non domino;* le possesseur, en faisant l'abandon noxal, ne transmet pas la propriété de l'esclave à celui qui le reçoit; le véritable propriétaire pourra donc intenter son action en revendication. Seulement, ou bien il sera repoussé par l'exception de dol, ou bien le juge aura à tenir compte dans sa sentence de l'indemnité qui est due au défendeur pour le délit dont il a été victime.

Eh bien, il est certain que c'est de cette seconde hypothèse dont s'occupent tous les textes qui parlent soit de dépenses à rembourser à un possesseur, soit même de diminution de condamnation. Certains de nos adversaires ont prétendu, il est vrai, que notre théorie ne pouvait expliquer au moins un des textes invoqués par eux, la loi 15 *de exceptione doli,* où il est dit que l'exception de dol donne au juge le pouvoir d'estimer l'indemnité due à l'acheteur.

Nous ne voyons pas pour nous, comment ce texte peut échapper à nos objections, puisque le jurisconsulte dont

____

(1) L. 27, § 5, *De Rei Vindic.*, 6, 1, l. 23, § 4, *eod.*

on cite le fragment a pu fort bien indiquer ici encore le résultat pratique de l'exception. Mais en admettant, même sur ce point, que nos observations ne soient pas exactes, est-on certain qu'il s'agisse véritablement dans cette loi de l'*actio judicati,* c'est-à-dire d'une action de droit strict? Ne pourrait-on pas dire, au contraire, que c'est l'*actio empti* qui est intentée, et alors quoi de plus naturel que le juge ait des pouvoirs relativement étendus?

Allons plus loin ; supposons que ce soit de l'*actio judicati* dont le jurisconsulte Scævola ait entendu parler ; nous pourrons encore expliquer simplement les expressions qu'il emploie. Remarquons, en effet, que quand l'*actio judicati* est intentée, le droit du demandeur a déjà été reconnu par le juge ; il y a chose jugée en sa faveur ; on comprend donc que l'exception de dol ne puisse avoir un effet aussi absolu que dans les autres hypothèses ; absoudre complètement le défendeur, aurait été méconnaître l'autorité de la chose jugée.

Reste le texte de Paul : « Exceptio est conditio quæ » modo eximit reum damnatione, modo minuit damnatio- » nem ; » et certainement cet argument serait sans réplique s'il était établi que les paroles du jurisconsulte s'appliquent à l'exception de dol. Malheureusement pour nos adversaires, il n'en est pas ainsi ; sans doute Paul affirme qu'il y a des exceptions qui diminuent la condamnation ; mais c'est là un point que nous ne contestons pas et qui est en dehors de la question. Oui, il y a des exceptions qui diminuent la condamnation et, s'il nous est permis d'en citer, nous indiquerons l'*exceptio quod facere potest,* dont la nature même exige ce résultat.

Mais cette exception est rédigée d'une manière toute particulière ; au lieu d'être ajoutée à l'*intentio* et, par suite, de subordonner la condamnation du défendeur à une nouvelle condition, elle est insérée dans la *condemnatio* avec le mot *duntaxat ;* elle donne donc au juge le pouvoir de ne prononcer qu'une condamnation partielle. Nous avons vu qu'il n'en est pas de même de l'exception de dol, qui ne modifie absolument que l'*intentio* ; il est évident qu'elle doit être placée dans la catégorie des exceptions qui empêchent toute condamnation.

On nous objecte que notre théorie, dans son application à la compensation, est contredite par les Institutes de Justinien, qui n'établissent aucune différence entre la compensation introduite par Marc-Aurèle dans les actions de droit strict et celle qui existait auparavant dans les actions de bonne foi. C'est, en vérité, attacher trop d'importance aux Institutes, car tout le monde sait qu'on doit n'avoir qu'une confiance médiocre dans les paroles de Justinien, surtout lorsqu'il s'occupe (comme c'est le cas ici), d'institutions de l'époque classique, qui n'existent plus sous son règne. Sans doute, la compensation a lieu encore sous Justinien, mais ce prince y apporte des modifications considérables, et, parmi ces modifications, il en est une, qui est capitale dans la question qui nous occupe, c'est celle qui a trait à la forme de la compensation. Cette opération se réalise *ipso jure* sans le concours d'une exception ; on comprend dès lors que les rédacteurs des Institutes, influencés par cette règle, n'aient pas vu les différences qui existaient entre la compensation dans les actions de droit strict et celle qui avait lieu en vertu des pouvoirs du juge dans les actions de bonne foi.

Quant à la prétendue impossibilité où serait le demandeur d'opérer la compensation dans certaines hypothèses, elle n'existe pas en réalité pour nous, qui avons considéré la fungibilité comme une condition essentielle à la compensation.

Mais, alors même que nous aurions adopté sur ce point l'opinion de nos adversaires, nous prétendons qu'il aurait été possible encore au demandeur d'opérer *in jure* la déduction des sommes dont il était débiteur envers le défendeur. Nous savons en effet qu'il y avait en droit romain bien des moyens, d'éviter la *plus petitio* dont on le menace, et l'un de ces moyens, le plus simple assurément, est d'employer la formule des actions de bonne foi ; il laisserait ainsi l'examen des prétentions du défendeur à la mission du juge.

Parlerons-nous maintenant du texte de Javolenus que l'on croit décisif contre nous. Ce jurisconsulte y décide, on le sait, que le demandeur déduira en compensation ce qui lui est dû, en tenant compte de la différence des lieux de paiement. Mais il est matériellement impossible que ce fragment se rapporte à la compensation créée par Marc-Aurèle, puisque Javolenus vivait sous Trajan, c'est-à-dire à une époque antérieure au rescrit. Il est vrai que cette réponse n'est pas suffisante pour ceux qui admettent que la compensation existait avant Marc-Aurèle ; mais à ceux-là, nous répondrons que les termes mêmes dont se sert Javolenus montrent qu'il entend parler de l'*argentarius*. Que suppose-t-il en effet? Qu'une somme d'argent a été stipulée et qu'elle doit être versée dans un lieu autre que celui où la promesse a été faite. C'est là un contrat de change, qui est très commun chez les banquiers, mais que les particuliers ne pratiquent guère.

Bien plus, Javolenus exige qu'on déduise de la dette une somme représentative de l'intérêt qu'il aurait à payer dans le lieu convenu, ce qui en définitive constitue un calcul qui de tout temps fut facile en banque et qui revient à établir une différence de cours.

Nous croyons avoir réfuté victorieusement toutes les

7

objections qui ont été opposées à notre système, qui, quoique bizarre au premier abord, est absolument conforme aux idées judiciaires des romains de l'époque classique. Mais si on pouvait conserver encore quelques doutes sur cette question, ces doutes devraient disparaître devant un texte des sentences de Paul dont nous avons déjà parlé. Et en effet ce jurisconsulte s'exprime en ces termes : « Compensatio debiti ex pari specie, causâ dispari admit- » titur : velut si pecuniam tibi debeam et tu mihi pecuniam » debes aut frumentum, aut cetera hujusmodi licet ex » diverso contractu, compensare vel deducere debes. Si » totum petas (1) ; plus petendo causâ cadis. » Il résulte de ce texte que si le demandeur, débiteur du défendeur, néglige d'opérer là compensation ou de faire une déduction, il encourra la *plus petitio* et son droit sera éteint. Eh bien, n'est-ce pas là la confirmation de notre théorie ? Si le demandeur sait exactement ce qu'il doit à son adversaire, il réduit ses prétentions ; s'il craint de se tromper, il recourt à une *deductio* insérée dans la *condemnatio*.

Cependant, en présence d'une pareille décision donnée par l'un des plus illustres jurisconsultes romains dans un ouvrage de doctrine, nos adversaires ne se sont pas avoués vaincus et ils ont cherché à expliquer le texte qu'on leur opposait. La plupart d'entre eux ont déclaré purement et simplement que Paul se référait à la compensation de l'*argentarius*. La preuve qu'il en est ainsi, ont-ils dit, c'est qu'il ne parle pas de l'exception de dol et qu'au contraire il fait intervenir la *plus petitio*, qui résulte *ipso jure* de l'exagération de la demande.

Il est vrai qu'il n'est nullement question de l'*argentarius*, dans les sentences de Paul, mais ce résultat est dû à ce

(1) Paul, Sentences, II, 5, 3.

qu'elles ont été altérées par les jurisconsultes, rédacteurs du bréviaire d'Alaric, qui nous les ont transmises.

M. Lair, qui ne partage cependant pas notre manière de voir, a combattu vivement cette explication. Il n'admet pas pour lui que le texte de Paul ait été remanié par les Visigoths : « Les jurisconsultes, dit-il, qui ont composé, par les ordres d'Alaric, la *lex Romana Visigothorum*, n'avaient pas reçu le pouvoir de modifier les textes de lois qu'ils empruntaient, et la comparaison des textes qu'ils nous ont transmis et de ceux qui nous sont parvenus par d'autres sources prouve, qu'en effet, ils ont été, sauf pour Gaius, fort sobres d'altérations ; cela est établi notamment pour les sentences de Paul. » Il est une autre raison pour déclarer que le texte de Paul ne se rapporte pas à l'*argentarius*, c'est qu'il y est parlé de *deductio* dont il ne pouvait cependant être question en cette matière. Paul ne parle pas de l'exception de dol. Mais qu'importe ? Le jurisconsulte s'est surtout occupé, dans sa définition, des effets de la compensation ; il a laissé dans l'ombre ce qui concernait la procédure.

Quant à dire qu'il est contradictoire qu'une *plus petitio* résulte de l'insertion d'une exception, c'est là une affirmation qui demanderait à être prouvée. Sans doute la *plus petitio* résulte en général *ipso jure* de l'exagération de la demande ; mais qui empêchait Marc-Aurèle d'apporter une dérogation à ce principe, alors qu'en introduisant la compensation dans les actions de droit strict, il modifiait d'une façon si hardie les idées que les Romains avaient sur le dol.

M. Lair donne du texte de Paul une explication qui n'est guère meilleure que celle qu'il combat. Suivant lui, le jurisconsulte romain prévoit un cas tout spécial, celui où il s'agit de choses fungibles (*pari specie*) ; dans cette hypothèse, on aurait admis de bonne heure la compensation sans l'aide d'une exception de dol. Quant à Marc-Aurèle, il se serait borné à étendre la compensation dans les actions de droit strict, alors qu'il ne s'agissait pas de choses de même espèce.

Pour nous, nous ne pouvons adopter cette interprétation ; nous croyons que si Paul parle de la compensation entre deux dettes de choses fungibles, c'est que cette opération juridique n'avait lieu que dans cette hypothèse, d'après le rescrit même de Marc-Aurèle. Il serait, du reste, bien bizarre qu'un jurisconsulte, qui vivait à une époque bien postérieure au règne de ce prince, eût parlé dans un ouvrage didactique d'une compensation particulière, qui était devenu tout à fait inutile depuis le rescrit (1).

______

(1) En notre sens : Bonjean, *Des actions*, t. II, p. 322, § 315. — Zimmern, traduction d'Étienne, p. 306. — Ortolan, Institutes de Justinien, *Des actions*, t. III, p. 662 et suiv., nᵒ 2481 et suiv. — Pilette, *Revue historique*, 1861, t. VII, p. 138.

DES DONS MANUELS

INTRODUCTION

§ 1ᵉʳ.

Ce n'est jamais avec faveur que le législateur doit voir les dispositions à titre gratuit et, parmi elles, les donations entre vifs doivent lui paraître particulièrement dangereuses pour la société et pour les familles. Aussi de tout temps s'est-il efforcé de restreindre cette manière de disposer. Les restrictions qu'il y a apportées peuvent se diviser en deux classes bien distinctes : restrictions quant à la forme, restrictions quant au fond. Et, en effet, d'une part il n'est jamais permis de dépouiller au profit d'étrangers certains héritiers que la loi favorise spécialement ; d'autre part, même pour la portion de biens dont on peut disposer, on doit observer certaines formes exigées par le Code civil, à peine de nullité.

Ces formes, indiquées par les articles 931 et suivants, consistent dans un acte notarié, constatant la donation ; une acceptation expresse du donataire faite également par acte authentique. De plus, quand il s'agit d'une donation d'immeubles, il faut en opérer la transcription, et quand la libéralité porte sur des objets mobiliers, en faire un état estimatif.

Enfin on peut encore rattacher à ces formes la théorie de l'irrévocabilité des donations entre vifs (art. 943-946), c'est-à-dire la règle : donner et retenir ne vaut.

Mais ces formalités doivent-elles être exigées pour toutes les libéralités? Ne faut-il pas apporter une dérogation aux principes dans certaines hypothèses où l'on se trouve en présence de libéralités d'une nature toute spéciale ?

Remarquons que la question ne s'élève pas en ce qui concerne les restrictions quant au fond; car il est inadmissible, par exemple, qu'un héritier réservataire pût, en quel cas que ce soit, être dépouillé de sa réserve.

La doctrine et la jurisprudence sont d'accord pour déclarer qu'il y a des exceptions aux articles 931 et suivants.

On admet notamment que les stipulations pour autrui permises par l'article 1121, les remises de dettes et d'une façon générale les renonciations à titre gratuit, sont soustraites aux formes des donations entre vifs. Il y a eu au contraire une controverse très vive pour les donations déguisées sous la forme d'un acte à titre onéreux; enfin, la question s'est présentée aussi pour les dons manuels, c'est-à-dire pour les libéralités qui se font de la main à la main : *dons de main chaude*, comme on les appelait dans notre ancien droit. Ces dons manuels doivent-ils être déclarés valables ?

§ 2.

Avant d'aborder la difficulté, il est bon de remonter aux sources de notre droit et de rechercher comment à cette époque ces libéralités étaient traitées.

On sait qu'à Rome, la tradition constituait un mode d'acquisition de la propriété pour les *res nec mancipi*. Lorsqu'une personne avait livré à une autre des choses dont elle était propriétaire, et qu'il y avait eu intention d'aliéner d'une part, intention d'acquérir d'autre part, la propriété de ces choses était de plein droit transférée à *l'accipiens*.

Ces principes avaient, aux débuts, des conséquences fort importantes en matière de donations. A cette époque, en effet, les libéralités n'étaient pas soumises à des formes particulières, elles étaient réalisées par des actes juridiques dont le but final était l'enrichissement d'une personne aux dépens de l'autre. C'était donc, suivant les cas, soit une *dation*, soit un contrat, soit une remise de dette, qui constituaient la donation; et, comme la *dation*, c'est-à-dire la translation de propriété s'accomplissait, au moins pour les *res nec mancipi*, par la simple tradition, celle-ci apparaissait naturellement aux Romains comme le moyen le plus commode de faire des libéralités. Si on suppose en outre que ces libéralités portaient sur des choses mobilières, on se trouve en présence de véritables dons manuels. Ainsi, et j'insiste sur cette idée, l'admission à Rome du don manuel ne fut pas le résultat d'une dérogation apportée aux principes du droit commun, mais la simple application des règles ordinaires des libéralités.

Cet état de choses ne subsista pas dans toute son intégrité; une loi Cincia, dont l'inspirateur fut probablement Caton l'ancien, distingua entre les donations qui ne dépassaient pas un certain taux (*modus legitimus*) et celles qui le dépassaient. Les premières restaient entièrement soumises aux règles anciennes; il en était de même pour les autres, lorsque le donataire était une des *personæ exceptæ*.

Mais, lorsqu'il n'en était pas ainsi, on exigeait pour leur

perfection l'accomplissement de certaines conditions. Le législateur veut que le donateur se dessaisisse d'une manière absolue de la chose dont il entend se dépouiller en faveur du donataire, que par suite il n'ait plus à sa disposition aucune voie de droit pour recouvrer la possession de cette chose.

Or, précisément quand il s'agissait d'une libéralité portant sur des objets mobiliers, la tradition ne pouvait plus être considérée comme suffisante pour effectuer le dessaisissement; il fallait encore que le donataire eût possédé assez longtemps pour s'assurer la supériorité dans l'interdit *utrubi*. Le don manuel était donc, si l'on veut, encore possible, seulement il fallait qu'un acte extérieur, une possession de plus de six mois vînt, pour ainsi dire, le confirmer.

La loi Cincia elle-même tomba en désuétude; mais elle fut remplacée par une théorie nouvelle qui devait certainement être un obstacle sérieux à la réalisation des dons manuels, c'est celle de l'insinuation. L'insinuation consistait dans la copie de l'acte de donation sur les registres du magistrat supérieur ou du juge local. Usitée déjà, mais non obligatoire à l'époque classique, elle fut imposée pour toutes les donations à peine de nullité par Constance Chlore; plus tard, il est vrai, elle fut restreinte aux donations supérieures à deux cents solides; enfin, Justinien fixa définitivement à cinq cents solides, le taux à partir duquel l'insinuation des libéralités était exigée.

Ajoutons que Constantin avait voulu, comme conséquence de l'innovation de Constance Chlore, que toute donation fût constatée par écrit (Fr., *Vatic.*, § 249); condition qui, du reste, fut supprimée plus tard par Théodose le jeune.

Quoi qu'il en soit, ces règles auraient dû rendre les dons

manuels sinon impossibles, du moins très difficiles à réaliser. Il semble bien cependant que ce soit à cette époque qu'ils devinrent les plus fréquents. Cette anomalie s'explique facilement. En effet, le christianisme, si persécuté à ses débuts, prenait à ce moment la place qu'avait occupée si longtemps le paganisme et régnait sur la totalité de l'empire romain. Il fallait donner aux établissements religieux qui se multipliaient, grâce à la faveur impériale, les moyens de subsister, et leurs ressources, d'où pouvaient-elles provenir si ce n'est des libéralités faites par les fidèles? On ne doit donc pas s'étonner si les dons manuels, dont l'existence était peu justifiable en droit, se sont accrus d'une façon considérable à cette époque. Ajoutons que la suppression, par Justinien, de l'ancienne division des choses en *res mancipi* et *nec mancipi*, contribua à favoriser le développement de ces libéralités, qui pouvaient désormais porter sur tous les meubles corporels d'une façon générale.

La situation juridique des dons manuels se modifia complètement dans l'ancien droit, sous l'empire des idées qui dominaient chez les Germains et que ceux-ci apportèrent avec eux dans les pays vaincus. Aussi, tandis que dans les pays de droit écrit les principes romains subsistaient encore, nous voyons, au contraire, de bonne heure les règles des coutumes germaniques dominer dans tous les pays de droit coutumier. On ne conçoit pas à cette époque de droit de propriété en dehors de la possession matérielle d'une chose, et cette idée acquiert surtout une très grande force lorsqu'il s'agit de choses mobilières, puisque à raison même de la nature des meubles et de la facilité avec laquelle ils passent de main en main, il est plus difficile encore d'avoir la notion d'un droit abstrait et indépendant de la possession. Aussi n'hésitait-on pas à déclarer que : saisine de meubles se perd en un moment, ce qui signifiait qu'on avait perdu la propriété d'une chose mobilière aussitôt qu'on ne l'avait plus entre ses mains.

Il est vrai que les romanistes avaient lutté pendant un certain temps avec succès contre ces principes; mais ce succès n'avait été qu'éphémère, et nous retrouvons, vers le commencement du xviiie siècle, l'ancienne maxime, que le tribunal du Châtelet indique sous une forme plus moderne : en fait de meubles, possession vaut titre de propriété. Une seule exception était apportée à cette règle. Le propriétaire pouvait revendiquer sa chose, lorsqu'il ne s'en était pas dessaisi volontairement.

Avec de pareilles idées, il ne faut pas s'étonner si les dons manuels ont été admis facilement dans notre ancien droit. Sans doute, des formes rigoureuses étaient exigées à peine de nullité pour les donations; mais quand il s'agissait d'une libéralité mobilière, la tradition volontaire que le donateur avait faite de sa chose au donataire, en transférait à celui-ci la propriété irrévocable. Cela est si vrai que des jurisconsultes du xviie siècle, c'est-à-dire de l'époque où les idées coutumières avaient cependant perdu beaucoup de leur influence, admettent d'une manière formelle la validité des dons de main chaude. Ricard, à ce sujet, s'exprime en ces termes (1) : « Il y a des biens d'une certaine qualité, à l'égard desquels la donation peut se perfectionner sans écriture par la seule exécution présente, comme sont les deniers et les autres meubles qui n'ont pas de suite ; tellement qu'ils sont présumés appartenir à ceux en la possession desquels ils se trouvent, si ce n'est qu'il soit justifié que cette possession est furtive et de mauvaise foi, nos coutumes et nos ordonnances, qui ont prescrit des

____

(1) Ricard, *Des donations*, t. I, première partie, ch. IV, sect. I, p. 322.

solennités pour les donations, n'ayant pas compris cette espèce de biens, mais seulement ceux qui ne peuvent pas être transmis d'une personne à une autre sans un titre par écrit, comme le sont les immeubles, à cause de leur réalité qui fait qu'une personne qui y a eu une fois droit, le conserve quoiqu'elle en ait perdu la possession, à moins qu'elle ne s'en soit dépouillée volontairement par un acte légitime, ou que le nouveau possesseur l'ait prescrit par un temps suffisant. Et, pour ce qui est des meubles qui ne sont pas sujets à cette suite, rien n'empêche qu'ils ne puissent se transmettre, soit à titre de vente ou de donation, ou autrement sans contrats par écrits. »

Ferrière n'est pas moins formel : « Une donation de meubles, dit-il, peut être faite sans acte, soit par devant notaire ou sous signature privée, pourvu qu'elle soit présentement et actuellement exécutée, c'est-à-dire que ces meubles soient transférés en la possession du donataire, et si c'est de l'argent, qu'il soit payé et compté réellement. » Le jurisconsulte rapporte ensuite plusieurs arrêts rendus en faveur de son opinion, et il justifie leurs décisions en ces termes : « La raison, dit-il, de la validité des dons de main chaude est que les meubles n'ont pas de suite par hypothèque, et qu'ainsi ils peuvent être transférés hors la possession par la seule volonté, sans que le donataire puisse être poursuivi soit par le donateur, ou ses héritiers, ou ses créanciers (1). »

Ainsi, Ricard et Ferrière admettent également la validité des dons manuels, et pour un motif identique. Suivant eux, du moment qu'une personne reçoit la tradition d'une chose dont le véritable propriétaire s'est dessaisi

---

(1) Ferrière, *Commentaire de la coutume de Paris : Donation et Don mutuel*, t. III, n° 55, p. 1091.

volontairement, cette personne est réputée en avoir la propriété, et elle ne peut être inquiétée ni par son ancien maître, ni par ses ayants cause.

L'ordonnance de 1737, qui assujettissait les donations à des formes rigoureuses, ne prévoyait pas les libéralités que nous examinons. Son article 1er étant ainsi conçu : « Tous les actes portant donation devront être passés devant notaire et il en devra être conservé minute, à peine de nullité ». Les commentateurs de cette ordonnance déclarèrent qu'il ne s'appliquait pas aux dons manuels, parce qu'ils se faisaient sans acte.

Furgole disait notamment : « Il faut prendre garde que » notre article ne dit pas : toutes donations entre vifs, » mais simplement : tous actes; il en résulte que si la » donation était de meubles, dont la tradition eût été réel-» lement faite, elle ne serait pas nulle, comme elle ne » l'était pas avant la présente ordonnance » (1). Du reste, les auteurs s'appuyaient sur des paroles prononcées par le rédacteur de l'ordonnance lui-même, le chancelier d'A-guesseau : « L'ordonnance, disait-il, ne parlant que des » actes portant donation, elle n'a point d'application au » cas de la tradition réelle, qui n'a besoin d'aucune loi. » Enfin, le plus illustre de nos anciens jurisconsultes, Po-thier, était également de cet avis : « Les donations de » meubles corporels, disait-il, lorsqu'il y a tradition réelle, » ne sont sujettes à aucune formalité, puisqu'on peut » même n'en passer aucun acte » (2).

On a soutenu que, dans l'ancien droit, les dons manuels modiques étaient seuls permis. Il importait, a-t-on dit, que des libéralités portant sur des valeurs mobilières considé-

____

(1) Furgole, sur l'art. 1er de l'ordonnance de 1731, t. V.
(2) Pothier, *Des donations entre vifs*, sect. 2, art. 1er.

rables fussent soumises aux mêmes formalités que les donations d'immeubles. On s'est appuyé, de plus, sur un mot de d'Aguesseau, qui, dans une de ses lettres, parlant de la validité des dons manuels, prend pour exemple un don d'une somme modique ; on en a conclu que les dons manuels considérables étaient prohibés.

Nous croyons, pour nous, qu'on a attaché trop d'importance aux paroles de d'Aguesseau. Il a parlé de ce qui arrivait le plus souvent : *De eo quod plerumque fit ;* et il arrive assez rarement, en effet, qu'on donne de la main à la main des choses de grande valeur. La validité des dons manuels dans l'ancien droit, quelle que soit leur importance, ne peut donc être contestée.

§ 3.

Les rédacteurs du Code ont-ils voulu innover et repousser les donations de main chaude ? Telle est la question que nous voulons résoudre avant d'aborder l'étude des dons manuels.

Au premier abord, il semblerait bien qu'on doive être obligé de proclamer la nullité de ces libéralités. Cette nullité résulterait des textes du Code et des motifs qui les ont inspirés.

Que nous dit, en effet, l'article 893 ? « On ne pourra disposer de ses biens à titre gratuit que par donation entre vifs ou par testament dans les formes ci-après établies. » Ce texte est absolu et général ; et il semble bien que le disposant doive nécessairement employer les formes indiquées dans les articles 931 et suivants. Il faudrait donc un acte notarié constatant la donation, une acceptation expresse et authentique du donataire, et un état estimatif lorsqu'il s'agit d'une donation mobilière (art. 948). Et cependant, si on admet la validité des dons manuels, il faut déclarer qu'ils ne sont assujettis à aucune de ces formes, et cela contrairement aux textes des articles 893, 931 et 948 ; remarquons que ces textes prononcent formellement la nullité des donations faites en violation de leurs dispositions.

Ce n'est pas tout : il faut encore rechercher quel a été le but du législateur en exigeant des formes solennelles, et examiner si ce but est atteint lorsqu'on admet la validité des dons manuels. Or, nous croyons que les rédacteurs du Code ont voulu, par ces formes, assurer de la façon la plus certaine la liberté du disposant, en empêchant la passion ou la faiblesse de l'entraîner à des libéralités excessives qu'il serait le premier à regretter plus tard, lorsqu'il aurait recouvré son sang-froid ; et, d'autre part, garantir les intérêts de la famille légitime, que son chef pourrait dépouiller au profit d'étrangers qui sauraient capter sa confiance. Eh bien, qu'il s'agisse de donations mobilières ou immobilières, les précautions à prendre ne doivent-elles pas être les mêmes ? N'est-il pas nécessaire, dans les deux cas, d'empêcher que le disposant, victime de la passion ou des manœuvres frauduleuses employées par des gens malhonnêtes, se dépouille lui-même et ses proches ?

Je vais même plus loin ; je dis que certaines formes étaient surtout nécessaires pour les donations d'effets mobiliers. Très rarement, une personne disposera entre vifs et à titre gratuit, d'une portion de ses immeubles ; car ils lui viennent le plus souvent de ses ancêtres et elle a pour eux une certaine affection. Au contraire, elle sera bien plus portée à donner une partie de sa fortune mobilière, qui offre pour elle un intérêt bien moins grand.

Et n'est-il véritablement pas dangereux de permettre à une personne de donner de la main à la main des valeurs considérables? Il sera bien facile, en vérité, d'éluder toutes les dispositions de la loi sur le rapport et la réserve; car, qui ne sait que les valeurs mobilières ont acquis, de nos jours, une extrême importance et qu'elles constituent souvent la plus grande partie de nos fortunes? Ce n'est pas tout: ces dons manuels faciliteront encore les abus de confiance et les divertissements. Des personnes auxquelles le défunt aura confié des valeurs mobilières, soit à titre de dépôt, soit à titre de mandat, pourront nier au décès l'existence de ces contrats et refuser la restitution des valeurs détournées, sous prétexte qu'elles leur ont été remises à titre de don manuel. Il est vrai que la jurisprudence admet les héritiers à prouver que la possession de ces valeurs n'est qu'une simple détention précaire, à établir l'existence du contrat qui oblige à les restituer. Mais ce tempérament apporté à son système en pallie bien faiblement les inconvénients pratiques; car les principes du droit commun conduisent à exiger dans bien des cas un écrit constatant le dépôt et à rejeter absolument la preuve testimoniale, ce qui place les héritiers dans une situation bien défavorable, puisqu'ils sont dans l'impossibilité de faire la preuve qui leur incombe.

Les inconvénients pratiques des dons manuels seront bien plus graves encore dans une autre hypothèse qui arrivera fréquemment. Une succession s'ouvre; les héritiers soupçonnent une personne de détenir des valeurs héréditaires; pour obtenir l'aveu du divertissement, ils la font interroger par faits et articles. Elle avoue qu'elle détient ces valeurs, mais, dit-elle, elle les a reçues à titre de don manuel. Voilà les héritiers liés par cette déclaration et dans l'impossibilité légale d'établir que le don manuel n'a jamais existé, car, suivant une jurisprudence constante que nous nous réservons de combattre, l'aveu est indivisible en cette hypothèse.

Toutes ces considérations sont fort graves, et il semble que la question que nous examinons ait dû au moins soulever une vive controverse soit parmi les auteurs, soit devant les tribunaux. Il n'en a rien été ; la jurisprudence et la doctrine se sont trouvées d'accord pour proclamer la validité des dons manuels et voici les arguments qui les ont déterminées à adopter une pareille solution.

On s'est appuyé d'abord fortement sur l'ancien droit; le rédacteur de l'ordonnance, qui exigeait certaines formes pour la réalisation de donations entre vifs, admettait lui-même une exception en faveur des dons manuels; tous nos anciens jurisconsultes qui s'étaient occupés de la question avaient reconnu la validité de ces libéralités. Le législateur de 1804 n'a voulu nullement innover; cela résulte soit des travaux préparatoires, soit des termes mêmes employés par les textes, rapprochés de ceux de l'ordonnance de 1731.

Des travaux préparatoires ; et en effet, Jaubert, dans son rapport, s'exprimait en ces termes : « Les dons manuels ne sont susceptibles d'aucune forme, il n'y a là d'autre règle que la tradition, sauf néanmoins la réduction et le rapport dans les cas de droit (1). » Les articles 893, 831 et suivants, sainement interprétés, ne prohibent nullement les dons manuels. La première de ces dispositions est loin d'être aussi absolue et générale qu'elle le paraît, car il y a des libéralités qui échappent nécessairement à toute forme. Ce sont celles qui résultent des remises de dette (art. 1282 et 1283), et d'une façon générale des renonciations à titre gratuit (renonciation à un legs, à une succéssion, à un usufruit); ce sont celles aussi qui résultent des stipulations pour autrui permises par l'article 1121, et dont l'arti-

____

(1) Locré, *Législation civile,* t. XI, p. 459, n° 15.

cle 1973 fait une application en ce qui concerne les rentes viagères constituées sur la tête d'un tiers. En pratique, il arrive journellement que l'on fait une assurance sur la vie, c'est-à-dire, que moyennant le paiement de certaines primes annuelles aux compagnies d'assurance, on stipule d'elles une certaine somme payable à un tiers à une époque déterminée. Un pareil contrat constitue, dans les rapports du stipulant avec le bénéficiaire, une véritable libéralité qui échappe cependant aux formes des donations entre vifs. En réalité, l'article 893, en déclarant qu'on ne peut disposer de ses biens que par donation entre vifs ou par testament dans les formes ci-après établies, n'a pour but que d'abroger certaines manières de disposer admises dans notre ancien droit et le droit romain, je veux parler des donations à cause de mort. L'interpréter en ce sens que toutes les libéralités quelles qu'elles soient, sont soumises aux formes des articles 931 et suivants, ce serait lui donner une portée tout à fait exagérée. Quant à l'article 931 lui-même, il faut remarquer qu'il est la reproduction littérale de l'article 1ᵉʳ de l'ordonnance de 1731.

Il ne dit pas en effet : toute donation, mais tout acte portant donation; il en résulte que les libéralités qui ne se font pas par acte, ne sont pas soumises aux formes des donations. C'est ainsi que nous avons vu interpréter par les commentateurs de l'ordonnance et par les Parlements, l'article 1ᵉʳ de l'ordonnance de 1731 ; il n'y a aucune raison pour ne pas maintenir cette interprétation (1).

Tous ces arguments ne sont pas sans réplique; sans doute on ne peut pas contester que dans l'ancien droit, la validité des dons manuels n'ait pas été admise; mais

____

(1) Merlin, *Répert.*, *Donation*, sect. 2, § 7. — Toullier, t. V, n° 177. — Aubry et Rau, t. VII, § 659, p. 80. — Demolombe, 220, n° 57. — Laurent, 212, n° 274. — Colmet de Santerre, t. IV, n° 3 *bis*, II.

c'était pour des motifs qui ne se retrouvent pas sous l'empire du Code civil. Les formalités des donations entre vifs avaient été imaginées à cette époque pour remédier aux lacunes des dispositions des coutumes sur la réserve. Celles-ci, en effet, ne garantissaient les héritiers que contre les dispositions testamentaires ; une personne pouvait donc disposer entre vifs de tous ses propres sans que ses enfants eussent à se plaindre. Seulement, comme les formalités des donations étaient très rigoureuses, et que d'autre part le donateur devait se dépouiller irrévocablement, on hésitait avant de faire de pareilles dispositions. En un mot, 'les formes des donations étaient exigées dans le but de conserver les propres dans les mêmes familles, et comme les meubles ne pouvaient en général constituer des propres, on comprend que les dons manuels aient été permis à cette époque. Il n'en est plus de même maintenant; la réserve comprend les meubles comme les immeubles ; dès lors les motifs qui ont fait exiger certaines formes pour la perfection des donations s'appliquent aussi bien quand il s'agit de dons manuels que quand il s'agit d'autres libéralités. De même, si on admet que certaines dérogations doivent être apportées à l'article 893, c'est qu'on se trouve en présence de textes formels comme l'article 1121, ou bien que la libéralité, par sa nature même, ne peut être soumise aux formalités des donations; il en est ainsi des renonciations. Mais ici, la loi est muette, et d'autre part il est possible de soumettre les donations mobilières aux formes de l'art. 931 et suivants; la preuve en est dans l'art. 948, qui suppose précisément le cas d'une donation d'effets mobiliers.

Ainsi la validité des dons manuels aurait pu être sérieusement contestée : elle ne l'a pas été ; et une jurisprudence constante, d'accord avec la doctrine, s'est établie dans un sens favorable à ces libéralités. La question a du reste été résolue législativement par l'article 6 de la loi du 18 mai 1850, qui soumet les déclarations ou reconnaissances de dons manuels au droit de donation.

Certains auteurs n'ont pas trouvé cette solution conforme aux principes de droit ; suivant eux les dons manuels seraient déclarés valables, non pas en vertu d'une permission de la loi, mais à raison de l'impuissance avouée d'y faire obstacle. Le fait est plus fort que le droit.

Cette décision a été jugée bien dure par d'autres jurisconsultes, qui ont essayé de justifier la validité des dons manuels.

« La tradition, a dit M. Demolombe, est encore aujourd'hui un moyen de transférer la propriété, et quand une personne a volontairement livré le meuble, qui lui appartenait, avec l'intention de lui transmettre la propriété, on ne voit pas pourquoi la personne qui l'a reçue avec l'intention de l'acquérir, n'en deviendrait pas propriétaire, car cette tradition satisfait pleinement aux conditions essentielles de la donation entre vifs. Le donateur, en effet, ayant exécuté la donation, se trouve dessaisi actuellement et irrévocablement et le donataire saisi n'ayant dès lors aucune action à exercer contre le donateur, n'a pas besoin d'un acte destiné à prouver contre lui l'existence de la donation. Ajoutons que cette validité de la donation manuelle est essentiellement conforme au rôle si important qui appartient dans notre droit moderne à la possession des meubles et que résume énergiquement le principe : « En fait de meubles, possession vaut titre. L'article 2279 peut être présenté comme l'une des bases de la validité du don manuel, puisque celui auquel la possession d'un meuble a été livrée à titre de don, s'en trouve par cela même constitué propriétaire à l'égard de tous (1). »

____

(1) Demolombe, t. XX, n°s 57 à 59.

Comme on le voit, ce système est conforme aux idées exprimées par Ricard et Ferrière. Il contient, nous devons l'avouer, une grande part de vérité. Il est, en effet, parfaitement exact de dire que la tradition est, pour les meubles corporels, translative de propriété ; seulement, pour qu'elle ait cet effet, il faut qu'elle soit accompagnée du consentement des parties ; il faut qu'il y ait intention de donner, d'une part, intention d'accepter, d'autre part. Mais là où nous nous séparons tout à fait de M. Demolombe, c'est lorsqu'il présente l'article 2279 comme le fondement de la validité des dons manuels.

Cela pouvait être vrai dans l'ancien droit, mais ce n'est plus admissible sous l'empire du Code civil. Sans doute, le législateur de 1804 a repris l'ancienne maxime : en fait de meubles, possession vaut titre ; mais il ne lui a pas donné la portée qu'elle avait autrefois. Il a distingué très nettement, même en matière mobilière, la possession de la propriété ; si, néanmoins, il a adopté la règle proclamée par le tribunal du Châtelet, c'est qu'il y a été déterminé par des motifs spéciaux qui ne se retrouvent pas en notre matière. On a voulu protéger les acquéreurs d'objets mobiliers contre les revendications du propriétaire et assurer ainsi au commerce toute sa sécurité. Il résulte de là que l'article 2279 ne règle que les rapports du possesseur actuel avec les tiers, c'est-à-dire avec des personnes autres que celles qui leur ont livré les objets mobiliers, et leurs héritiers. L'appliquer même dans les rapports de l'acquéreur avec son auteur, c'est lui donner une portée tout à fait exagérée ; c'est absolument méconnaître l'esprit de la loi.

Du reste, si on voulait pousser l'idée qui sert de base à la théorie de M. Demolombe jusqu'à ses dernières conséquences, on arriverait à des résultats inadmissibles que l'illustre jurisconsulte est le premier à repousser. A quoi bon, en effet, si la validité des dons manuels a pour fondement la règle qu'en fait de meubles possession vaut titre, exiger le concours de volontés pour la perfection de ces dons, l'intention du donateur de se dessaisir irrévocablement de la propriété de la chose, et l'acceptation du donataire? Qu'est-il besoin aussi de la capacité des parties, capacité de disposer à titre gratuit et capacité de recevoir au même titre? Ce n'est pas tout. Du moment que le titre du donataire réside dans sa possession, il ne peut être question de réduction ou même de rapport, si l'*accipiens* est en même temps héritier du *tradens*. Or, nous verrons plus tard que tous les auteurs et tous les tribunaux sont d'accord pour soumettre les dons manuels à la réduction et au rapport (1).

Nous croyons donc que l'article 2279 doit être écarté en cette matière. Tel n'a pas toujours été l'avis des tribunaux qui ont, sur ce point, suivi souvent la doctrine de M. Demolombe.

Cependant, certaines cours d'appel ont partagé notre manière de voir. Nous lisons, en effet, dans un arrêt de la Cour de Nancy (2) que « l'article 2279 n'est pas une règle » absolue destinée à protéger toute espèce de possession, » qu'applicable au détenteur qui se défend contre des tiers, » elle ne régit pas les rapports du possesseur avec celui » qui, s'attaquant à la cause même de la possession, sou- » tient que ce détenteur est tenu de lui restituer une chose » dont il l'a dépouillé par un délit ou quasi-délit ». Tout récemment, la chambre des requêtes s'est également prononcée en notre sens (3). « Attendu, dit-elle, que la dispo-

---

(1) Laurent, t. XII, n° 275.
(2) 20 novembre 1869, D. P., 1870, 2, 142.
(3) 9 août 1878, Sir., 80, 1, 294.

» sition de l'article 2279 a pour objet de protéger le pos-
» sesseur d'un meuble contre une revendication intentée
» par un tiers et non contre l'action de celui qui ayant
» été, par lui-même ou par son auteur, partie à l'acte qui
» est la cause de sa possession, attaque cet acte et sou-
» tient que le possesseur est tenu de restituer la chose en
» vertu d'une obligation personnelle. »

Toute cette discussion ne paraît pas offrir un intérêt pratique considérable ; je l'ai crue cependant nécessaire. Il m'a semblé qu'en montrant tous les inconvénients des dons manuels, je paraîtrais moins rigoureux dans les solutions que je compte adopter pour les diverses questions qui se présenteront à notre examen. Du reste, je me permettrai, à la fin de cette étude, de rechercher s'il n'y a pas une réforme législative à faire sur ce point et en quoi elle doit consister.

La théorie que je vais faire des dons manuels comprendra trois parties.

Dans la première partie, je déterminerai à quelles conditions il peut y avoir un don manuel valable. Dans la seconde, j'étudierai les effets des dons manuels, et enfin, dans la troisième et dernière partie, j'exposerai les règles relatives à l'enregistrement des dons manuels.

PREMIÈRE PARTIE

Des conditions nécessaires pour qu'il y ait don manuel valable.

Le don manuel étant un don fait de la main à la main, il implique forcément la remise par le donateur au donataire de la chose donnée, c'est-à dire la tradition.

D'autre part, le don manuel constitue un véritable contrat ; dès lors, il faut qu'il y ait une convention, il faut le concours des volontés du donateur et du donataire, et la capacité des deux parties. Donc *tradition, concours de volontés, capacité des parties*, telles sont les trois conditions essentielles à l'existence du don manuel.

CHAPITRE Iᵉʳ

DE LA TRADITION

SECTION Iʳᵒ. — De la Tradition en elle-même, abstraction faite des choses sur lesquelles elle porte.

Il faut, en premier lieu, que la chose, objet du don manuel, soit livrée au donataire. Mais de quelle tradition s'agit-il? Le doute pourrait s'élever à cause de certaines dispositions du Code civil qui semblent faire résulter la tradition du simple consentement des parties, notamment de l'article 938, qui s'occupe des effets de la donation et de l'article 1606, qui est relatif à la délivrance de la chose vendue.

Évidemment, il ne peut s'agir d'une pareille tradition. Le don manuel, par sa nature même, exige une remise matérielle ; la chose donnée passe de la main à la main ; il faut donc une véritable tradition réelle. La jurisprudence n'a pas hésité à adopter cette manière de voir ; elle a refusé d'une manière absolue, d'admettre le don manuel dans des cas où il n'était pas établi que la tradition matérielle avait été faite lorsque cette tradition paraissait invraisemblable (1).

Il résulte de cette condition qu'alors même que le donateur aurait manifesté, de la façon la plus formelle, son intention de se dépouiller de certains objets en faveur du donataire, il n'y aurait cependant pas don manuel, si, pour une cause quelconque, il restait en possession, par exemple si la chose lui était laissée à titre de prêt ou dépôt.

On admet cependant une exception à la nécessité de la tradition. Il se peut qu'une personne détienne certaines choses pour le compte d'une autre ; si le propriétaire veut lui faire un don manuel de ces objets, il suffira qu'il déclare son intention de changer la cause de la possession du détenteur. La tradition, en effet, n'est exigée que comme moyen de transférer la possession ; ce moyen peut être suppléé par la déclaration du propriétaire qui modifie le caractère de sa détention.

Nous avons supposé jusqu'ici que les parties avaient eu l'intention de faire un don manuel ; mais leur but primitif a pu être différent. Elles ont fait un contrat de donation

______

(1) Bordeaux, 19 mars 1868, D. P., 1868, 2, 222.

portant sur des objets mobiliers conformément aux articles 931 et suivants; mais ce contrat est nul pour une cause quelconque, par exemple, pour défaut d'acte estimatif. Malgré la nullité, le donateur a exécuté la donation; il a livré les choses données. Y a-t-il don manuel?

Plusieurs opinions se sont élevées à ce sujet. Certains auteurs prétendent qu'il ne peut y avoir en cette hypothèse un don manuel. Pour le soutenir, ils s'appuient d'abord sur l'article 948 : les actes de donation ne sont valables que s'il y a un état estimatif. Remarquez, disent-ils, qu'on n'excepte pas, comme l'avait fait l'ordonnance de 1731, le cas où la donation contient tradition réelle. Cela est d'autant plus significatif que, primitivement, l'article 948 contenait ces mots : s'il n'y a pas de tradition réelle, et que ces mots ont été retranchés sur l'observation de M. Tronchet, qui fit remarquer que l'état estimatif *était nécessaire dans tous les cas; que sans cette précaution on ne parviendrait pas à fixer la légitime des enfants.* De plus, dit-on, le contrat de donation est absolument nul, puisque l'une de ses conditions essentielles lui fait défaut. Or, il n'est pas permis de réparer par une confirmation, une donation nulle en la forme (art. 1339 C. civ.) ; la tradition des choses données, constituant précisément un acte confirmatif, ne peut avoir aucun effet.

Je n'admettrai pas cette opinion; l'article 948 n'est pas applicable aux dons manuels de l'aveu de tous les auteurs; à quoi bon dès lors le faire intervenir au sujet de la question de savoir si la tradition des choses données faite postérieurement à un contrat de donation peut constituer un don manuel? L'argument des travaux préparatoires doit être repoussé, car il prouverait trop. Il ne tendrait à rien moins qu'à renverser toute la théorie des dons manuels, puisqu'il résulterait de l'observation de Tronchet que l'état estimatif est dans tous les càs nécessaire afin de pouvoir fixer la légitime des enfants. En réalité, cette observation était une critique d'ailleurs très juste des dons manuels. Il est certain qu'à défaut d'état estimatif, il sera bien difficile de calculer la quotité disponible, et par suite la réserve. Mais c'est là une considération dont doivent tenir compte des législateurs ; elle doit être étrangère à des jugements ou arrêts.

On dit que la tradition constitue un acte confirmatif et qu'aux termes de l'article 1339, la confirmation d'une donation nulle en la forme n'a aucun effet. Sans doute ; mais il ne s'agit pas de savoir si la tradition constitue une confirmation valable, mais si dans le cas actuel il y a don manuel ; or, incontestablement le don manuel existe, puisqu'il y a tradition et concours de volontés.

Le système que nous combattons est, du reste, généralement abandonné ; mais la plupart des auteurs (1), tout en le repoussant, hésitent à admettre le système inverse, qui leur paraît trop absolu ; suivant eux, il faudrait faire une distinction. Le donateur a-t-il fait la tradition en exécution de l'acte nul qu'il reconnaissait obligatoire? En ce cas, tout sera nul. Telle serait l'hypothèse où le donateur n'aurait fait la tradition que pour obéir à une sommation de délivrer, qui lui aurait été signifiée. Au contraire, a-t-il voulu non pas confirmer la première donation, mais en faire une seconde en opérant la tradition ; il n'y a plus de raison pour contester le don manuel ; car si la donation nulle en la forme ne peut pas être confirmée, elle peut être refaite dans la forme légale. Or, la tradition manuelle est, à l'égard des meubles, une forme légale par laquelle la

---

(1) Larombière, art. 1339-40. — Demolombe, t. III, n° 75. — Colmet de Santerre, t. V, n° 352 *bis*.

donation, tout d'abord acte nul, peut être refaite ensuite, si telle est la volonté du donateur.

C'est dans ce sens que s'est prononcée la jurisprudence (1)..

Cette distinction est loin de me satisfaire, car elle fait naître des difficultés pratiques considérables ; comment pourra-t-on savoir si le donateur, en livrant les objets donnés, avait l'intention de confirmer l'acte de donation ? Nécessairement on sera obligé de laisser la question à l'appréciation arbitraire des tribunaux, qui pourront juger différemment dans des hypothèses identiques suivant que la qualité du donataire les disposera plus ou moins en sa faveur. Théoriquement, cette distinction est trop subtile pour être adoptée. Que faut-il en effet pour qu'il y ait don manuel ? Une tradition et le concours de volontés ; c'est-à-dire intention du donateur de se dépouiller irrévocablement, et volonté d'accepter de la part du donataire ; dès lors qu'importe que le donateur ait eu la volonté de confirmer la première donation en faisant la tradition des choses dont il voulait gratifier le donataire ; n'y a-t-il pas dans tous les cas volonté de se dépouiller de ces objets et volonté de les recevoir ? Quel obstacle voit-on donc à ce qu'il y ait là un don manuel valable?

Nous aurions encore, au sujet de la tradition, à examiner une question de preuve. Est-ce au prétendu donataire à prouver que le donateur lui a fait tradition de la chose litigieuse, ou à ses adversaires à établir que cette tradition n'a pas eu lieu?

Nous réservons l'examen de cette difficulté pour le moment où nous nous occuperons de l'intention de donner ; nous pourrons alors l'examiner sous toutes ses faces et, par suite, d'une manière plus complète.

____

(1) Pau, 5 février 1866.

SECTION II. — Des choses sur lesquelles doit porter la Tradition.

Nous avons vu que le don manuel, par sa nature même, exige une tradition translative de propriété. Comme une pareille tradition ne peut porter que sur des choses mobilières, il en résulte nécessairement que les immeubles ne sont pas susceptibles d'être donnés manuellement. Quant aux meubles eux-mêmes, les seuls qui puissent être l'objet d'une donation manuelle, sont ceux qui sont saisis par nos sens ; ceux qui peuvent être touchés de la main.

On doit donc, en principe, pour les droits incorporels, observer strictement les formes indiquées par la loi pour les donations. De quelque manière qu'on la justifie, cette règle est incontestable ; mais elle soulève quelques difficultés dans ses applications pratiques.

A ce sujet nous aurons à examiner successivement : 1° les créances à forme civile ; 2° les créances négociables ; 3° les valeurs mobilières ; 4° la nue propriété et l'usufruit ; 5° la propriété littéraire, artistique et industrielle.

§ 1er.

D'une manière générale, les créances à forme civile ne peuvent former l'objet d'un don manuel ; et le motif en est qu'une tradition réelle est ici impossible.

Ce n'est pas qu'on ne puisse livrer l'écrit qui constate la dette à une personne déterminée, mais cette tradition ne peut avoir aucune efficacité au point de vue qui nous occupe. L'*accipiens* a certainement acquis la détention matérielle du titre, mais la présomption de propriété que pourrait faire naître en sa faveur cette détention, est contredite par le contenu du titre sur lequel est inscrit le nom du véritable créancier (1).

On pourrait, il est vrai, opposer à cette décision certains articles du Code (art. 1607 et 1689) qui portent que, dans le transport de droits incorporels, la tradition se fait par la remise des titres et que cette remise opère délivrance entre le cédant et le cessionnaire. Mais, dans ces textes, il ne s'agit nullement d'une tradition translative de propriété ; la remise de l'écrit qui constate la créance n'a d'autre but que de permettre au nouveau créancier d'exercer les droits légitimes qui lui ont été conférés par une convention antérieure, par une cession de créances (2).

Ainsi, les créances à forme civile ne peuvent pas être données manuellement; mais, observons qu'un créancier pourra fort bien libérer son débiteur en lui livrant l'écrit qui constate sa dette. C'est l'hypothèse prévue par les articles 1282 et 1283 ; il n'y a pas là transfert d'un droit, mais simplement une renonciation faite à titre gratuit et qui, comme telle, est affranchie des formalités des articles 931 et suivants. La Cour de cassation a eu à statuer sur cette hypothèse dans une affaire assez intéressante.

Après la mort du sieur Cot, décédé en 1852, on avait trouvé dans ses papiers un billet de 2,000 francs par lui souscrit au profit de sa sœur Mlle Cot ; ce billet lui avait été donné manuellement. La créancière en réclama cependant le paiement aux héritiers, et elle appuya ses pré-

---

(1) Duranton, t. VIII, p. 396. — Troplong, t. III, n° 1057. — Demolombe, t. XX, n° 70. — Aubry et Rau, § 659, p. 83.

(2) Grenoble, 17 juillet 1868; Sir., 69, 2, 9. — Paris, 19 décembre 1871 ; Sir., 71, 2, 274. On peut cependant citer en sens contraire, un arrêt de Trèves de 1807, duquel résulterait la validité du don manuel portant sur des créances, mais ce sont, je crois, les circonstances très favorables de la cause qui ont fait adopter cette manière de voir. Aussi, cet arrêt ne peut-il avoir aucun poids dans la question qui nous occupe.

tentions sur la jurisprudence constante qui n'admettait pas le don manuel des créances. La Cour de Grenoble, par un arrêt du 18 août 1854, avait infirmé le jugement de première instance qui avait reconnu la justesse des prétentions de la demanderesse. La Cour de cassation, appelée à statuer sur le pourvoi, le rejeta (1) : « Attendu que le don » manuel portait en ce cas non sur le titre, mais sur les es- » pèces antérieurement comptées qui faisaient l'objet de la » créance. » Cela était un peu subtil : il aurait mieux valu dire que la remise du titre fait preuve de la libération et que les donations qui ont lieu par voie de renonciation et notamment par remise de dette sont dispensées des formes prescrites par l'article 931.

Quoi qu'il en soit, le principe est certain, et puisqu'il est admis qu'une créance ne peut être donnée de la main à la main à une autre personne que le débiteur, celui qui prétend qu'une créance dont il possède le titre lui a été donnée, doit justifier que la transmission lui en a été faite, soit par un acte de donation faite suivant les formes de l'article 931, soit sous le déguisement d'un contrat à titre onéreux. En effet, d'après un système généralement admis par les tribunaux, lorsqu'une personne cède à une autre une créance pour un prix qu'elle n'exige pas, c'est-à-dire déguise la libéralité qu'elle veut faire sous la forme d'un contrat à titre onéreux, l'opération est considérée comme parfaitement valable (2).

Tout ce que nous avons dit des créances est du reste applicable aux rentes sur particuliers. Elles constituent en effet, comme elle, des droits, c'est-à-dire des choses

---

(1) Req. Rej., 17 mars 1855 ; Sir., 56, 1, 155.

(2) Cass., 26 juillet 1848 ; 6 février 1849, D. P., 49, 1, 170. Ce système est fortement combattu par la plupart des auteurs. (Voir Demolombe, t. XX, n° 99 ; Laurent, t. XII, n°ˢ 304 et suiv.)

qui ne sont pas suceptibles de tradition réelle ; dès lors, il ne peut-être *question* à leur sujet de don manuel.

§ 2.

CRÉANCES NÉGOCIABLES.

Il arrive souvent que les créances acquièrent un caractère tout à fait spécial : on les désigne sous le nom de créances négociables. Quand elles ont ce caractère, elles sont transmissibles par des moyens particuliers indiqués par le Code de commerce. Ces créances, qui ont souvent une valeur considérable, se répandent de plus en plus dans notre société ; on comprend donc l'importance de la question qui s'élève à leur sujet pour les dons manuels. Les principales sont les lettres de change, les billets à ordre et les effets au porteur.

La lettre de change est un écrit par lequel une personne (le tireur) donne ordre à une seconde personne (le tiré) de payer à une troisième (le preneur ou bénéficiaire), ou à son ordre, une certaine somme d'argent dans un lieu différent de l'émission. En pratique, la lettre de change est souvent employée comme simple moyen de circulation ou de crédit. Quant au billet à ordre, il ne se distingue de la lettre de change qu'en ce qu'il ne constitue pas nécessairement un acte de commerce et qu'il n'implique l'intervention que de deux personnes, le souscripteur du billet et le preneur. Ces deux créances ont un caractère commun très important ; elles sont payables à une personne déterminée ou à une autre indiquée par la première. Il en résulte qu'elles se transmettent par voie de simple endossement (art. 136 C. de comm.).

En réalité, comme elles portent toujours le nom du

créancier (le créancier est ici celui à qui on doit payer), la possession de la lettre de change ou du billet ne donne aucun droit à celui qui le détient, ce qui exclut toute idée de don manuel.

Aussi, la jurisprudence, d'accord sur ce point avec la doctrine, a décidé d'une façon à peu près constante que les lettres de change et les billets à ordre ne pouvaient être donnés manuellement (1).

Pratiquement, la question ne se présente pas d'une façon aussi simple. On suppose ordinairement qu'un endossement a été fait ; mais il ne l'a pas été conformément à l'article 137 ; il n'a pas exprimé la valeur fournie ; seulement l'endosseur a manifesté l'intention de faire une libéralité au bénéficiaire ; l'endossement est causé pour don. Peut-on dire que cette opération est régulière et que le donataire est devenu propriétaire du billet à ordre et de la lettre de change ; ou bien doit-on appliquer l'article 138 du Code de commerce, aux termes duquel l'endossement qui n'exprime pas la valeur fournie ne vaut que comme procuration ? Pour moi, la question ne peut pas faire de doute : la lettre de change et le billet à ordre ne peuvent être l'objet d'un don manuel ; dès lors, il faut les soumettre aux règles générales des donations (art. 931), à moins qu'on ne les déguise sous la forme d'un endossement régulier ; or, il n'est pas besoin de rappeler que pour les donations, l'intention de donner ne suffit pas ; et d'autre part, on ne se trouve pas en présence d'un endossement régulier, puisque les formalités exigées par l'article 137 du Code de commerce n'ont pas été remplies.

Ainsi, l'endossement pour don doit être considéré comme n'ayant aucun effet.

______

(1) Lyon, 28 décembre 1838. — Pau, 10 mars 1840. — D. A., *Disposit. entre vifs*, n° 1627.

Tel n'est cependant pas l'avis de tous les auteurs ; M. Vazeille (1) veut absolument assimiler les effets négociables aux objets mobiliers corporels. Ces effets, dit-il, se transmettent sans acte, et puisqu'il serait si facile d'écrire : valeur reçue, au lieu de : valeur pour don, pourquoi disputer sur la valeur du mot don, qui fait entendre des services reçus ou de l'affection qui ne sont pas sans valeur ? Cette opinion a été adoptée par la Cour de cassation dans un arrêt du 25 janvier 1832 (2) ; elle a admis la validité d'un endossement irrégulier comme n'énonçant pas la valeur fournie, lorsque cet endossement était accompagné d'une lettre missive dans laquelle l'endosseur manifestait l'intention de donner l'effet à l'endossé : « Attendu, dit-« elle, que si, de l'art. 138 C. de comm., il résulte que » l'endossement irrégulier d'un effet commercial n'opère » pas le transport et n'est qu'une procuration, il est cepen-» dant évident que la loi n'établit là qu'une simple pré-» somption qui n'exclut pas la preuve du contraire ; » qu'ainsi, lorsque l'endosseur dudit effet a, par un acte » non suspect, déclaré que son intention formelle était » d'en transporter la propriété à celui à l'ordre de qui il » l'a passé, l'endossement, quoique irrégulier, opère ladite » transmission, sauf l'exception naturelle du cas de faillite » et d'héritier à réserve. »

Je crois que telle n'est pas la vraie doctrine. Qu'importe qu'il y ait, de la part de l'endosseur, intention de faire libéralité au bénéficiaire de la lettre de change ou du billet à ordre. La loi a exigé d'autres formalités pour que la propriété en soit transférée ; il faut surtout un endossement, et un endossement énonçant la valeur fournie ; une

____

(1) Vazeille, art. 931, § 8.
(2) Req., Rej., 25 janv. 1832. — Sir., 32, 1, 189.

lettre missive, si formelle qu'on la voudra, ne peut pas régulariser un endossement qui n'a pas été fait suivant les formes de l'article 137 C. de comm. Et qu'on ne dise pas que l'article 138, qui est la sanction de l'art. 137, n'établit qu'une simple présomption susceptible de preuve contraire ; ses termes absolus ne peuvent s'accorder avec cette manière de voir ; il déclare, en effet, formellement que *lorsque l'endossement n'a pas été fait suivant les formes ci-dessus, il n'opère pas transfert de propriété: il n'est qu'une simple procuration.* On nous objecte que les mots valeur en don indiquent une valeur reçue en services ou en affection ; cette valeur peut être considérable, je l'avoue, mais elle n'existe pas pour le Code de commerce, qui, dans son article 137, veut certainement parler d'une valeur matérielle.

Il sera facile, d'ailleurs, à celui qui veut donner une lettre de change ou un billet à ordre, de tourner cette difficulté: il peut, dans l'endossement, exprimer la valeur fournie, alors que réellement il n'en a reçu aucune du donataire ; la libéralité sera valable dans le système de la jurisprudence, non pas comme don manuel, mais comme donation déguisée sous la forme d'un acte à titre onéreux. Mais, dira-t-on, il n'y a aucune différence entre cette hypothèse et la précédente ; pourquoi admettre, dans un cas, la validité de l'endossement, et, dans l'autre, la nullité ? Pourquoi forcer les parties à déguiser leur véritable volonté !

Cette objection ne nous atteint pas ; c'est une critique générale du système qui admet la validité des libéralités déguisées ; nous n'avons pas à examiner ici cette opinion, du reste très contestable.

Ainsi, l'endossement irrégulier ne transfère pas la propriété de la lettre de change au bénéficiaire. Il en résulte que le propriétaire de cette lettre ou ses héritiers pourront toujours la reprendre entre ses mains. Mais si le donataire a endossé l'effet au profit d'une autre personne, cet effet pourra-t-il encore être repris par le donateur ? Il faut distinguer. Si le second endossement est conforme à l'article 137, le propriétaire ne peut plus réclamer l'effet; car celui en faveur duquel a été fait le premier endossement a au moins, et cela en vertu de l'article 138 Code de commerce, le mandat de faire tel endossement qui lui plaît ; par suite, en endossant l'effet au profit d'une autre personne, il en a transféré la propriété à cette personne. Au contraire, si le second endossement est lui-même irrégulier et ne vaut que comme procuration, le second bénéficiaire n'étant, comme le premier, qu'un simple mandataire, peut être obligé à restituer l'effet.

Il nous reste à parler d'un cas spécial qui offre un grand intérêt pratique ; il s'agit de l'hypothèse où le disposant a endossé en blanc un billet à ordre ou une lettre de change, c'est-à-dire a remis l'écrit avec sa signature au dos de l'effet. Un pareil endossement peut-il constituer un don manuel valable? Sur ce point, une vive controverse s'est élevée dans la doctrine et la jurisprudence.

Beaucoup d'auteurs pensent que l'endossement en blanc transmet la propriété de l'effet au bénéficiaire ; suivant eux, la tradition suivie d'un pareil endossement doit avoir au moins le même résultat que la simple tradition pour les titres au porteur et les meubles corporels ; l'endosseur a manifesté de la façon la plus claire son intention de donner l'effet au bénéficiaire (1).

Un certain nombre d'arrêts ont admis cette manière de

---

(1) Duranton, t. VIII, n° 392. — Troplong, *Donation entre vifs*, n° 1058.

voir (1) : « Attendu, dit la Cour de Bordeaux, que si la tra-
» dition ne suffit pas, en général, pour opérer le transport
» des créances et des choses incorporelles, il en est autre-
» ment à l'égard des effets et titres au porteur ; que la
» même exception doit être étendue aux lettres de change
» et aux billets à ordre qui, transmis, dans l'espèce, de la
» main à la main, au moyen d'endossements en blanc, ne
» désignent pas le bénéficiaire ; que dans ce cas, ainsi que
» dans le premier, le seul signe auquel on le puisse re-
» connaître, c'est la possession, etc. » Le système est,
comme on le voit, nettement exposé dans cet arrêt ; mais
doit-il être adopté ?

Pour moi, je n'hésite pas à répondre négativement. Il
faut se rappeler quels principes régissent les transmissions
de billets à ordre et de lettres de change, d'une part ; les
donations, d'autre part. On ne peut disposer à titre gratuit
que dans les formes établies par la loi (C. civ., art. 893) ;
sans doute, on est à peu près d'accord pour admettre des
exceptions à cette règle, notamment pour les donations
déguisées et les dons manuels ; mais ces exceptions doivent
être restreintes aux cas prévus ; or, l'endossement en blanc
ne constitue ni une donation déguisée, ni un don manuel.
Ce n'est pas un don manuel, puisque les créances ne
peuvent être données manuellement. Quant à être une
donation déguisée, il faudrait, pour que cela fût possible,
que l'endossement en blanc transférât la propriété de
l'effet ; mais, comme l'endossement en blanc est un endossement irrégulier, il est soumis à la disposition de l'article 138 C. com., aux termes duquel l'endossement irrégulier ne vaut que comme procuration. Qu'importe qu'il y

____

(1) Req., Rej., 12 décembre 1815. — Req., Rej., 21 août 1837. — Bordeaux, 7 avril 1852, D. P., 52, 2, 125.

ait eu intention de donner ? Cette intention ne suffit pas ; il faut des formes solennelles, auxquelles ne peut suppléer une tradition lorsqu'elle ne porte pas sur des choses corporelles.

Remarquez, du reste, que cette intention de donner n'est pas toujours établie, et comme les donations ne se présument pas, il faudrait faire la preuve de cette intention, ce qui donnerait lieu à de graves difficultés et même à des procès.

Enfin, à une époque industrielle et commerciale comme la nôtre, où les billets à ordre se multiplient d'une façon prodigieuse, il serait très dangereux de déclarer que des endossements en blanc peuvent remplacer les formes régulières; un pareil système faciliterait singulièrement la fraude.

Certains arrêts ont admis notre doctrine (1). La Cour de Douai a fort bien résumé les arguments qu'on peut invoquer en sa faveur : « Attendu qu'aux termes de l'ar-
» ticle 893, on ne peut disposer, à titre gratuit, que par
» donations entre vifs ou par testament dans les formes
» établies par la loi ; que si la doctrine et la jurisprudence
» ont apporté certaines modifications à cette règle géné-
» rale en validant notamment les dons manuels et les do-
» nations déguisées sous la forme d'un contrat à titre
» onéreux, ces exceptions doivent être strictement renfer-
» mées aux cas pour lesquels elles ont été établies ; que
» la première n'est applicable qu'aux donations de meubles
» proprements dits, ou d'effets au porteur dont la simple
» remise dessaisit irrévocablement celui qui les donne et
» dont la possession vaut titre pour celui qui les reçoit,

______

(1) Douai, 3 déc. 1845, D. P., 1847, 2, 182. — Rouen, 29 déc. 1840, D. A., *Disposit. entre vifs*, n° 1629.

» qu'elle est sans application aux créances nominatives;
» que l'autre exception ne peut être invoquée qu'autant
» que l'acte qui sert à déguiser la donation est, de sa na-
» ture, translatif de propriété et réunit, au moins en appa-
» rence, toutes les conditions exigées par la loi pour la
» validité du contrat à titre onéreux dont on a emprunté
» la forme. Attendu que le billet qui, suivant l'appelante,
» lui aurait été remis de la main à la main à titre de libé-
» ralité, par le comte de Buckières, n'est pas au porteur,
» mais à ordre ; qu'il ne lui a pas été transmis par un en-
» dossement régulier; qu'il porte seulement la signature
» du comte ; que, dès lors, ne réunissant pas les formalités
» d'un transport de créances, il n'est qu'une procuration
» (art. 136-138, C. de comm.) ; que, dès lors, l'appelante
» ne produit aucun titre de nature à justifier sa pro-
» priété. »

Ainsi le don manuel ne peut résulter d'un endossement en blanc d'un billet à ordre ou d'une lettre de change.

Les billets signés par les commerçants ne sont pas toujours à ordre ; quelquefois, en effet, on promet de payer une certaine somme, non pas à une personne désignée ou à l'ordre d'une autre, mais au porteur, c'est-à-dire à celui qui sera détenteur du titre à l'échéance, sans que celui-ci ait à justifier de ses droits, soit par un écrit, soit par un autre mode de preuve. Ces billets au porteur avaient été prohibés par notre ancienne jurisprudence sous la forme de billets en blanc, c'est-à-dire de billets où le nom du créancier était laissé en blanc. De nos jours, on admet généralement la validité de ces sortes de billets ; cette validité résulte de certaines lois (loi du 5 juin 1850) qui les soumettent au même timbre que les autres effets négociables. Ils sont peu usités en pratique ; mais ils sont employés par la Banque de France, qui trouve à leur forme un grand avantage. Les billets de banque sont, en effet, de simples billets au porteur avec cette différence qu'ils sont à vue, c'est-à-dire qu'on peut toujours en demander le remboursement à moins cependant qu'il n'y ait cours forcé.

Quoi qu'il en soit, tous ces billets se transmettent par la simple tradition accompagnée de l'intention d'en transférer la propriété ; car le souscripteur s'est engagé, non pas envers une personne déterminée, mais envers le porteur. Il en résulte naturellement qu'ils peuvent être l'objet d'un don manuel. Du reste, il faut bien l'avouer, quoique la question ait une grande importance en ce qui concerne les billets de banque qui ont une valeur considérable, elle ne semble cependant pas s'être présentée en jurisprudence, car nous ne trouvons aucun arrêt sur ce point.

J'aurais encore à parler des chèques ; mais les chèques étant tantôt à personne dénommée, tantôt à ordre, tantôt au porteur, il n'y a qu'à appliquer respectivement les règles que j'ai exposées pour les créances ordinaires, les billets à ordre ou lettres de change, et les billets au porteur. Jamais les tribunaux n'ont eu à statuer à ce sujet.

§ 3.

VALEURS MOBILIÈRES.

Le mot valeurs mobilières, pris dans son acception la plus étendue, désigne tous les titres ou papiers représentant une somme d'argent que l'on peut recevoir en échange. Dans cette acception, on appelle valeurs, les effets de commerce, les lettres de change, les bons au porteur, les chèques et même les simples créances. Ce n'est pas en ce sens que nous voulons ici employer ces mots. Ils désigneront simplement tous les titres de créances susceptibles d'être cotés et négociés à la bourse. Les principaux sont : 1° les rentes sur l'État ; 2° les bons du Trésor et obligations trentenaires ; 3° les actions de la Banque de France ; 4° les obligations de la ville de Paris et des autres grandes villes autorisées à émettre directement des emprunts ; 5° les actions et obligations émises par les sociétés industrielles ou commerciales. Ces différentes valeurs peuvent affecter deux formes bien différentes: elles sont ou nominatives ou au porteur. Elles sont nominatives quand le nom du créancier est inscrit d'une part sur les livres de la société ou de l'État, d'autre part sur l'écrit qui la constate.

En ce cas, la valeur n'est transmissible qu'au moyen de certaines formalités particulières ; par exemple, quand il s'agit d'une créance contre une société, par un transfert sur les registres de cette société. Au contraire, quand il s'agit de valeurs au porteur, le créancier est inconnu ou plutôt il est indéterminé ; c'est celui qui est possesseur du titre au moment de l'échéance. On peut dire que la créance est tellement unie au titre qui la constate, qu'elle en est inséparable et passe à celui qui en acquiert la possession.

Ces principes nous permettent facilement de résoudre la question de savoir si telle ou telle valeur mobilière peut être donnée manuellement.

Évidemment, le don manuel sera ou ne sera pas possible, suivant que le titre sera au porteur ou nominatif.

Mais à quelles conditions acquerra-t-il ces caractères, c'est ce que nous allons déterminer en examinant brièrement chacune des valeurs que nous avons indiquées.

1° *Rentes sur l'État.*

L'état, lorsqu'il fait un emprunt, ne contracte pas, comme le font ordinairement les emprunteurs, l'obligation de payer une somme avec les intérêts, à une époque déterminée; il vend des rentes, c'est-à-dire qu'il s'engage, moyennant un capital qui lui est versé, à payer, à perpétuité, des arrérages. Le particulier envers qui l'État s'est ainsi obligé, n'a jamais le droit de réclamer le capital qu'il a aliéné; mais l'État peut toujours en effectuer le remboursement et, par là, s'affranchir de l'obligation de payer les arrérages.

A l'origine, toutes les inscriptions de rentes sur l'État étaient nominatives; il semble, en effet, peu naturel que le débiteur ignore le nom de celui envers qui il s'engage. Mais comme le transfert exigeait des formalités très compliquées et très onéreuses, on demanda au gouvernement une modification sur ce point. Cette demande fut accueillie favorablement et une ordonnance du 29 avril 1831 autorisa la délivrance des titres de rente au porteur. Aux termes de cette ordonnance, tout propriétaire d'inscriptions de rentes nominatives peut en obtenir la conversion en titres au porteur, en déposant, au Trésor, son inscription primitive accompagnée d'une demande signée par lui et certifiée par un agent de change. A partir de cette époque, les rentes sur l'État furent donc susceptibles d'être données manuellement; et c'est là, il faut l'avouer, un résultat bien regrettable, car les fortunes privées étant constituées en grande partie par des rentes, elles pourront être soustraites aux espérances bien légitimes d'héritiers, par suite d'abus de confiance. Une personne à qui de pareilles valeurs auront été confiées, pourra les conserver malgré les réclamations des parents du *de cujus* en soutenant qu'elles lui ont été livrées à titre de don manuel. C'est là, certes, un des graves inconvénients des titres au porteur, mais qui ne peut cependant faire oublier tous ses avantages pratiques.

Quant aux titres nominatifs, j'ai déjà fait pressentir qu'ils doivent être assimilés aux créances ordinaires, et que, dès lors, ils ne pouvaient être l'objet d'un don manuel. Mais il sera facile, si on veut les donner à quelqu'un, de se soustraire aux règles des donations entre vifs.

On pourra d'abord opérer le transfert comme s'il avait lieu en vertu d'un contrat à titre onéreux ; ce sera une donation déguisée, valable dans le système de la jurisprudence. Un moyen plus simple encore, ce sera de demander la conversion des titres nominatifs en titres au porteur, ce qui se fera assez facilement, comme je l'ai montré tout à l'heure. Enfin, s'il s'agit pour le disposant de donner des titres qu'il ne possède pas encore, mais qu'il se propose d'acheter, il pourra faire inscrire la rente au nom du donataire et remettre le titre à celui-ci. Le Trésor accorde, en effet, les plus grandes facilités et il consent à rédiger les immatricules ainsi que l'acheteur le demande sur sa simple déclaration et sans aucune justification.

Mais, comment s'analysera alors l'opération que je viens d'indiquer ? Y aura-t-il don manuel du titre lui-même ? Je ne le crois pas, car le donataire n'a jamais été propriétaire de ce titre, puisqu'il n'a pas été inscrit en son nom, mais au nom du donataire. Il est plus juridique de voir là un don manuel du prix employé par le donateur pour le compte du donataire, dont il s'est ainsi constitué le *negotiorum gestor*.

L'acceptation du titre par ce donataire serait la ratification de cette gestion. Le donateur pourrait aussi inscrire la rente en son nom pour l'usufruit et au nom d'un tiers pour la nue propriété, il y aurait alors don manuel de la somme employée pour l'acquisition de la nue propriété.

2° *Bons du Trésor et Obligations trentenaires.*

Nous n'avons que peu de choses à dire sur les bons du Trésor et les obligations trentenaires. Ces valeurs proviennent d'emprunts faits par le gouvernement et remboursables dans un délai qui varie pour les bons du Trésor et qui est fixé à trente ans pour les obligations trentenaires. Elles produisent intérêt à un taux déterminé à l'avance, mais variable suivant la situation plus ou moins prospère du crédit public. Ce sont des obligations soit au porteur, soit à ordre. Dans le premier cas, il est certain qu'elles peuvent être données manuellement; cela résulte du principe que nous avons posé. Quand il s'agit, au contraire, de bons à ordre, il ne peut être question de dons manuels. Pour que la propriété de ces dernières valeurs soit transférée, il faut un endossement régulier, c'est-à-dire énonçant la valeur fournie; si cet endossement a lieu, et que cependant il n'y ait eu aucune valeur fournie, on se trouvera en présence d'une donation déguisée sous la forme d'un acte à titre onéreux.

3° *Actions de la Banque de France.*

Ce sont des valeurs tout à fait analogues aux actions qu'émettent les grandes sociétés commerciales et industrielles. Elles en diffèrent cependant sur un point très important pour la question qui nous occupe. Aux termes de 'article 2 de la loi du 24 germinal an XI, elles ne peuvent jamais être mises au porteur ; il ne peut donc y avoir jamais lieu à un don manuel de ces valeurs.

4° *Obligations de la Ville de Paris et d'autres villes importantes.*

Certaines villes importantes de la France, et spécialement la ville de Paris, ont senti la nécessité à diverses époques de contracter des emprunts envers les particuliers. Comme elles ne jouissaient pas du privilège de vendre des rentes, elles ont fait ces emprunts sous la forme d'obligations. Les obligations de la ville de Paris et celles des autres villes sont tantôt nominatives, tantôt au porteur. Le plus souvent donc les dons manuels portant sur ces valeurs, seront possibles.

5° *Actions et obligations de Sociétés commerciales et industrielles.*

Les actions représentant une part dans la Société qui les émet, semblent devoir, par leur nature même, être inscrites sous le nom de l'associé. Aussi ne doit-on pas être étonné, si dans l'ancien droit les titres au porteur étaient à peu près inconnus. A cette époque, les actions des Sociétés étaient toujours nominatives ; seule la compagnie d'Occident créée par l'édit du mois d'août 1717 paraît avoir émis des actions au porteur. Sous la Révolution, la forme au porteur ne fut pas non plus en faveur auprès du législateur. Cela tenait probablement à ce que le gouvernement craignait que des effets de cette nature créés par des particuliers ne portassent atteinte à la valeur des assignats. Mais notre Code de commerce autorisa l'émission de titres au porteur pour la représentation des actions des Sociétés anonymes ; ces Sociétés se distinguaient des autres en ce qu'elles étaient considérées moins comme de véritables

Sociétés, que comme un moyen de réunir les capitaux dont le concours était nécessaire pour l'exécution de grandes entreprises. La forme des titres au porteur parut si favorable au développement des associations que les Sociétés en commandite crurent nécessaire de les employer. La légalité de pareilles actions fut très contestée ; mais la jurisprudence l'avait reconnue par un arrêt de 1832. La loi du 24 juillet 1867 permit de stipuler que les actions, après avoir été libérées de moitié de leur valeur nominale, pourraient être converties au porteur après une délibération (1) des actionnaires.

Le capital des actions ne suffit pas toujours pour le développement des sociétés ; aussi, arrive-t-il fréquemment que les Sociétés contractent des emprunts sous forme d'obligations. A l'origine, ces obligations étaient toutes au porteur ; mais la loi fiscale du 23 juin 1857 permit par son article 18, à tout propriétaire d'obligations, de convertir ses titres au porteur en titres nominatifs ; les compagnies sont donc obligées de délivrer leurs obligations sous cette double forme à la demande des propriétaires. Quoi qu'il en soit, on voit par ces notions succinctes que les actions et obligations des Sociétés commerciales et industrielles peuvent toujours être susceptibles de dons manuels, et c'est là une remarque importante, si on considère que ces valeurs représentent souvent la totalité de la fortune d'un individu.

Nous avons examiné à peu près les différentes sortes de créances pour lesquelles se présentait la question qui nous occupe. Mais il est certains droits que nous n'avons pas examinés, ce sont d'une part les droits réels d'usufruit et

---

(1) Le nouveau projet de loi présenté par le garde des sceaux exige que ces actions soient libérées entièrement pour être mises au porteur.

de nue propriété, d'autre part les droits résultant des œuvres littéraires, artistiques et industrielles.

§ 4.

NUE PROPRIÉTÉ ET USUFRUIT.

En ce qui concerne la nue propriété, la jurisprudence est loin d'être fixée. La question s'est élevée surtout pour les dons manuels de nue propriété de valeurs mobilières et la discussion a porté sur le point de savoir si lé dessaisissement irrévocable et actuel du donateur avait lieu dans l'hypothèse où il s'est réservé les revenus des valeurs dont il se dépouillait en faveur du donataire. En se plaçant à ce point de vue, la solution n'était pas douteuse. Oui, il pouvait y avoir don manuel et c'est, en effet, ce qu'a décidé la Cour de Dijon dans un arrêt du 12 mai 1876 (1).

Mais nous croyons que la question avait été mal posée ; en définitive, il s'agissait uniquement de savoir si un droit qui constitue un démembrement de la propriété pouvait faire l'objet d'un don manuel.

C'est sur ce terrain que s'est placée la Cour de Paris dans son arrêt du 18 février 1878, qui a infirmé un jugement du tribunal de la Seine du 16 avril 1876 :

« Considérant, dit-elle, que la nue propriété ne peut pas » se transmettre sous la forme d'un don manuel, car il est » impossible de comprendre comment un droit incorporel » ou un démembrement de la propriété pourrait être don- » née de la main à la main. »

La Chambre des requêtes s'est également prononcée en

---

(1) Sir., 76, 2, 300. — Voir aussi un arrêt de la Cour d'Angers du 27 mai 1880, D. P., 82, 1, 67.

ce sens (1), mais tout récemment la Chambre civile a rendu une décision contraire (2).

Je crois que c'est la doctrine de la Cour de Paris et de la Chambre des requétes qui doit être préférée.

Si, en effet, la propriété, quoique constituant un droit, est susceptible d'être donnée manuellement, c'est que, comme elle est le pouvoir le plus absolu qu'on puisse avoir sur une chose, nous nous sommes habitués à confondre le droit avec la chose même ; il suffit, dès lors, qu'elle soit corporelle pour qu'elle puisse être transmise par la simple tradition manuelle. Il n'en est pas de même des droits qui ne sont que des démembrements de la propriété ; ces droits, qui constituent des choses absolument incorporelles et qui ne sont pas transmisibles de la main à la main, ne peuvent jamais être l'objet d'un don manuel (3).

Les difficultés qui se sont élevées au sujet de libéralités portant sur un usufruit, sont très analogues à celles que nous venons d'examiner ; elles se sont du reste présentées pour les mêmes valeurs. Ici nous croyons qu'il n'y a aucune hésitation possible ; l'usufruit est un simple démembrement de la propriété, un droit incorporel qui ne se confond pas avec la chose qui en est l'objet. Il n'est donc pas susceptible de tradition réelle et par suite le don manuel ne peut pas avoir lieu.

---

(1) Req., Rej., 5 août 1878; Sir., 80, 1, 294.

(2) Civ., cass., 11 août 1880; Sir., 81, 1, 115.

(3) M. Labbé (*Revue critique*, 1882, p. 338), a adopté notre opinion; seulement il se fonde sur d'autres motifs. Suivant lui, le don manuel se réalisant par un abandon complet du bien ou du titre, ne comporte qu'une translation pure et simple de la propriété sans aucune restriction possible. Si le donateur veut se réserver l'usufruit, la possession qui est un fait simple dans son apparence extérieure, ne peut plus servir à prouver cette dualité de droits ayant un même objet; il faut une convention accompagnée de preuves, il faut un acte.

La Cour de cassation, dans un arrêt du 6 février 1844 (1), semble avoir repoussé notre opinion ; mais si on examine attentivement les termes de cet arrêt, on voit qu'en réalité il ne la contredit pas. La Cour de Paris avait confirmé, le 31 août 1842, un jugement du tribunal de la Seine qui avait maintenu le don manuel d'inscriptions de rente 3 0/0, d'une valeur de 10,600 francs, seulement elle avait réduit la libéralité à la simple jouissance de cette rente, en se fondant sur l'intention présumée du défunt qui n'avait voulu qu'assurer l'existence du donataire. La Cour de cassation a rejeté le pourvoi contre cet arrêt :

« Attendu qu'il s'agissait dans la cause de rente 3 0/0
» au porteur, transmissible par la simple tradition sans
» qu'il soit besoin de transport ou d'endossement, qu'en
» décidant en droit que la simple tradition d'effets de cette
» nature avait pu constituer un don manuel en faveur de
» la défenderesse éventuelle et que cette libéralité, qui
» n'excédait pas les bornes de la quotité disponible devait
» être validée, la Cour de Paris s'est conformée aux vrais
» principes de la matière confirmés par la jurisprudence.
» Attendu qu'en décidant également d'après les faits et les
» circonstances de la cause, que cette donation ainsi vali-
» dée, devait être réduite au simple usufruit des choses
» données, la Cour d'appel s'est livrée à une appréciation
» qui lui appartenait souverainement. »

Ainsi, le don manuel est valable parce qu'il porte sur des objets qui sont considérés comme susceptibles d'une tradition réelle ; seulement, à raison des circonstances de la cause et surtout de l'importance du don, le juge avait à rechercher l'intention probable du donateur ; cette intention, suivant le tribunal et la Cour, n'était pas de dépouil-

(1) Req., Rej., 6 février 1844, D. A., *Disposit. entre vifs*, n° 1638.

ler les héritiers naturels, mais de pourvoir à l'avenir du donataire. La Cour de cassation n'avait pas à apprécier cette interprétation.

§ 5.

PROPRIÉTÉ LITTÉRAIRE, ARTISTIQUE ET INDUSTRIELLE.

La question ne semble s'être posée que pour la propriété littéraire, et elle s'est présentée d'une manière toute spéciale que nous devons indiquer. On s'est demandé si un manuscrit pouvait être donné manuellement. Un point bien certain c'est que le manuscrit, en tant que chose matérielle, est susceptible de tradition réelle et dès lors peut être l'objet d'un don manuel. Mais, la propriété de l'œuvre a-t-elle été transmise à celui qui avait reçu le manuscrit ? A-t-il acquis le droit d'en faire des reproductions ?

Les auteurs sont loin d'être d'accord sur cette question : MM. Troplong et Demolombe (1) pensent que la propriété littéraire a été transférée par la tradition du manuscrit :
« Sans doute, dit-on, la propriété littéraire est en soi in-
» corporelle, mais il n'en est pas moins vrai que l'œuvre
» toute entière est dans le manuscrit ; le droit de publica-
» tion qui est incorporel, est lui-même la conséquence de
» la possession corporelle du manuscrit qui est ici tout à la
» fois le signe et la chose même. »

Du reste les auteurs qui admettent cette doctrine, y apportent de sérieux tempéraments : « Il faudra avant tout,
» dit M. Demolombe, consulter l'intention des parties.
» L'auteur n'a pu vouloir offrir qu'une copie autographe

---

(1) Troplong, *Donat. entre vifs*, t. 3, nᵒ 1053-1056. — Demolombe, t. 20, nᵒ 71.

» d'un de ses ouvrages comme le fit souvent Jean-Jacques
» Rousseau, sans avoir l'intention d'en conférer la pro-
» priété. On devra également considérer la nature de
» l'ouvrage et suivant qu'il s'agira d'œuvres purement
» scientifiques ou littéraires, ou de mémoires auto-biogra-
» phiques, on pourra plus ou moins facilement croire que
» l'autorisation de publier a été donnée par l'auteur. Mais
» si la volonté de l'auteur d'abandonner en toute propriété
» à l'*accipiens* le manuscrit est bien établie, on devra
» considérer le don manuel comme parfait. »

Ce système ne me paraît pas admissible ; il conduit à des difficultés pratiques considérables. Quand y aura-t-il volonté de la part de l'écrivain de donner son œuvre ? Voilà une question très délicate qui sera laissée à l'appréciation arbitraire des tribunaux. En théorie, il est impossible de concevoir un don manuel ayant pour objet la propriété littéraire. Sans doute, le droit de publication qui la constitue est uni par un rapport intime au manuscrit, mais il ne se confond pas avec lui ; il reste toujours une chose incorporelle pour laquelle il ne peut être question de tradition réelle. C'est là l'opinion que professent d'illustres jurisconsultes, tels que MM. Aubry et Rau et Laurent (1).

Il faut avouer que la jurisprudence semble s'en être écartée. La Cour de Bordeaux, dans son arrêt du 4 mai 1843 (2), décide que le manuscrit, comme œuvre littéraire, peut être matériellement transmis. La Cour de Paris a eu à statuer aussi sur cette question dans une hypothèse qui présente un certain intérêt (affaire Récamier) (3). Il s'agis-sait de la publication des lettres écrites par Benjamin Constant à Mme Récamier. Cette publication avait été annoncée

---

(1) Aubry et Rau, t. 7, § 659, p. 83, n° 23. — Laurent, t. 12, n° 283.
(2) Sir., 1843, 2, 479.
(3) Paris, 10 déc. 1850. — Sir., 50, 2, 625.

dans le journal la *Presse*, qui tenait son droit, disait-il, de Mme Collet à laquelle Mme Récamier avait donné la correspondance avant sa mort pour en faire l'usage qu'elle jugerait le plus convenable pour sa mémoire. Les héritiers de Mme Récamier et de Benjamin Constant s'étaient émus et, pour empêcher de passer outre, ils s'adressèrent aux tribunaux.

Deux questions bien distinctes se présentaient devant la Cour. Le destinataire avait-il acquis la propriété littéraire des lettres qui lui avaient été adressées? En supposant l'affirmative, la tradition que le destinataire avait faite de ces lettres à un tiers conférait-elle le droit de publication à ce tiers? La Cour de Paris ayant résolu négativement la première de ces questions, n'avait pas à statuer sur la seconde; néanmoins elle jugea bon de l'examiner et elle décida que la tradition des lettres avait donné à la personne qui l'avait reçue, le mandat de les publier. L'arrêt n'est nullement contraire à la doctrine que nous avons soutenue, puisqu'il ne déclare pas qu'il y a don manuel, mais seulement qu'il y a simple mandat.

CHAPITRE II

DU CONCOURS DE VOLONTÉS

Il ne suffit pas, pour le don manuel, qu'il y ait tradition des choses données ; il faut encore que cette tradition soit faite avec l'intention, de la part du *tradens*, de se dessaisir irrévocablement de sa chose et, de la part de *l'accipiens*, celle d'accepter cette libéralité. Ainsi, volonté de donner, volonté d'accepter, coexistence de ces deux volontés ; tels sont les trois points que nous allons examiner successivement.

SECTION Iʳᵉ. — Volonté de donner.

§ 1ᵉʳ.

Et, tout d'abord, ai-je dit, il faut la volonté de donner ; mais comment prouvera-t-on que cette volonté a existé ? C'est là que commence la difficulté. L'hésitation n'est pas possible, lorsque le donateur a manifesté, par une déclaration expresse consignée dans un écrit, son intention de transférer la propriété des objets livrés. Mais les dons manuels sont le plus souvent occultes, et alors on ne peut s'appuyer sur des prétendues déclarations du donateur, déclarations dont on n'a pas une preuve certaine. A qui incombera le fardeau de la preuve ? Comment cette preuve sera-t-elle faite ? Voilà deux questions qu'il nous faut nécessairement résoudre.

Deux cas, je crois, doivent être distingués, suivant que le prétendu donataire à ou n'a pas la détention matérielle des choses données. Détient-il la chose en litige ? Il est dans la position de défendeur ; il est présumé avoir la véritable possession des objets et, par suite, être sous la protection de la maxime de l'article 2279 : en fait de meubles, possession vaut titre ; dès lors, la preuve ne peut être à sa charge. Tous les auteurs sont d'accord sur ce point, et de nombreux arrêts semblent même statuer en ce sens (1) ; mais ils n'expriment pas, suivant nous, exactement cette idée.

Suivant la jurisprudence, l'article 2279 protège d'une façon générale tous les détenteurs, qu'ils soient ou ne soient pas de véritables possesseurs ; il y a en leur faveur une présomption en vertu de laquelle ils sont censés' avoir acquis la chose en vertu d'un titre translatif de propriété. Cette présomption peut-elle être combattue par la preuve contraire ?

Il semblerait que, sur ce point, il ne pût y avoir aucun doute ; car aux termes de l'article 1352 C. civil, nulle preuve n'est admise contre la présomption de la loi, lorsque sur le *fondement de cette présomption, elle dénie l'action en justice*, à moins qu'elle n'ait réservé la preuve contraire. Or, la présomption de l'article 2279 Code civil a précisément pour but de protéger le tiers détenteur contre l'action que pourrait intenter le véritable propriétaire ; c'est donc une présomption *sur le fondement de laquelle* la loi dénie l'action en justice.

Cependant, la jurisprudence n'a pas cru devoir s'arrêter à cette idée ; et c'est ainsi que la plupart des arrêts déclarent formellement que la présomption de l'article 2279 peut être combattue par la preuve contraire.

Certains jurisconsultes ont essayé d'expliquer la bizarrerie théorique du système de la jurisprudence. Suivant

______

(1) Paris, 19 déc. 1871, D. P., 73, 2, 131. — Pau, 12 janvier 1874, D. P., 75, 2, 113. — Paris, 9 août 1875, D. P., 77, 2, 56. — Civ. cass., 11 août 1880, D. P., 80, 1, 461. — Req., Rej., 15 novembre 1881, D. P., 82, 1, 67. — Toulouse, 15 mars 1881, D. P., 82, 2, 141.

eux, les tribunaux ne tiendraient pas suffisamment compte d'une distinction capitale en cette matière ; ils confondraient deux cas, qui doivent être régis par des principes différents : celui où un meuble est l'objet d'une action en revendication, et celui où le demandeur le réclame, en se fondant sur une obligation personnelle de restitution incombant au défendeur, et considéraient ces deux catégories d'hypothèses comme rentrant également dans la sphère d'application de l'article 2279. Cette distinction, conforme à la tradition de l'ancien droit, serait imposée soit par le texte de l'article 2279, soit par les principes du droit. Par le texte de l'article 2279 : et, en effet, cet article admet, dans certains cas exceptionnels, l'action en revendication contre le possesseur d'objets mobiliers, ce qui montre bien que l'action en revendication seule est exclue dans les autres cas ; car c'est par les exceptions apportées à une règle que se déterminent le plus souvent le véritable sens et la sphère d'application de cette règle. Par les principes du droit : car le législateur n'a entendu protéger, dans l'article 2279, comme dans les autres textes du Code relatifs à la prescription, que les véritables possesseurs, et non ceux qui détiennent en vertu d'un contrat qui les oblige à restituer ; contre ces personnes, si l'action en revendication n'est plus possible, l'action personnelle subsiste. La jurisprudence, qui ne songeait pas à cette dernière action, ne pouvait cependant pas admettre que celui qui est personnellement obligé, trouvât dans l'article 2279 un moyen de se soustraire à l'exécution de son obligation, et c'est pourquoi elle permet de combattre par la preuve contraire la présomption que cet article établit (1).

---

(1) Merlin, *Question, revendication*. — Troplong, *Prescription*, nos 1043-1045. — Aubry et Rau, 22, p. 108, No 4. — Ortlieb, *De la possession des meubles,* no 49, p. 65 et suiv.

Il y a une grande part de vérité dans ce système qu'adoptent la plupart des auteurs. Oui, le détenteur précaire est soumis à une obligation personnelle de restituer ; mais je crois qu'il faut aller plus loin et dire que l'action en revendication reste encore ici possible. Le législateur, dans l'article 2279, n'a pas entendu protéger tous les détenteurs, mais seulement ceux qui ont la véritable possession, c'est-à-dire ceux qui ont à la fois le *corpus* (détention matérielle) et l'*animus* (intention de se comporter envers la chose en véritable maître) ; cet *animus* manque nécessairement aux détenteurs précaires, et dès lors, ils ne peuvent à aucun titre se placer à l'abri derrière la maxime de l'article 2279.

En définitive, voici comment peut se résumer notre système. Celui qui prétend qu'on lui a fait un don manuel d'une chose qu'il a entre ses mains, est présumé avoir la possession véritable de cette chose et, par suite, être protégé par l'article 2279 ; mais on peut prouver que cette présomption n'est pas exacte ; on peut établir qu'on n'est pas ici en présence d'une véritable possession, mais d'une simple détention précaire ; ce n'est pas la règle de l'article 2279 qu'on combattra ; encore une fois, cela est impossible, puisqu'elle constitue une présomption *de juris* et *de jure* contre laquelle aucune preuve n'est admise. En agissant ainsi, nous concilions les principes du droit avec les règles de l'équité.

Pratiquement, nous arrivons aux mêmes résultats que la jurisprudence. Nous admettons tout d'abord les héritiers à prouver que le prétendu donataire n'a la chose entre les mains que grâce à un contrat de dépôt ou de mandat. Tout le monde est à peu près d'accord sur ce point, mais les tribunaux vont encore plus loin ; ils présument, dans certains cas, le dépôt ou le mandat, et ils arrivent ainsi à décharger les héritiers du prétendu donateur du fardeau de la preuve.

La Cour de Bourges, dans un arrêt du 30 juillet 1828 (1), a déclaré qu'on devait voir plutôt un dépôt qu'un don manuel dans la remise d'une somme d'argent faite par le défunt à un aubergiste chez lequel il était malade. La Cour de Besançon a rendu, dans une hypothèse analogue, une décision identique, dont les motifs se rapprochent sensiblement de notre système. Le sieur Andriot, décédé le 28 juin 1864, laissait pour héritières deux filles auxquelles la demoiselle Remps, domestique du défunt, déclara que, quelques jours avant sa mort, ce dernier lui avait remis deux titres de rente 3 0/0 au porteur. Les héritiers Andriot actionnèrent immédiatement la demoiselle Remps, en restitution de ces valeurs, devant le tribunal de Gray, qui rejeta leur demande. Mais sur l'appel, la Cour de Besançon rendit un arrêt infirmatif : « Attendu que, d'après les » principes du droit, c'est à la fille Remps à faire preuve » que les titres de rente lui ont été donnés, comme elle le » prétend, par le sieur Andriot, son maître, décédé le 28 » juin 1864; qu'il est en effet établi au procès qu'elle était, » à ce jour, sa domestique, habitant la maison et lui don- » nant des soins assidus ; que ces titres, dont le registre » d'Andriot, écrit de sa main, constate l'acquisition faite » par lui-même, étaient, au jour de son décès, dans sa » maison ; que la fille Remps avait la libre disposition des » clefs, même de celle du secrétaire où ils étaient déposés ; » que, dès lors, si la domestique les avait en sa main, elle » ne les possédait cependant que pour lui ; que, dans de » semblables circonstances, l'axiome : en fait de meubles, » possession vaut titre, est étranger au procès; qu'il n'est

---

(1) D. A., *Disposit. entre vifs*, n° 1656.

» pas vraisemblable qu'Andriot ait récompensé, par une
» somme de 10,000 francs, des services qui ne remon-
» taient qu'à vingt-sept mois ; qu'il l'est moins encore que,
» prévoyant ou devant prévoir la résistance de ses héri-
» tiers, en présence de la demande qui allait se produire
» après sa mort, il n'ait pris aucune précaution pour assu-
» rer la donation qu'il voulait faire ; qu'il importe à la
» sécurité des familles, comme à l'exécution légale de la
» volonté des mourants, que la justice se montre sévère
» dans l'appréciation des donations secrètes alléguées par
» des personnes qui les entourent, de semblables préten-
» tions pouvant chaque jour se produire. » Les motifs de
cet arrêt sont tout à fait juridiques, et on ne peut lui adresser de ce chef aucune critique. Oui, pour que le détenteur
soit protégé par l'article 2279, il faut que sa détention
constitue une véritable possession ; ce n'est pas combattre
la présomption de cet article que d'établir que les éléments
de cette possession n'existent pas.

L'arrêt de la Cour de Besançon fut confirmé par la Cour
suprême. Celle-ci (1) reconnut que la Cour d'appel, en
jugeant ainsi, n'avait pas violé l'article 2279, qui devenait sans application à la cause, dès lors qu'il était établi
que la demanderesse n'avait pas la possession dont il
s'agit. La Cour de cassation ne s'est pas aperçue que, dans
tous les cas où il y avait dépôt ou mandat de la chose litigieuse, cette possession n'existait pas et, dès lors, qu'elle
était mal fondée à dire qu'en ces cas, l'admission de la
preuve de l'existence de ces contrats constituait une exception à l'article 2279.

La Cour de Besançon paraît avoir été plus loin que ne
le comportait notre système ; elle semble avoir déchargé

______

(1) Civ, Rejet, 24 avril 1866, D. P., 66, 1, 347.

les héritiers du fardeau de la preuve du contrat qui obligeait la domestique à restituer. Mais, si elle ainsi agi, c'est que les circonstances de la cause faisaient apparaître cette preuve aux yeux des juges; en réalité, c'est toujours aux héritiers à établir que la détention du prétendu donataire n'est pas une véritable possession.

Il n'est pas même nécessaire qu'il existe un contrat de dépôt ou de mandat, pour que la demande des héritiers soit admise par les juges ; il suffit que la possession du prétendu donataire pût être considérée comme précaire, ou au moins équivoque, et ce caractère de précarité pourra être présumé dans certains cas. C'est ce qui a été jugé notamment par le tribunal de Florac (1) dans un jugement dont les motifs méritent d'être cités. Une femme après la mort de son mari avait recueilli la part héréditaire de ses enfants en qualité de tutrice et elle avait prétendu ensuite que certains des objets composant cette part héréditaire, lui avait été donnés manuellement par le défunt. Les enfants ayant réclamé ces objets, le tribunal leur donna gain de cause : « Attendu que s'il est de règle générale que c'est à celui » qui veut faire tomber le don manuel basé sur la déten- » tion d'effets mobiliers, d'établir que la possession est » vicieuse et non fondée sur un juste titre, cette règle ne » saurait être absolue; que sans doute là où la possession » ne peut être que le résultat d'un don ou d'un vol, le pos- » sesseur a le droit de répondre à celui qui lui conteste » son vice : le crime ne se présume pas abrité par la » maxime : *possideo quia possideo;* c'est à vous de justi- » fier le titre de ma possession ; mais qu'il doit en être » autrement lorsque la personne qui possède n'est pas » placée dans une des deux fatales alternatives signalées;

____

(1) Florac, 29 juin 1849, D. P., 49, 5, 121.

» que dans l'hypothèse actuelle la prétendue donataire a
» été par une sorte d'investiture légale chargée de re-
» cueillir les objets du prétendu don manuel, de les con-
» server pour autrui, d'en prévenir l'enlèvement ou d'en
» rechercher les auteurs ; que la présomption légale de l'ar-
» ticle 2279 doit céder à la présomption contraire puisée
» dans la qualité particulière de la personne qui voudrait
» s'en couvrir etc. » Ainsi on a considéré la possession du
détenteur comme équivoque et voilà pourquoi on a écarté
avec raison l'article 2279.

Enfin il se peut que la détention ait tous les caractères
d'une véritable possession et que cependant certaines circonstances empêchent qu'on ne voie là un don manuel.
J'entends parler ici du cas de perte et de vol, cas formellement prévus par le dernier alinéa de l'article 2279. Le
prétendu donateur ou ses héritiers pourront donc toujours
prouver, qu'en réalité il n'y a pas eu don manuel, mais
soustraction frauduleuse ou perte. Ce n'est pas comme
on l'a dit, quelquefois parce que la présomption de
l'article 2279 n'existe pas, puisque même en cette hypothèse, la preuve est à la charge des héritiers du prétendu
donateur, mais parce qu'en définitive il n'y a eu ici, ni
tradition, ni intention de donner.

J'ai parlé du cas de perte et de vol ; il faut y assimiler
toutes les hypothèses où il y a un délit ou un quasi-délit.
Ainsi, les héritiers du *decujus* pourront établir que la
détention du prétendu donataire est le résultat d'un détournement commis par lui dans une succession au préjudice
de ses cohéritiers. C'est ainsi que l'a jugé la Cour de
Nancy dans un arrêt du 20 novembre 1869 (1). Les héritiers demandeurs avaient prouvé que le défunt était pro-

______

(1) D. P., 1870. 2, 142.

priétaire de choses litigieuses, le défendeur s'étant abrité
sous la maxime : En fait de meubles possession vaut titre,
l'arrêt écarta l'application de la maxime : « Attendu que
» l'axiome consacré par l'article 2279, n'est pas une règle
» absolue et destinée à protéger indistinctement toute
» espèce de possession ; qu'applicable au détenteur qui
» se défend contre des tiers proprement dits, elle ne régit
» pas les rapports du possesseur avec celui qui, s'atta-
» quant au principe même de la possession, soutient que
» ce détenteur est tenu de lui restituer une chose dont il
» l'a dépouillé par un délit ou un quasi-délit ; que l'arti-
» cle 2279 suppose en outre une possession civile, et non
» pas une possession équivoque ou suspecte, dont le ca-
» ractère précaire résulte de faits déjà certains, tel que
» la propriété incontestée du *decujus* sur la chose liti-
» gieuse à une époque antérieure à son décès, la déten-
» tion de cette chose au moment du décès par un man-
» dataire ou dépositaire la possédant pour le défunt, et
» la possibilité qu'aurait eu le dernier détenteur de s'en
» emparer indûment après la mort du *decujus* ; que dans
» de pareilles conditions la maxime : Qu'en fait de meu-
» bles possession vaut titre, devient aussi impuissante
» qu'inefficace, et c'est alors à la partie qui reconnaît que
» la chose par elle détenue, a précédemment appartenu à
» autrui, tout en alléguant qu'elle lui a été remise par
» don manuel, qu'incombe l'obligation de prouver qu'elle
» en est définitivement devenue propriétaire par un mode
» légitime d'acquisition. Qu'il importe d'autant plus de
» rester fidèle à ces principes qu'en présence de la mobi-
» lisation incessante des fortunes une fausse application
» de la loi deviendrait pour les spoliateurs une arme aussi
» commode que dangereuse, etc. »

Je suppose maintenant qu'une personne soutienne que

certaines choses lui ont été livrées par le *decujus* avec intention de lui faire une libéralité; mais actuellement le prétendu donataire n'a pas la détention matérielle de ces choses. Ici les situations sont changées; ce sera à celui qui invoque la qualité de donataire à prouver l'existence de cette qualité. Tant que des faits concluants n'auront pas été établis, les héritiers du *decujus* pourront conserver les objets litigieux; car en faveur du donataire il n'y a aucune présomption; à aucuu titre il ne peut se prévaloir de l'article 2279.

§ 2

Nous savons à qui incombe la charge de la preuve en cas de contestation sur l'existence du don manuel; mais, ce n'est pas tout, il faut encore chercher, comment cette preuve pourra se faire. Pour résoudre cette dernière question il faut se reporter aux règles du droit commun. Supposons d'abord qu'il est bien établi que telle personne possède des choses mobilières ayant appartenu au défunt; on sait que dans cette hypothèse, c'est aux héritiers à prouver qu'il n'y a pas eu don manuel.

S'ils prétendent que le détenteur n'a eu la possession matérielle de la chose que par suite de perte ou de vol, ils pourront évidemment faire la preuve des faits allégués par eux par tous les moyens possibles, car, ils n'ont pas pu se procurer de preuve écrite (article 1348).

Il en sera de même en cas de dépôt nécessaire ou d'incendie. Soutiennent-ils au contraire, que le prétendu donataire est en possession de la chose en vertu d'un contrat de dépôt ou de mandat qui l'oblige à restituer? Comme ils n'agissent qu'au nom du défunt et comme continuateurs de sa personne, ils ne pourront avoir plus de droit que lui ; la preuve du contrat par un écrit sera donc en principe seul possible sauf en ce qui concerne l'aveu et le serment.

Par exception, on admettra la preuve testimoniale et même la preuve par simple présomption, lorsque la valeur de la chose n'excédera pas 150 francs, ou même si elle les excède, lorsqu'il y aura un commencement de preuve par écrit.

Mais il peut arriver que l'on ne soit pas certain que telle personne possède des choses dont le défunt était propriétaire. Pour faire cette preuve, il est évident que tous les moyens seront admissibles ; mais le plus souvent, la détention de la chose sera établie au moyen d'un aveu du défendeur, obtenu à la suite d'un interrogatoire sur faits et articles, et le défendeur se gardera bien d'avouer simplement qu'il possède des effets mobiliers, il ajoutera presque toujours qu'il les a reçus à titre de don manuel. Cet aveu peut-il être divisé ? Les héritiers peuvent-ils encore, tout en admettant la sincérité de la première partie de la déclaration du défendeur, contester l'existence du don manuel.

Un point bien certain, c'est que l'indivisibilité de l'aveu ne peut être invoquée dans le cas où des documents du procès, des circonstances de la cause résultent, en dehors de tout aveu, des éléments suffisants pour établir le fait qu'il s'agissait de prouver. Le juge, en ce cas, ne viole nullement la règle de l'indivisibilité, en admettant l'adversaire à prouver la fausseté de la seconde partie de l'aveu. Sur ce point, la jurisprudence est absolument constante (1)

---

(1) Req., 5 août 1869, D. P., 70, 1, 84. — Nancy, 20 novembre 1870, D. P., 70, 2, 142. — Civ., Cass., 1866, D. P., 66, 1, 347. — Civ., Rej., 17 mars 1869, D. P., 69, 1, 338. — Rouen, 23 mai 1871, D. P., 73, 2, 203. — Bordeaux, 19 mars 1868, D. P., 68, 2, 222.

et elle en a fait de nombreuses applications en ce qui concerne les dons manuels. Il a été notamment jugé par la
Cour de Nancy, dans un arrêt déjà cité, que lorsque le
détenteur d'effets mobiliers fait l'aveu qu'ils appartenaient
à une personne décédée, en ajoutant que celle-ci lui a fait
un don manuel, cette dernière déclaration ne met pas
obstacle à la revendication des héritiers du défunt, si la
propriété de ce dernier est prouvée en dehors de l'aveu
qui a été fait ; il n'y a pas là violation du principe de l'indivisibilité de l'aveu. La Cour de cassation n'a pas hésité
à admettre cette doctrine ; l'aveu, en effet, ne peut être
considéré comme indivisible que lorsqu'il est invoqué
comme preuve contre son auteur ; autrement, il serait trop
facile à une partie de lier son adversaire par un aveu dont
elle détruirait la portée et l'utilité par les restrictions
qu'elle y ajouterait.

Écartons cette hypothèse et examinons le cas où les
héritiers ont dû s'appuyer sur l'aveu du prétendu donataire pour établir qu'il était possesseur des objets litigieux.
Le donataire a dit : « J'ai reçu ces choses, mais je les ai
reçues à titre de don manuel. » Pourra-t-on prouver que ce
don manuel n'a jamais eu lieu ?

Il n'y a pas de jurisprudence constante sur cette question ; cependant, on doit dire que la majorité des arrêts
considère l'aveu comme indivisible. On s'appuie sur la
généralité des termes de l'article 1356 et sur l'article 1924
du Code civil, aux termes duquel celui qui est attaqué
comme dépositaire, dans le cas où le dépôt au-dessus de
150 francs n'a pas été constaté par écrit, en est cru sur sa
déclaration. « La loi, dit-on, a voulu prévenir les inconvé-
» nients de la preuve testimoniale en s'en rapportant à la
» conscience de la personne dont le prétendu déposant a

» suivi la foi (1). » Toutefois, les partisans de cette doctrine y apportent certains tempéraments.

On admet, malgré l'indivisibilité de l'aveu, la preuve contraire par témoins ou par présomption, lorsque l'aveu révèle des indices de dol ou de fraude, par exemple lorsque l'une de ses parties est évidemment fausse. On s'appuie sur l'article 1353 qui déclare que la preuve par présomptions n'est possible que dans le cas où la loi admet la preuve testimoniale, à moins que l'acte ne soit attaqué pour cause de fraude ou de dol; mais on invoque surtout la règle *fraus omnia corrumpit* (2).

Généralement, on admet aussi que l'aveu peut être divisé, quand l'une de ses parties est d'une invraisemblance tellement grossière qu'elle devient elle-même comme un commencement de preuve par écrit contre celui qui l'a fait (3).

« Il est facile, dit M. Demolombe, d'apercevoir l'impor-
» tance décisive qui appartient nécessairement, dans ces
» sortes de questions, aux faits particuliers de chaque
» espèce, eu égard à la valeur modique ou considérable
» des meubles réclamés, et aux circonstances dans les-
» quelles la tradition en aurait pu être faite; mais ce qu'il
» faut surtout considérer, ce sont les relations antérieures
» des parties, leurs qualités, leur profession; si c'est, par
» exemple, un domestique qui soutient que son maître,
» avant de mourir, lui a remis, de la main à la main, des
» objets mobiliers dont il aurait pu presque toujours
» s'emparer frauduleusement; si c'est un aubergiste chez

---

(1) Paris, 20 février 1852, D. P., 52; 2, 225. — Paris, 23 novembre 1861, D. P., 62, 2, 206.
(2) Rejet, 6 février 1864, D. P., 64, 1, 486.
(3) Req., Rej., 22 nov. 1869, D. P., 70, 1, 273.

» lequel un voyageur est décédé, et qui prétend que le
» voyageur lui a donné ses meubles » (1).

Les difficultés pratiques auxquelles conduit un pareil système doivent nous mettre en garde contre lui. Comme
l'avoue M. Demolombe, l'un de ses partisans les plus déci-
dés, il ne s'agira plus que d'une question de fait, qui sera
livrée à l'appréciation arbitraire des tribunaux.

Si on examine en elle-même cette opinion, on voit que
les arguments sur lesquels elle se fonde ne sont rien moins
que concluants. L'article 1924 qu'on invoque en faveur du
prétendu donataire, n'a rien à faire dans la question
puisque celui-ci prétend précisément qu'il n'est pas dépositaire; puisqu'il veut se soustraire aux règles du dépôt
qui l'obligent à restituer.

L'argument fondé sur l'article 1356 est certainement
plus sérieux, car ce texte est absolument général; mais la
jurisprudence et la doctrine sont d'accord pour y apporter
certaines exceptions; ces exceptions, j'en ai déjà indiqué
quelques-unes; il me reste à parler de celle sur laquelle je
me fonde pour repousser ici l'indivisibilité de l'aveu.

Généralement, on distingue pour l'application de la
théorie de l'indivisibilité deux sortes d'aveux : l'aveu qualifié et l'aveu complexe. Lorsqu'il y a aveu qualifié, c'est-
à-dire lorsqu'une personne avoue que tel fait existe, mais
sous certaines modifications, il est certain qu'on doit appliquer l'article 1356 d'une façon absolue, mais quant à
l'aveu complexe, c'est-à-dire celui par lequel on déclare
deux ou plusieurs faits différents, on doit faire une distinction : si les faits qu'on déclare ont un rapport intime
entre eux, l'aveu est indivisible.

---

(1) Demolombe, t. XX, n° 81. — Voir aussi Laurent, t. XII, n°s 359-
362.

Il en est ainsi, notamment, lorsqu'on avoue qu'on était débiteur, mais qu'on affirme en même temps que la dette a été payée.

Mais, au contraire, lorsque les deux faits sont absolument étrangers l'un à l'autre, il n'y a plus de raison pour conserver la règle de l'indivisibilité ; autrement, on favoriserait la fraude d'une manière très dangereuse (1).

Eh bien? N'est-ce pas le cas d'appliquer cette doctrine pour le don manuel? Le fait de la possession des objets donnés, n'a évidemment aucun rapport avec ce fait qu'il y a eu don manuel ; dès lors, pourquoi ne pas admettre les héritiers du prétendu donateur à contester la seconde partie de la déclaration, celle relative au don manuel, alors qu'ils admettent comme vraie la première partie de l'aveu.

Certaines cours ont été frappées de cette vérité, et elles ont résolu la question conformément à notre doctrine. La cour de Dijon (2), dans un arrêt remarquable critiqué à tort dans le recueil de M. Dalloz, a déclaré que l'aveu n'était pas indivisible, lorsque le défendeur, après avoir reconnu qu'il avait reçu une chose en dépôt, ajoute que la chose lui a été plus tard laissée à titre de don. « L'indivi-
» sibilité de l'aveu, dit-elle, ne peut être invoquée que
» lorsqu'elle porte sur un fait unique et distinct, tel que
» celui relatif à la somme de cinq cents francs, somme à
» l'égard de laquelle les époux X... se bornent à dire :
« Oui, nous avons reçu le prêt de cinq cents francs, mais
» nous l'avons rendu ; il y a là aveu portant sur deux faits
» essentiellement corrélatifs et ne formant, en quelque
» sorte, qu'un fait unique, mais il n'en est plus de même

---

(1) Larombière, art. 1356, n° 18. — Aubry et Rau, t. VIII, p. 751, n° 630. — Req., 8 mai 1855, D. P., 55, 1, 245. — Rennes, 12 février 870, D. P., 72, 2, 64. — Req., Rej., 11 août 1875, D. P., 76, 1, 82.

2) Dijon, 27 mars 1867. — Rejet, civil, 17 mars 1869, D. P., 69, 1, 338.

» des premières sommes; ils reconnaissent en avoir été
» dépositaires, mais au lieu de prétendre qu'ils ont rendu
» le dépôt qui leur a été confié, ils soutiennent que le don
» leur en a été fait par leur père. »

Nous avons examiné tout ce qui était relatif à la volonté
de donner, mais suffit-il que cette volonté existe, ou faut-il
encore que le donateur ait manifesté son intention de se
dépouiller irrévocablement des objets donnés?

En d'autres termes faut-il appliquer aux dons manuels
la règle : donner et retenir ne vaut? Théoriquement l'affirmative paraît bien douteuse. Du moment, en effet, qu'on
admet la validité des dons manuels, on soustrait ces sortes
de libéralités à toutes les restrictions auxquelles le législateur a soumis les donations entre vifs dans les article 931
et suivants; or, la règle de l'irrévocabilité qu'on a conser-
vée dans les articles 943-946, constitue une des plus
importantes de ces restrictions et on ne voit pas en vertu
de quelle idée on peut soumettre à cette règle les dons
manuels alors qu'ils sont affranchis des formes de la donation ; en vérité ce n'est pas être logique.

Cependant la jurisprudence et la doctrine dans le but
certainement très louable de restreindre les dons manuels,
appliquent rigoureusement les articles 943-946 ; et voici
quel est le raisonnement qui les conduit à ce résultat.

En réalité, dit-on, les dons manuels constituent de véritables donations entre vifs, affranchies seulement des formalités solennelles; or, l'article 894 définit la donation,
indépendamment de la forme sous laquelle elle est faite, un
contrat par lequel le donateur se dépouille actuellement et
irrévocablement de la chose donnée en faveur du donataire
qui l'accepte; il en résulte qu'il est de l'essence de la donation d'être irrévocable.

Quelle que soit la valeur de ce raisonnement, nous allons

pour le moment considérer comme juste le système généralement adopté, et examiner les conséquences que la jurisprudence en a tirées. La plus importante est celle qui est relative aux donations à cause de mort. La Cour de cassation a prononcé d'une manière constante la nullité du don manuel qui réunissait les caractères d'une telle libéralité. Mais alors se sont élevées de graves difficultés sur la question de savoir si, dans tel cas déterminé, le don manuel devait être considéré comme une donation à cause de mort.

Dans l'ancien droit, la donation à cause de mort tenait le milieu entre la donation et le testament; elle différait de ce dernier en ce qu'elle conférait immédiatement un droit au bénéficiaire; elle se séparait de la donation en ce que le donateur ne se dessaisissait pas irrévocablement des choses données; la libéralité devenait nécessairement caduque par le prédécès du donataire et était naturellement révocable au gré du donateur. Lorsque ces deux caractères se trouveront réunis dans un don manuel, il faudra l'annuler comme donation à cause de mort.

Voyons maintenant quelques hypothèses où la question s'est présentée. On suppose qu'une personne malade ou à la veille d'un péril qui va menacer sa vie, remet une somme d'argent à son domestique pour la garder si elle meurt et pour la rendre si elle survit à sa maladie ou au danger de mort qu'elle va courir.

Cette personne meurt, les héritiers peuvent-ils demander au donataire la restitution des objets? Quelques auteurs ont soutenu la négative, notamment Merlin; mais il est à remarquer que ce jurisconsulte admettait la validité des donations à cause de mort sous l'empire de notre Code.

Les autres jurisconsultes, au contraire, sont unanimes pour déclarer que le don manuel est nul en cette hypothèse (1), et, en effet, d'une part la donation est anéantie par le prédécès du donataire ; d'autre part elle est révocable à la volonté du donateur, puisqu'il s'est réservé de reprendre les objets donnés, au cas où il recouvrerait sa santé. Le don manuel revêt donc ici, tous les caractères de la donation à cause de mort et, comme tel, il doit être annulé. Plusieurs arrêts ont été rendus en ce sens (2). Le principe a eté formulé nettement par un jugement du tribunal de la Seine du 5 juin 1866. Un malade avait donné à une personne à son service une somme d'argent assez considérable pour faire face aux dépenses de la maison, sous réserve de reprendre ce qui n'aurait pas été employé lorsqu'il reviendrait à la santé, mais en déclarant lui en faire don s'il venait à succomber. Il semblait que, dans cette hypothèse le donateur se dépouillait irrévocablement, puisque le domestique pouvait même, au cas où le disposant reviendrait en bonne santé, n'avoir rien à lui rendre. Malgré cela, le tribunal de la Seine déclara que la libéralité affectait le caractère d'une donation à cause de mort et il en prononça la nullité.

Faudrait-il de là conclure que, tout don manuel fait par une personne aux approches de la mort, devra être considéré comme donation à cause de mort et annulé comme tel ? Je crois que ce serait aller trop loin. Sans doute, bien souvent une donation faite *in extremis vitæ* aura un caractère incertain et semblera uniquement faite *mortis causâ;* mais il n'en faudrait pas moins considérer comme valable le don manuel réalisé aux approches de la mort, s'il résultait des circonstances que le donateur a entendu se dessaisir actuellement et irrévocablement des objets livrés par

____

(1) Demolombe, t. 20, n° 62. — Coin-Delisle, article 893. — Troplong, t 3, n° 1053. — Aubry et Rau, t. 7, § 659, p. 81.
(2) Bordeaux, 8 août 1853, D. P. 54, 2, 81.

lui au donataire, et, remarquez même qu'il ne serait pas
suffisant pour l'annulation que le donateur ait subordonné
la perfection de la donation à l'arrivée de son décès considérée comme condition suspensive ou résolutoire ; il faut,
de plus, qu'il se soit réservé la faculté de révoquer la
donation comme par exemple dans le cas où il s'est réservé
le droit de reprendre les objets donnés. C'est ainsi que l'a
jugé la Cour de Bordeaux dans un arrêt du 7 avril 1851 (1).
Cependant, les tribunaux ne sont pas tout à fait d'accord
sur ce point, et un arrêt de la Cour de Paris, célèbre à
cause des choses qui étaient en litige, a annulé un don
manuel qui, cependant, ne réunissait pas les caractères
d'une donation à cause de mort. Il s'agissait des manuscrits
de Chénier, membre de l'Institut, mort en 1811. La dame
Laparda s'en était prétendue propriétaire en vertu d'un
don manuel qui lui aurait été fait par le défunt quelques
jours avant sa mort, et elle fondait ses prétentions sur une
déclaration même de Chénier. La Cour (2), dans un arrêt
très brièvement motivé, donna gain de cause aux héritiers :
« Considérant que la tradition de manuscrits de la part
d'un auteur mourant ne pouvant être faite que dans la vue
de la mort, doit être réputée à cause de mort et, comme
telle, soumise aux formalités des testaments. »

Cet arrêt nous paraît avoir méconnu absolument les
principes du droit. Qu'importe qu'une libéralité soit faite
en vue de la mort *in contemplatione mortis*? Là n'est pas
la question ; ce qu'il faut examiner, c'est si dans l'intention
du donateur elle pouvait être révoquée à son gré (3).

(1) D. P., 1852. 2, 125.

(2) Paris, 4 mai 1816, D. A., *Disposit. entre vifs*, n° 1607.

(3) Voir pour une autre application importante de la règle, que les dons
manuels sont irrévocables, un arrêt de la Cour de Toulouse, 11 juin 1852,
D. P., 52, 2, 225.

SECTION II. — Acceptation du donnataire et coexistence des deux volontés.

Le don manuel constituant comme les autres donations un véritable contrat, il faut qu'il y ait accord de volontés ; c'est à dire qu'il est nécessaire d'une part que le donataire accepte la libéralité qui lui est offerte ; d'autre part que son acceptation intervienne à un moment où l'offre du donateur subsiste encore.

L'acceptation du donataire n'a pas besoin d'être faite par acte authentique ; il n'est pas même nécessaire qu'elle soit expresse ; il suffit que le donataire ait manifesté clairement son intention d'accepter la libéralité et le plus souvent cette intention résultera de l'appréhension par lui faite des choses données. Ainsi la tradition des objets sera le signe matériel auquel on pourra reconnaître que le concours de volontés a eu lieu.

Mais les choses ne se passent pas toujours aussi simplement ; le donateur au lieu de livrer les choses au donataire lui-même, fait la tradition à un tiers qui est chargé de les lui remettre et alors s'élèvent des difficultés sur le point de savoir à quel moment le concours de volontés a eu lieu, question extrêmement importante puisque de sa solution dépendra le sort du don manuel.

Suivant moi, il faut distinguer deux hypothèses selon que le tiers est ou non le représentant légal ou conventionnel du donataire.

Supposons d'abord que le tiers est le mandataire du donataire ; en ce cas, le concours de volontés aura lieu aussitôt que le tiers aura reçu la tradition des objets ; car en les lui remettant, le donateur a montré son intention formelle de se dessaisir de la chose et d'autre part le fait de la réception par le tiers constitue une acceptation de la

part du donataire ; car tous les actes réalisés par le mandataire sont censés faits par le mandant. (1) Il n'est pas
même besoin que la procuration du mandataire soit
expresse, il suffit qu'il résulte des circonstances que la
réception des objets a eu lieu avec le consentement du
donataire. Cette solution devrait être maintenue au cas où
la personne qui aurait reçu les objets serait son représentant non pas en vertu d'un mandat conventionnel mais en
vertu d'un mandat légal, comme s'il était son père son
tuteur ou même son ascendant. Car l'article 935 en donnant à l'ascendant le droit d'accepter les donations faites
à son descendant le constitue par cela même son mandataire.

La question se présenterait encore au cas où la libéralité serait faite à un établissement public ou à une communauté religieuse. Le concours de volontés résulterait
de la tradition faite par le donateur à l'administrateur de
l'établissement ou au supérieur de la communauté. Je ne dis
pas que le don manuel soit alors parfait ; car une autre
difficulté se présente au sujet de savoir si l'autorisation du
gouvernement est nécessaire ; cette difficulté nous l'exa-
minerons plus tard à propos de la capacité en matière de
dons manuels.

Le tiers qui a reçu les objets donnés peut n'être pas le
représentant du donataire, mais simplement le mandataire
du donateur. Celui-ci lui a livré les objets pour les remettre
au donataire à une époque déterminée ; ici, le concours de
volontés n'existera que lorsque ce dernier aura accepté la
libéralité à lui offerte. Cette acceptation résultera naturellement de la réception des choses données par le donataire ;
tant que la tradition n'aura pas été faite, il n'y aura pas

---

(1) Demolombe, T. 20, nº 64, Marcadé, T. 3, nº 630.

de convention, mais une simple offre, une pollicitation qui devra par conséquent être soumise aux principes généraux qui régissent ces sortes d'actes.

Une première conséquence de cette idée, c'est que la libéralité peut toujours être révoquée par le donateur tant que le tiers intermédiaire n'a pas remis les choses données au donataire ou d'une façon plus générale tant que celui-ci n'a pas manifesté sa volonté d'accepter.

Ce point n'a été contesté par personne ; mais il est une autre conséquence qui n'a pas été admise aussi facilement. Il s'agit du cas (cas qui se présente assez fréquemment) où l'acceptation du donataire n'est intervenue qu'après la mort du donateur. Doit-on considérer ici l'offre de la libéralité comme anéantie par cette mort ? doit-on dire que l'acceptation tardive n'a aucun effet ?

La question s'était déjà présentée en droit romain et elle semble avoir été à cette époque l'objet d'une vive controverse. Paul (1), dans une hypothèse où le donateur avait livré certains objets à un tiers pour être remis à une autre personne après sa mort, déclare que la donation est valable et qu'après la mort du donateur les objets doivent être remis au donataire. Mais dans un cas analogue, Ulpien se sépare de Paul et soutient que la libéralité ne peut avoir aucun effet : « Si quis donaturus mihi pecuniam dederit » alicui ut ad me perferret et ante mortuus erit quam ad » me perferat non fieri pecuniam dominii mei cons- » tat (2) » Dans l'ancien droit, les Parlements suivirent d'abord l'opinion de Paul et nous voyons notamment plusieurs arrêts du Parlement de Paris déclarer que les choses doivent être remises après la mort du déposant au

____

(1) Dig., 1. 26, pr. *Depositi*, 16, 3.
(2) Dig., 1. 2, § 6, 1. 39, 5.

tiers, qui a été désigné pour les recevoir (arrêts du 15 décembre 1664, 1er septembre 1708, 1745 et 1758).

Mais au XVIIIe siècle, au moment où la fortune mobilière commençait à se développer, la jurisprudence craignant que les dépôts facilitassent le dépouillement des héritiers du déposant au profit de personnes indignes, déclara que désormais ces sortes de libéralités devaient être considérées comme nulles et non avenues (arrêt du Parlement de Paris 1786).

Les rédacteurs du Code ont-ils voulu revenir à la doctrine des anciens arrêts ; cela paraît bien peu probable. Comme je l'ai déjà dit, le don manuel ne diffère des autres donations que par sa forme particulière ; mais, comme elles, il constitue un véritable contrat nécessitant une convention, c'est-à-dire un accord de deux personnes sur un même point ; or cet accord ne peut plus avoir lieu, si le donateur est mort avant que le donataire ait manifesté son intention d'accepter la libéralité, soit par la réception des objets donnés, soit d'une tout autre manière ; car je ne vais pas comme le font certains auteurs jusqu'à annuler le don manuel au cas où le donataire a accepté l'offre qui lui avait été faite, mais n'a pas reçu la tradition du vivant du donateur ; car, suivant moi, du moment que le concours de volonté existe, peu importe le moment où le donataire a reçu les choses données (1).

Certains jurisconsultes n'adoptent pas cette manière de voir ; ils valident le don manuel, alors même que l'acceptation n'est intervenue qu'après la mort du donateur et voici les différents arguments qu'ils invoquent à l'appui de leur opinion. Il est impossible, disent-ils, d'admettre que la tradition des objets donnés après la mort du donateur,

____

(1) *Contra*, Laurent, Droit civil, t. XX, n° 294.

ne puisse plus avoir aucun effet; une pareille solution rendrait les dons manuels impraticables dans les cas les plus nombreux où l'on peut sentir la nécessité de recourir à ce mode de disposition. Une personne partant pour un long et périlleux voyage et voulant faire une libéralité à une autre personne, ne pourrait être certaine de la réalisation du don manuel en confiant les choses qui en doivent être l'objet à un tiers chargé de les remettre au donataire. De plus, l'annulation du don manuel dans cette hypothèse serait véritablement déraisonnable ; car le don manuel n'est en réalité ni une donation entre vifs, ni un testament, c'est un acte *sui generis* qui a sa nature propre qui ne relève que des lois de la morale, de l'utilité et de la raison. Or quel motif sérieux peut-on trouver pour empêcher la perfection du don manuel après la mort du donateur. Celui-ci n'a-t-il pas manifesté de la façon la plus formelle son intention de se dépouiller au profit du donataire? Des circonstances extrinsèques qui ont empéché le tiers de remettre les choses au donataire du vivant du donateur, doivent-elles avoir une influence quelconque sur l'acte qu'une personne se propose de faire? Peut-on à cause d'événements prévus ou non, violer ainsi les volontés d'un mourant? Évidemment cela est impossible. Ce qui importe surtout ici, ce n'est pas le concours simultané des deux volontés ; c'est la manifestation de ces deux volontés à un moment quelconque.

Le droit des gens ne paraît rien réclamer de plus; que si on veut rester dans le domaine du droit civil, on peut encore justifier la validité du don manuel. Le tiers intermédiaire, en effet, s'il n'est pas le mandataire du donataire, peut cependant être considéré au moins comme un *negotiorum gestor*, un gérant d'affaires ; le donataire en recevant de lui les objets donnés, ratifie par cela même la gestion, et comme toute ratification a un effet rétroactif, il s'ensuit qu'il est censé avoir accepté le don au jour où le tiers a reçu du donateur les objets dont il voulait se dessaisir ; le concours de volontés a donc eu lieu à ce moment et le don manuel est parfait.

L'article 1937 confirme cette théorie ; il déclare en effet que le dépositaire ne doit restituer la chose déposée qu'à celui qui lui a confié ou à celui au nom duquel le dépôt a été fait, ou à celui qui a été indiqué pour le recevoir ; or, cette dernière hypothèse est précisément celle qui nous occupe, car la personne qui a été indiquée pour recevoir le dépôt est celle qui doit bénéficier du don manuel (1).

Tous ces arguments sont faciles à réfuter. Nous ne voyons pas d'abord quel intérêt peut avoir la société à favoriser les dons manuels, c'est-à-dire des libéralités qui sont le plus souvent entachées de fraude ou qui tout au moins ont été inspirées par la faiblesse ou la passion.

Quant au droit des gens, nous ne pouvons admettre son intervention en cette matière ; il ne faut pas oublier que nous sommes en présence d'une question de pur droit civil qui, par conséquent, ne peut être résolue que par les dispositions du Code. Il ne nous reste donc qu'à voir si on peut considérer le tiers intermédiaire comme un gérant d'affaires et si en le supposant tel, on peut admettre la validité du don manuel.

Eh bien, nous ne croyons pas que cela soit possible ; le quasi-contrat de gestion d'affaires suppose une immixtion d'une personne dans les affaires d'autrui ; on administre les biens d'une personne absente. Or, tout autre est l'hypothèse que nous avons en vue ; le tiers ne cherche pas à

---

(1) Vazeille, sur l'article 934, n°s 12 et suivants. — Nîmes, 9 janvier 1833, — Lyon, 25 février 1835, D. A., *Disp. ent. vifs*, n° 1648. — Civ. cass.. 2 avril 1823 et 12 décembre 1815, D. A., *Disp. ent. vifs*, n° 1649.

régler des droits actuels ; il entend créer pour le maître un droit nouveau ; dès lors, dire que la réception des objets par lui constitue une gestion d'affaires, serait placer l'effet avant la cause. Du reste, alors même qu'on considérerait le tiers comme un gérant d'affaires, le contrat de donation ne se formerait jamais que par la ratification. Cela est incontestable, car à la différence des actes du mandataire, qui sont de plein droit censés faits par le mandant, les actes du gérant ne deviennent propres au maître dont l'affaire a été gérée que du jour de sa ratification ; quant à l'effet rétroactif de cette ratification, il ne peut s'appliquer que si la ratification elle-même peut avoir lieu ; or, ici elle est devenue radicalement impossible par la mort du donateur.

Il est une autre considération qui doit nous empêcher d'admettre l'argument tiré de la gestion d'affaires. Si le don était consommé par le seul fait du dépôt aux mains du tiers intermédiaire, la conséquence en serait que le donateur ne pourrait pas avant toute exécution reprendre les objets ; or, c'est là un résultat qui nous paraît insoutenable.

Enfin, il y a un article du Code civil qui renverse absolument la doctrine que nous combattons ; c'est l'article 2003 qui déclare que le mandat finit par la mort du mandant. Le tiers intermédiaire est, nous l'avons supposé, mandataire du donateur ; ce dernier étant mort, la seule chose qui lui reste à faire, c'est de restituer les objets qui lui avaient été confiés, aux héritiers du donateur.

On invoque l'article 1937 qui déclare que le dépôt doit être restitué à la personne qui a été indiquée pour le recevoir ; mais ce n'est pas cet article qui est applicable à notre hypothèse, c'est l'article 1939 qui, prévoyant spécialement le cas de mort du déposant, décide que les objets déposés doivent être restitués aux héritiers du déposant.

Si maintenant, on se reporte aux travaux préparatoires,

on voit que telle a été bien la pensée des rédacteurs du Code. Favard (1), dans son discours au Corps législatif, s'exprimait en ces termes : « Si le déposant décède avant
» que le dépôt ait été rendu, à qui la remise en doit-elle
» être faite ? Sera-ce à celui qui était indiqué pour recevoir
» le dépôt ? Sera-ce à l'héritier du déposant ? Il semble
» d'abord que la chose déposée devrait être remise à la
» personne indiquée pour la recevoir, parce qu'elle est
» censée y avoir une espèce de droit acquis ; mais, en y
» réfléchissant, on voit que le déposant a conservé jusqu'à
» sa mort la propriété du dépôt ; qu'il a pu le réclamer à
» volonté, et que la destination projetée n'ayant pas eu son
» exécution, il en résulte que l'héritier du déposant lui
» succède dans la plénitude de ses droits ; qu'ainsi le dé-
» positaire ne peut pas, à l'insu de l'héritier, disposer du
» dépôt en faveur de la personne qui lui avait été désignée
» parce que ce dépôt serait un fidéi-commis qui aurait
» souvent pour but de cacher des dispositions prohibées. »

Ainsi, lorsque le donataire n'a accepté la libéralité qui lui était offerte qu'après la mort du donateur, le don manuel ne peut avoir lieu (2).

La Cour de Paris a fait application de ces principes dans une hypothèse pourtant très favorable au donataire. La dame Odillot-Gillain avait donné une somme de 8,000 fr. à l'abbé Sompsois pour remettre à sa petite-fille, la dame Chardon, et elle avait ainsi agi pour soustraire cette somme aux créanciers de ses propres héritiers. L'abbé Sompsois s'était conformé à ses désirs, mais il n'avait li-

---

(1) Lockré, *Législat. civile*, t. 15, p. 136, n° 10.

(2) Marcadé, t. 3, n° 630. — Aubry et Rau, t. 7, p. 82, n° 18. — Demolombe, t. 20, n° 65. — Laurent, t. 12, n° 292. — Paris, 1er mars 1826.— Sir., 27, 2, 200. — Req., cass., 22 mai 1867. — Sir., 67, 1, 280. — Civ., cass., 11 janvier 1882. — Sir., 82, 1, 129.

vré la somme qu'après la mort de la donatrice. Les héritiers intentèrent une action en restitution de cette somme en s'appuyant sur l'article 1939, et leur demande rejetée par le tribunal, fut admise par la Cour de Paris (1).

« Considérant que la conduite de l'abbé Sompsois, quelle
» qu'ait été la pureté de ses intentions, est contraire à la
» loi. Que si, en effet, l'article 1937 du Code civil autorise la
» restitution du dépôt à la personne indiquée pour le rece-
» voir, l'application de cette disposition est subordonnée
» à l'existence du déposant; que, de la combinaison des
» articles 2003 et 724, il résulte que le décès du déposant
» met fin au mandat et que la chose, dont malgré la trans-
» mission en mains tierces, il conserve la propriété, passe
» de plein droit aux héritiers et ne peut être rendue qu'à
» eux. Que l'article 1939, qui consacre spécialement cette
» distinction, a eu pour but de prévenir l'infraction aux
» lois qui créent des incapacités et des prohibitions. Con-
» sidérant que le don manuel est subordonné à deux con-
» ditions: le concours de volontés et la tradition réelle ;
» que rien, assurément, ne s'oppose à ce que le donataire
» soit représenté par un tiers, et que lorsque celui-ci a
» reçu directement du donateur la chose destinée au do-
» nataire, l'acte du mandataire étant réputé celui du man-
» dant, le contrat soit parfait. Mais que cette doctrine ne
» peut recevoir d'application à la cause ; que, d'une part,
» la dame Chardon a ignoré jusqu'à son mariage la libé-
» ralité qu'elle devait à l'affection de sa grand'mère, et
» que, d'autre part, l'abbé Sompsois, de son aveu, ne
» tenait son mandat que de la veuve Ondinot. »

Du reste, il faut bien l'avouer, la controverse n'a pas été très vive sur cette question; elle s'est élevée beaucoup

---

(1) 14 mai 1853, D. P., 54, 2, 256.

plus dans un cas analogue, mais qui diffère du premier en ce que le donateur a lui-même recommandé au tiers intermédiaire de ne remettre les objets au donataire qu'après sa mort. Pour soutenir que le don manuel est valable, on a reproduit les mêmes arguments que dans la précédente hypothèse ; on a invoqué les considérations tirées du droit naturel ; on a fait intervenir l'article 1937 ; on a prétendu que le tiers intermédiaire était un gérant d'affaires à l'égard du mandataire. Mais l'argument le plus puissant qui ait été présenté est celui tiré de la volonté du disposant lui-même. Celui-ci, en effet, a recommandé au dépositaire de ne remettre les objets donnés qu'après sa mort ; en se conformant à cette volonté, le dépositaire ne fait qu'exécuter un contrat librement consenti, un contrat de mandat. Déclarer que ce n'est pas au donataire, mais aux héritiers du disposant, qu'il doit restituer la chose déposée, c'est absolument méconnaître la volonté du défunt. Et qu'on ne dise pas que le mandat finit par la mort du mandant ; sans doute, il en est généralement ainsi, mais tout doit se passer autrement lorsque, dans la pensée du mandant, le mandat ne devait précisément s'exécuter qu'après sa mort. En interprétant littéralement l'article 2003, on anéantit un contrat qui n'est, en définitive, contraire ni à l'ordre public, ni aux bonnes mœurs.

Enfin, dit-on, l'article 1939 ne s'applique évidemment pas à cette hypothèse ; car le législateur, en déclarant que le dépôt doit être restitué, à la mort du déposant, à ses héritiers, n'a évidemment pas prévu l'hypothèse où ce déposant aurait recommandé spécialement au dépositaire de remettre, après sa mort, les objets désignés au donataire (1).

---

(1) Sir., 1854, 2, 60, D. A., *Disposit. entre vifs*, n° 1649. — Voir aussi Lyon, 25 février 1835, Sir., 35, 2, 424.

Peu d'auteurs ont adopté cette opinion ; mais la jurisprudence l'a admise dans un certain nombre d'arrêts (Arrêts de la Cour d'Amiens 16 novembre 1852, et de la Cour de Limoges 2 avaril 1823) (1). Pour moi, je crois qu'elle doit être repoussée, comme méconnaissant les vrais principes du droit.

Nous avons déjà montré, à propos de la première hypothèse que nous avons examinée, que le tiers intermédiaire ne pouvait être considéré comme un gérant d'affaires ; nous avons ajouté qu'alors même qu'on lui reconnaîtrait cette qualité, on ne pouvait cependant pas admettre la validité du don manuel ; enfin, nous avons également réfuté l'argument tiré de l'article 1937.

Nous n'avons donc plus qu'à apprécier la valeur de la considération qu'on fait valoir en dernier lieu. Eh bien, nous ne contestons pas que les conventions des parties doivent être respectées par les juges, mais il faut au moins que les contractants respectent la loi ; s'ils la violent, leur volonté ne doit avoir aucun effet ; or, c'est ici précisément le cas d'appliquer cette règle. Il n'y a, en effet, que deux manières de disposer à titre gratuit : par donation ou par testament. Personne ne soutiendra que le disposant a voulu faire un testament ; quant à être une donation, cela est impossible ; car la donation est un contrat et, comme telle, elle nécessite l'intervention des parties intéressées ; or, par hypothèse, le prétendu donataire n'est pas intervenu dans la convention qui a eu lieu entre le donateur et le tiers intermédiaire. Sans doute, il aurait pu être représenté par ce tiers s'il avait été son mandataire conventionnel ou légal ; mais le tiers n'avait pas cette qualité. Il y a, il est

____

(1) Pont, *Des petits contrats*, t. 1, n° 481. — Massé et Verge, t. V, p. 9, note 17.

vrai, des articles du Code civil (art. 934-937) qui donnent à certaines personnes le droit d'accepter une offre faite à un de leurs parents ; mais dans ces textes, nous ne voyons nullement mentionné un tiers étranger qui aurait reçu simplement un mandat du donateur ; et, comme d'autre part, ils constituent des dérogations au droit commun, on est obligé de les interpréter restrictivement.

Enfin, nous ne soutenons pas que l'article 2003 conserve son application même au cas où le mandat ne devrait, dans l'intention du mandant , n'être exécuté qu'après sa mort ; oui, le mandat, dans cette hypothèse, ne s'éteint pas par la mort du mandant ; mais c'est à une condition, c'est que ce mandat n'aura pas pour objet d'accomplir une libéralité en dehors des règles spéciales auxquelles la loi a soumis les libéralités. Ainsi, il résulte bien de la combinaison des dispositions de la loi sur les donations entre vifs, le mandat et le dépôt, que le don manuel ne peut se réaliser (1). Maintenant, il faut avouer que des circonstances très favorables peuvent quelquefois faire fléchir ces principes. Ainsi, je crois qu'on pourrait maintenir le mandat donné par une personne mourante à un tiers de distribuer aux pauvres des sommes modiques ; en réalité, il n'y aurait pas, à vrai dire, une véritable libéralité, mais bien une simple aumône. Seulement, il est nécessaire que les tribunaux apportent une grande réserve dans leurs jugements ; autrement, ils faciliteraient par leurs décisions le

---

(1) Troplong, *Dépôt*, n° 150. — Coin-Delisle, *Donations*, art. 932, n° 21. —Duranton, t. VIII, n°s 393 et suiv.— Demolombe, t. XX, n° 67.— Aubry et Rau, t. VII, p. 82, note 18; et t. IV, p. 624, note 13. — Laurent, Droit civil, t. XII, n° 296. — Cass., 22 nov. 1819, Sir., 20, 1, 49. — Paris, 1er mars 1826, Sir, 26, 2, 297. — Caen, 12 mars 1827, Sir., 28, 2, 37. — Montpellier, 6 mars 1828, Sir., 29, 2, 18.— Douai, 31 décemb. 1834, Sir., 35, 2, 215. — Cass., 16 août 1842, Sir., 42, 1, 850.—Cass., 29 avril 1846, Sir., 46, 1, 689. — Req., 22 mai 1867, D. P., 67, 1, 401.

dépouillement des familles au profit d'établissements publics, et particulièrement de congrégations religieuses, ce qui serait absolument contraire à l'intention des rédacteurs du Code.

Il résulte de notre doctrine que les héritiers pourront toujours exiger la restitution des objets donnés au tiers intermédiaire ; et si cette restitution ne peut avoir lieu parce que les choses ont été livrées au donataire, le faire condamner à des dommages-intérêts, sauf recours du tiers contre le donataire. Mais pourront-ils revendiquer directement les choses données contre celui qui les possède actuellement ? Il semble que l'affirmative ne soit pas douteuse ; le don manuel étant nul, les héritiers sont restés propriétaires des choses livrées et, par conséquent, ils ont l'action en revendication. C'est ce qu'admettent les meilleurs auteurs, tels que MM. Aubry et Rau et Demolombe.

Pour moi, je crois, que telle n'est pas la vraie solution ; et en effet le donataire a reçu la tradition non pas du donateur, mais du dépositaire, il est donc en conflit avec un véritable tiers ; c'est l'hypothèse prévue par l'article 2279 et les motifs de cet article s'appliquent ici en tout point. D'autre part, on ne peut pas dire que le donataire soit un détenteur précaire, en réalité il n'y a pas entre lui et le donateur de contrat qui l'oblige à restituer ; il est donc un véritable possesseur et comme tel, il est protégé par la maxime qu'en fait de meubles possession vaut titre. Tout ce que l'on peut dire, c'est que s'il est de mauvaise foi, c'est-à-dire s'il savait que le tiers intermédiaire n'était pas propriétaire, il existe à sa charge une obligation de restituer, obligation dont on pourrait demander l'exécution au moyen d'une action personnelle.

Il est bon maintenant de confirmer toute notre théorie par quelques applications pratiques empruntées à la jurisprudence.

Voici d'abord une hypothèse où la question qui nous occupe a été nettement posée. Le sieur Michel Obein père avait remis à un curé pour être employée après sa mort, à des œuvres de charité, une somme de 1,973 francs enfermée dans un sac de toile. Cette somme ne fut employée qu'après le décès du sieur Obein. Les héritiers du *decujus* en demandèrent alors la restitution ; le tribunal de Dunkerque repoussa leur action par un jugement dont quelques considérants méritent d'être cités : « Considérant que » le sieur Michel Obein a voulu faire un don manuel qui » ne s'est effectué que par le dessaisissement et qui deviendra parfait par la remise entière qui en sera faite » aux donataires, remise qui n'a pas encore eu lieu à » cause du procès actuel. Qu'il est indifférent que la somme » soit distribuée aux donataires après la mort du donateur, le sieur Michel Obein ne s'en étant pas moins dessaisi avant sa mort, et le sieur Florissoone, qui s'est »· chargé de la remettre aux dits donataires et qui l'a accepté pour eux, étant par ce fait même devenu leur » *negotiorum gestor*, etc. »

Ainsi le tribunal pour repousser la demande des héritiers, s'appuyait surtout sur la théorie de la gestion d'affaires ; son jugement, malgré la qualité des donataires fut infirmé par la Cour de Douai dans un arrêt du 31 décembre 1834, dont les motifs résument parfaitement les arguments qui existent en faveur de notre théorie : « Attendu » que la remise d'une somme d'argent par un individu » avec simple indication orale d'un emploi déterminé, ne » constitue pas, tant que la destination n'est pas accomplie, un don manuel au profit des destinataires, » mais un dépôt qui peut être retiré par celui qui l'a fait ; » que son héritier a le même droit. Attendu que la donation manuelle ne peut se consommer que par la remise

» de la somme aux mains du donataire; qu'on ne peut
» considérer dans l'espèce, le desservant comme le *nego-*
» *tiorum gestor* des destinataires de cette somme et comme
» ayant accepté cette libéralité en leur nom; que pour
» accepter une donation, il faut ou un mandat exprès de
» celui à qui elle est faite, ou bien un mandat que la loi,
» notamment l'article 937, donne en certains cas aux repré-
» sentants d'une collection d'individus. »

Cependant l'arrêt, tout en proclamant des principes
incontestables suivant nous, ne leur reste pas fidèle dans
son dispositif. Il ne condamne l'intimé qu'à rendre la
partie de la somme qui n'était pas encore employée au
moment de la citation en conciliation: et pourtant si le don
manuel n'est pas parfait par la réception de la somme
par le tiers intermédiaire, il est certain que celui-ci avait
commis une faute en distribuant la somme aux prétendus
donataires, et que dès lors, il devait en rendre compte
d'une façon absolue aux héritiers. Si la Cour de Douai en
a décidé autrement, c'est par suite des circonstances très
favorables de la cause; c'etaient des pauvres qui étaient
les donataires, et le curé en partageant entre eux la somme qui lui avait été confiée n'avait cru que faire son
devoir d'honnête homme respectueux des volontés d'un
mort; l'obliger à restituer la somme entière c'eut été lui
infliger une perte brute puisqu'il était dans l'impossibilité
matérielle et morale de recourir contre les donataires.

Le plus souvent, la jurisprudence n'a examiné la difficulté qui nous occupe, qu'au point de vue du dépôt et
spécialement des articles 1937 et 1939. On peut en juger
par un arrêt de la Chambre civile du 16 août 1842. La
veuve Coulondre après avoir vendu en 1836 des biens que
lui avait légués son mari, déposa entre les mains d'un
notaire une somme de 1,500 francs, provenant du prix

de ses biens avec charge de la remettre à sa mort aux héritiers de son mari. Après le décès de la dame Coulondre, le sieur Bérard, son héritier, demanda au notaire la restitution de cette somme ; mais celui-ci s'y refusa alléguant la volonté exprimée par la déposante au moment du dépôt. Le tribunal de Montpellier l'ayant condamné à restituer le dépôt, il alla en cassation et dans son pourvoi, il s'efforça de prouver que l'article 1939 n'avait pas d'application à la cause, parce que, disait-il, le disposant y avait apporté une dérogation.

M. l'avocat général conclut au rejet du pourvoi. « Les » articles 1937 et 1939, dit-il, ont eu en vue deux cas bien » distincts. Le premier suppose que le déposant existe ; » qu'il indique aux dépositaires les personnes auxquelles « il doit remettre le dépôt pour se libérer valablement. » Le second suppose le décès du déposant et veut impé- » rativement que la restitution se fasse à l'héritier sans » distinction du cas où le déposant a indiqué la personne » qui doit recevoir. D'un autre côté, en considérant une » pareille indication comme un don manuel, il faut recon- » naître que ce don n'étant parfait que par la tradition, » et cette tradition ne devant avoir lieu dans l'espèce qu'a- » près le décès, le don manuel se trouve nul ; de telle » sorte que sous ce rapport encore, la remise du dépôt doit-être faite aux héritiers. »

La Cour de cassation adopta l'opinion de l'avocat général et les motifs de son arrêt sont la reproduction presque littérale de ses conclusions.

CHAPITRE III

DE LA CAPACITÉ EN MATIÈRE DE DONS MANUELS

La capacité, prise dans un sens large, est l'aptitude d'un individu à être le sujet d'un droit ou d'une obligation. En matière de disposition à titre gratuit, on doit, pour se conformer à la loi distinguer deux sortes de capacités : la capacité de fait et la capacité du droit. Il y a, en effet, deux grandes catégories d'incapables; certaines personnes ne peuvent recevoir de libéralités, parce qu'elles n'existent pas soit physiquement, soit légalement: d'autres au contraire, tout en ayant une existence aux yeux de la loi, sont frappées par elle d'incapacité pour des causes diverses que nous indiquerons plus tard.

Cette distinction doit être appliquée aux dons manuels ; car, quoiqu'ils soient dispensés des formes solennelles des donations, ils n'en constituent pas moins de véritables libéralités et comme tels, ils doivent être soumis aux principes généraux des actes à titre gratuit.

Ce principe en lui-même n'a pas été contesté, mais lorsqu'on est arrivé aux applications il n'en a plus été ainsi, et de vives controverses se sont élevées dans certaines hypothèses.

§ I.

J'ai dit, tout d'abord que, pour qu'une personne pût recevoir un don manuel, il fallait qu'elle existât aux yeux de la loi. Cela résulte d'un texte formel l'article 906, qui prévoit un cas particulier d'inexistence ; mais ce texte n'existerait pas, que nous n'hésiterions pas à proclamer encore une règle aussi conforme au bon sens; nous devons donc l'appliquer à toutes les libéralités et par conséquent, aux dons manuels. En pratique, cette règle a des conséquences assez importantes. Sans doute, il est impossible de concevoir un don manuel fait à un enfant non conçu, puisque cette sorte de libéralité implique la tradition de la main à la main; mais il est des cas où une personne vivante est cependant censée ne pas exister aux yeux de la loi. Ainsi, avant la loi du 31 mai 1854, ceux qui avaient été condamnés à une peine emportant mort civile, étaient absolument incapables de recevoir des libéralités. Le donateur et après lui ses héritiers auraient toujours été fondés à demander la restitution des choses données (1).

De nos jours on doit encore considérer comme non avenus les dons manuels faits aux établissements publics non reconnus et particulièrement aux congrégations religieuses. A ce sujet, il est bon de rappeler brièvement les principes qui régissent ces congrégations au point de vue de leur existence civile.

Il ne faut pas en chercher l'origine dans le droit romain : car les établissements religieux n'ont commencé à se former qu'à la fin de l'empire et à cette époque elles ne pouvaient présenter à raison de leur peu d'importance assez de danger pour le gouvernement, pour qu'il prît des précautions contre elles. Il n'en fut pas de même dans l'ancien droit ; les corporations religieuses s'étaient multipliées d'une façon prodigieuse au moyen-âge. Leurs biens qui provenaient des libéralités des fidèles s'étaient accrus à un tel point, que l'autorité royale qui leur était cependant si favorable à cette époque, avait cru devoir réagir

---

(1) *Contra*, Toullier, t. I, p. 202.

contre des tendances qui lui paraissaient dangereuses.

Elle exigea que les corporations religieuses fussent reconnues par lettres patentes pour acquérir une existence civile. Aussi Pothier n'hésite-t-il pas à déclarer nulles les libéralités qui sont faites aux établissements non reconnus. Voici comment il s'exprime à ce sujet : « Les commu-
» nautés et établissements qui ne sont pas autorisés par
» lettres patentes du roi, enregistrées au Parlement dans
» le ressort duquel se trouve l'établissement ; sont défen-
» dus suivant l'article 1er de l'ordonnance de 1749 qui n'a
» fait en cela que confirmer les anciennes lois du royaume,
» et par conséquent sont incapables d'aucune donation et
» les biens qui leur auraient été donnés peuvent être
» revendiqués par les enfants et héritiers présomptifs du
» du donateur suivant les articles 9 et 10 précités. » Plus loin, il est plus formel encore.

« Les communautés, corps, confréries, qui ne sont point autorisés dans le royaume, n'ont aucune existence civile. » Il est donc bien certain que dans l'ancien droit, les établissements non reconnus étaient considérés comme n'existant pas et que toute libéralité qui leur était faite était inéxistante.

Ce n'était pas évidemment la révolution qui allait donner aux congrégations leur existence civile. Loin de là, un décret de l'assemblée du 18 août 1792 supprima toutes les congrégations d'hommes et de femmes. Mais bientôt, certaines d'entre elles furent reconnues par des décrets impériaux (3 Messidor an XII, 18 février 1809) ; toutefois il résultait de l'ordonnance du 2 janvier 1817 et de la loi du 24 mai 1825, qu'une loi était désormais nécessaire pour donner l'existence civile aux corporations religieuses.

Cette situation ne subsista pas du reste, jusqu'à nos jours, et en effet, un décret du 31 janvier 1852 déclara que les congrégations de femmes pourraient dans certains cas qu'il indique, être autorisées par un simple décret impérial.

Quoi qu'il en soit, il est certain qu'un très grand nombre d'établissements religieux ne sont pas encore maintenant reconnus par le gouvernement, et dès lors la question de savoir si les dons manuels faits en leur faveur doivent être considérés comme non avenus présente un très grand intérêt pratique.

Cependant il est un fait remarquable ; c'est que les tribunaux n'ont jamais eu à statuer sur ce point ; ils ont déclaré nulles dans bien des cas les libéralités qui étaient faites à des établissements non autorisés ; mais jamais il n'a été question de dons manuels. Cela peut du reste s'expliquer facilement ; les dons manuels se consommant par la tradition de la chose de la main à la main, ils ont nécessairement un caractère occulte grâce auquel ils échappent bien souvent au contrôle des tribunaux. Mais s'il n'y a pas à ce sujet une jurisprudence certaine ; on peut tout au moins invoquer celle qui s'est établie pour les libéralités entre vifs d'une façon générale ; car il n'y a aucune raison plausible de distinguer les donations manuelles des autres donations entre vifs.

Rationnellement, une pareille distinction ne saurait se comprendre ; car il est impossible de concevoir qu'une tradition faite, de la main à la main, au supérieur d'une congrégation qui n'existe pas aux yeux de la loi, puisse conférer à cette congrégation des droits quelconques sur les choses livrées.

§ 2.

Il ne suffit pas que le donataire ait une existence légale pour que le don manuel à lui fait, soit valable ; il faut encore que les deux parties soient respectivement capables de donner et de recevoir. Il en résulte que les articles 901 à 910 sont pleinement applicables aux donations manuelles.

Ainsi, le mineur même au-dessus de 16 ans, ne pourra jamais faire de telles libéralités, parce que à cet âge, toute disposition entre vifs lui est interdite par la loi (art. 903 et 904).

La femme qui ne se sera pas munie de l'autorisation maritale devra également être déclarée incapable.

De même l'annulation des dons manuels faits aux docteurs en médecine et ministres du culte par les malades qui recevaient leurs soins, pourra être prononcée en vertu de l'article 909 du Code civil. Enfin, les enfants naturels (art. 908) ne pourront jamais recevoir manuellement au-delà de ce qui leur est accordé au titre des successions.

La Cour de cassation a fait application de notre règle, dans cette dernière hypothèse (1). Une dame Puisoye avait fait à sa fille naturelle un don manuel d'une somme de 20,000 francs composant tout son avoir. Les héritiers légitimes avaient demandé la réduction de cette libéralité et l'arrêt de la Cour d'appel les avait admis à faire la preuve du don manuel par témoins ou par présomptions. La donataire, dans son pourvoi, n'essaya pas même de soutenir que l'article 910, ne s'appliquait pas aux dons manuels. Elle prétendit simplement que la Cour d'appel avait violé l'article 1341 en admettant la preuve testimoniale alors qu'il s'agissait d'une valeur excédant 150 francs.

La Cour de cassation déclara qu'il était évident qu'une telle libéralité constituait une fraude à la loi et, partant de cette idée, elle rejeta le pourvoi. La Cour d'appel, suivant

______

(1) Req., rej., 18 mars 1872, D. P. 72, 1, 309.

elle « en admettant pour établir l'existence du don manuel,
» la preuve testimoniale et la preuve par présomptions,
» n'avait ni violé l'article 1341, ni faussement appliqué
» l'article 1353. En jugeant autrement, elle aurait consacré
» la spoliation des familles au profit de celui de ses mem-
» bres qui serait l'objet des préférences abusives du père
» ou de la mère. »

Sur tous ces points il ne s'est donc, à vrai dire, élevé
aucune difficulté ; mais il n'en a plus été de même lorsqu'il
s'est agi d'appliquer l'article 910 aux dons manuels faits
aux établissements publics reconnus.

Nous avons déjà vu de quelle rigueur on avait usé dans
l'ancien droit à l'égard des établissements publics et
spécialement des congrégations religieuses non autorisées.
Mais, lors même qu'il y avait eu reconnaissance formelle
de leur existence par l'État, des précautions étaient encore
nécessaires contre eux en ce qui concernait surtout les dispositions qui leur étaient faites à titre gratuit. Le gouvernement y était pécuniairement intéressé, car leur caractère
de perpétuité leur permettait d'échapper aux droits de
mutation. « Ce n'est pas suffisant, disait Bergé, d'exiger
» pour l'établissement d'une corporation religieuse l'auto-
» risation du gouvernement et d'arrêter, par cette sage
» réserve, le débordement des fondations et des établisse-
» ments que le goût des nouveautés, les intrigues des corps
» et la vanité de faire passer son nom à la postérité avec
» le titre fastueux de fondateur, auraient multipliés à l'in-
» fini ; il fallait encore opposer une barrière à l'ambition
» des corps établis. Par la nature de leur constitution, qui
» leur donnait toute liberté d'acquérir sans leur permettre
» de vendre, ils tendaient nécessairement vers l'agrandisse-
» ment de leurs propriétés. En peu de temps, l'équilibre
» entre la main-morte et le reste de la nation, devait être

» rompu. On pouvait calculer le temps, où l'excessive opu-
» lence de la main-morte attirant à elle tous les sucs nour-
» riciers, aurait exténué les autres membres de l'État. »

L'édit de 1749 para à ce danger ; il défendit aux corporations religieuses d'acquérir des immeubles à quelque
titre que ce fût, si ce n'est après avoir obtenu l'autorisation
par lettres patentes. Comme on le voit immédiatement, les
corporations pouvaient recevoir des dons manuels sans
autorisation, puisque ces sortes de libéralités ne peuvent
porter que sur des meubles. Mais si j'ai rappelé ainsi l'ordonnance de 1749, c'est qu'en définitive les motifs qui l'ont
inspirée s'appliquent encore de tout point sous l'empire de
notre Code civil, avec cette différence que les précautions
qu'on doit prendre contre les corporations sont devenues
nécessaires même en ce qui concerne les dons manuels, à
cause du développement considérable qu'a pris de nos jours
la fortune mobilière.

Le principe établi par notre Code est que les personnes
civiles sont capables de recevoir avec l'autorisation du
gouvernement.

Ainsi, deux conditions sont nécesaires pour qu'un établissement public quelconque puisse profiter d'une libéralité qui lui est offerte, il faut : 1° qu'il ait été reconnu par
le gouvernement comme personne civile ; 2° qu'il ait obtenu une autorisation spéciale d'accepter la libéralité.
L'article 910 ne parle, il est vrai, que des communes, des
hospices et des établissements d'utilité publique, mais sa
disposition doit être étendue aux départements, séminaires
et d'une façon générale à toutes les congrégations religieuses. Reste à savoir si les conditions qu'exige l'article
doivent être remplies, lorsqu'il s'agit simplement de dons
manuels.

Pour moi, il ne peut y avoir aucun doute ; les considérations sur lesquelles les rédacteurs du Code se sont appuyés pour exiger l'autorisation d'accepter du gouvernement, existent aussi bien pour les dons manuels que pour les autres libéralités. Quel a été en effet le but du législateur ? D'une part, empêcher que la passion et la faiblesse entraînent certaines personnes à faire des libéralités excessives au profit d'établissements publics et à dépouiller ainsi leur famille de la plus grande partie de leur fortune ; d'autre part, éviter la concentration de richesses considérables entre les mains de personnes morales dont la perpétuité empêcherait la perception des droits de mutation et la circulation des biens. Eh bien, ces motifs ne sont-ils pas plus puissants encore à une époque comme la nôtre, où les valeurs mobilières ont pris une importance si grande, où les titres au porteur constituent souvent la totalité de la fortune d'un individu ? N'est-ce pas maintenant surtout, qu'il faut exiger l'autorisation du gouvernement pour l'acceptation de dons manuels faits à des personnes morales ? Les termes mêmes dont se sert l'article 910, montrent bien toute la généralité de cette disposition. Il ne dit pas, en effet, comme l'article 931 : « Les actes portant donations entre vifs », mais : « Les dispositions entre vifs », expression large, qui comprend toutes les libéralités qui doivent être réalisées du vivant des deux parties et par conséquent les dons manuels.

Ainsi, qu'on recherche l'esprit de la loi ou qu'on veuille interpréter littéralement son texte, on arrive toujours au même résultat, nécessité de l'autorisation du gouvernement pour l'acceptation des dons manuels faits aux établissements publics.

C'est ce que reconnaissent la plupart des auteurs (1).

____

(1) Aubry et Rau, t. 7, § 649, note 67. — Demolombe, t. 18, n° 603. — Laurent, t. 11, n° 300 et suivants.

Mais la jurisprudence est loin d'être fixée en ce sens; elle semble dans ses arrêts ne s'être inspirée que des circonstances de chacune des causes qu'elle a eu à examiner.

De là, des décisions contradictoires ; les unes qui admettent la validité du don manuel réalisé sans autorisation, les autres qui prononcent la nullité de cette libéralité ; de là aussi un système tout à fait arbitraire qui laisse les parties à la discrétion des juges. Voyons d'abord les arguments sur lesquels on s'est appuyé pour refuser d'appliquer l'article 910 aux dons manuels. L'autorisation du gouvernement, dit-on, exigée par les articles 910 et 937, constitue une formalité extrinsèque à laquelle ne doivent être soumises que les donations entre vifs ordinaires ou des donations testamentaires. Quant aux dons manuels, ils sont consommés définitivement par la tradition que fait le donateur et la prise de possession de l'établissement donataire. Il ne peut être question de l'autorisation du gouvernement pour une telle libéralité, puisqu'elle est affranchie de toutes les formes des donations entre vifs (1).

C'est ce qu'on peut lire presque textuellement dans un arrêt de la Cour de Bourges, rendu sur un renvoi après cassation d'un arrêt de la Cour de Poitiers. Il s'agissait d'une somme assez considérable (7,917 fr.) ; elle avait été donnée manuellement par l'abbé Fraigneau au séminaire Saint-Maxent, sans qu'aucune autorisation fût intervenue ; le don manuel fut annulé par la Cour de Poitiers, mais l'arrêt ayant été cassé, pour vices de formes, l'affaire fut renvoyée devant la Cour de Bourges qui reconnut la validité du don manuel : « Considérant qu'il est de la na-
» ture du don manuel d'être accompli par le dessaisisse-

---

(1) Vazeille, art. 937, n° 9. — Bourges, 21 novembre 1831, Sir., 32, 2, 79. — Reg., Rej., 26 novembre 1833, Sir., 34, 1, 57.

» ment du donateur et par l'appréhension de la part du
» donataire de l'objet donné ; que dans l'espèce les 7,917
» francs avaient été versés par l'abbé Fraigneau au direc-
» teur de Saint-Maxent, et que l'évêque de Poitiers a ap-
» prouvé la recette de cette somme ; qu'ainsi le don ma-
» nuel avait reçu toute sa perfection avant le décès du
» donateur ; qu'on oppose en vain qu'un séminaire ne peut
» accepter aucune espèce de donation sans l'autorisation
» du gouvernement, aux termes des articles 910 et 937 du
» Code civil ; que les formalités prescrites par ces articles
» ne s'appliquent qu'aux legs faits par testament et aux
» donations entre vifs constatées par acte ; mais ne sont
» nullement applicables aux dons manuels qui ne sont
» soumis à aucune formalité pour être acceptés valable-
» ment par les établissements, si ce n'est à la délivrance
» de l'objet donné dans les mains de l'administrateur de
» l'établissement. »

Généralement on apporte un tempérament au système
que nous exposons, mais un tempérament qui en démon-
tre toute la fausseté théorique. On dit que les dons manuels
ne sont affranchis de l'autorisation du gouvernement que
lorsqu'ils sont d'une modicité relative, c'est-à-dire lorsqu'ils sont de peu d'importance proportionnellement à la
fortune du donataire. C'est ainsi que l'a jugé plusieurs fois
la Cour de Paris (1).

Elle a posé en principe et comme évident que les choses
de peu de valeur peuvent être données manuellement à
des établissements publics sans autorisation ; elle pense
que ces dons n'intéressent pas assez la Société représentée
par le gouvernement, pour qu'on les soumette à l'application de l'article 910.

____

(1) 12 janvier 1835, D. A., *Disposit. entre vifs*, n° 421. — 16 décembre
1864, D. P., 66, 2, 191. — 14 mai 1864, 67, 1, 169.

Nous ne pouvons pas accepter une pareille théorie ; nous n'admettons pas que la loi ait laissé aux tribunaux un pouvoir d'appréciation aussi large, un pouvoir qui leur permettrait de valider à leur gré les dons manuels suivant que la cause du donataire leur paraîtrait plus ou moins juste. Pratiquement, il est certain qu'un tel système présente les plus grands inconvénients ; en théorie pure il paraît également injustifiable. On essaye d'échapper aux textes des articles 910 et 937 en soutenant qu'il s'agit non pas d'une question de capacité, mais d'une simple formalité à laquelle il est inutile de soumettre les dons manuels. Ceci est une erreur. Les établissements publics reconnus ne sont capables d'accepter une libéralité que lorsqu'une autorisation leur a été donnée ; la loi a exigé l'intervention du gouvernement pour des raisons d'ordre public et de sécurité sociale.

La place qu'occupe l'article 910 montre bien qu'il s'agit d'une pure question de capacité ; on ne le trouve pas en effet parmi les dispositions relatives aux donations entre vifs ; mais dans le chapitre II, qui traite d'une façon générale de la capacité de disposer et de recevoir à titre gratuit.

Ces raisons semblent avoir convaincu la Cour de Paris (1) qui, dans des arrêts plus récents, est revenue sur son ancienne jurisprudence : « Considérant en droit, dit-elle, que, » s'il est vrai que les dons manuels sont parfaits par la » tradition et sans formalités solennelles ; il n'est pas » moins certain qu'ils sont soumis aux principes essen- » tiels des libéralités en ce qui concerne la qualité des » parties ; qu'autrement ils deviendraient un moyen de

---

(1) Paris, 22 janvier 1850, D. P., 50, 2, 27. — 7 décembre 1852, D. P., 53, 2, 92. — 26 janvier 1881, D. P., 82, 2, 105.

» faire fraude à la loi et de porter atteinte, soit aux droits
» de la famille, soit à l'ordre public ; que, protégés quant
» à la forme par la simplicité du droit naturel, ils doivent
» être assujettis quant au fond aux précautions prises par
» le droit positif pour mettre un frein aux donations im-
» prudentes ; que notamment en ce qui concerne les éta-
» blissements publics, ce serait en vain que le législateur
» aurait pris de sages mesures pour modérer leurs acqui-
» sitions à titre gratuit, si, par le moyen de dons manuels
» exorbitants, il était permis d'échapper à la surveillance
» tutélaire de l'autorité supérieure ; que la jurisprudence
» n'a jamais sanctionné un tel privilège pour les dons
» manuels et qu'il n'est ni prudent, ni légal de leur attri-
» buer. »

Dans cet arrêt parfaitement motivé, la Cour de Paris se résout enfin à appliquer les vrais principes du droit, et par cette décision, elle sauvegarde l'intérêt de la société et des familles en empêchant les corporations religieuses d'acquérir facilement, grâce à leur influence, des richesses considérables, et de constituer ainsi un véritable péril pour l'État et les particuliers.

Mais la règle que nous avons posée, il ne faut évidemment pas la pousser jusque dans ses conséquences extrêmes. Il est certains dons, en effet, qu'on ne peut raisonnablement pas soumettre à la formalité de l'autorisation : je veux parler du produit des troncs placés dans les églises et des quêtes faites pendant les offices, ainsi que de tous les dons qui auront le caractère d'une véritable aumône. Il y a ici une impossibilité matérielle d'exiger l'autorisation du gouvernement ; en cette matière il est nécessaire que les principes fléchissent en présence d'actes consacrés par l'usage et les mœurs. Ce point est reconnu par l'unanimité des auteurs.

Mais revenons aux dons manuels ordinaires. Nous avons vu que, quand ces libéralités étaient adressées à des établissements publics, l'acceptation n'en pouvait être faite qu'après l'autorisation de l'État.

Mais, les directeurs de ces établissements ne peuvent-ils pas tout au moins accepter provisoirement les dons manuels qui leur sont faits ? Cette question a une importance considérable, car si on la résout affirmativement, on sera amené à dire que l'autorisation du gouvernement pourra intervenir à toute époque, quelles que soient les circonstances qui se produisent dans la suite. Aussi a-t-elle soulevé dans la jurisprudence une controverse extrêmement vive ?

Pour nous, elle ne devait soulever aucune difficulté ; il suffisait d'appliquer les principes stricts du droit. Étant donné, en effet, que le concours de volontés n'est pas considéré par la loi comme suffisant pour la perfection des dons manuels ; étant donné que l'autorisation constitue une des conditions essentielles de leur validité, il en résulte nécessairement que toute acceptation faite sans les formes prescrites, est nulle et non avenue.

Il n'y a qu'une offre, une simple pollicitation, qui dès lors doit être régie par les principes qui s'appliquent à ces sortes d'actes ; or il y a une règle bien certaine ; c'est qu'une offre est toujours anéantie par la mort de son auteur.

Ainsi, une acceptation faite, je le suppose, par un supérieur d'une congrégation, ne pourrait produire aucun effet, et une autorisation tardive du gouvernement serait inefficace. Les travaux préparatoires confirment ce système ; au Conseil d'État, lors de la discussion de l'article 937, on avait fait observer que si la donation ne pouvait s'accomplir que par l'acceptation faite en vertu de l'autorisation

du gouvernement, la mort du donateur ou son changement
de volonté, dans l'intervalle, priverait les hospices du
bénéfice de la donation ; on demandait, en conséquence,
que l'acceptation provisoire donnât à l'acte ses effets, à la
charge de la confirmation par le gouvernement. M. Bigot
de Préameneu répondit : « qu'on ne pouvait, par aucune
» considération, supposer aux administrateurs le pouvoir
» d'accepter sans y être autorisés » (1).

Ainsi, il faut dire d'une façon absolue que l'autorisation
du gouvernement doit intervenir avant le décès du donateur, sous peine de déchéance du donataire. Je ne ferai
d'exception que pour les cas spéciaux où la loi a permis
une acceptation provisoire, cas prévus par les lois du 18
juillet 1837 (art. 48) et du 11 août 1851 (art. 11). Nous y
reviendrons plus tard.

Pour le moment, nous avons à déterminer les conséquences de notre doctrine. Il en résulte d'abord que si le
donateur regrette le don manuel qu'il a fait, il pourra
répéter contre le donataire les choses qu'il aura livrées,
pourvu qu'à ce moment aucune autorisation du gouvernement ne soit intervenue. Il arrive assez rarement que le
donateur manifeste l'intention de reprendre les choses qu'il
a données lui-même ; aussi la jurisprudence n'a-t-elle pas
eu à statuer sur ce point. Cependant, elle a repoussé implicitement notre règle dans un arrêt sur lequel nous
aurons, du reste, à revenir ; c'est un arrêt de la Cour de
Paris. On y lit que « le donateur qui a saisi le donataire de
» la main à la main, et en l'affranchissant des formes du
» droit civil, n'est pas recevable à se plaindre du défaut
» d'autorisation au moment de la remise, puisqu'il a con-
» senti à suivre la foi du donataire et qu'il a voulu que sa

----

(1) Voir Fenet, t. XII, p. 358.

» libéralité produise son effet par la seule force du droit
» naturel. »

Cet arrêt serait irréprochable si l'autorisation du gouvernement était exigée par la loi dans l'intérêt particulier et exclusif du donateur ; on comprendrait jusqu'à un certain point qu'on lui permît de renoncer à cette garantie et de réaliser le don manuel par la simple tradition. Mais tout autre a été le but de la loi ; ce qu'on a envisagé surtout, c'est l'intérêt public, l'intérêt de la société à laquelle la concentration de biens entre les mains d'établissements de mainmorte porterait le plus grand préjudice. Or, il y a un principe fondamental posé par l'article 6 Code civil, et qu'on oublie trop souvent, c'est que les particuliers ne peuvent déroger, par des conventions, aux lois qui intéressent l'ordre public et les bonnes mœurs. L'article 910 est une disposition d'ordre public ; on ne doit pas permettre qu'il y soit dérogé. Ainsi, le donateur aura le droit de considérer le don manuel comme nul tant que l'autorisation n'aura pas été donnée, et de répéter contre le donataire les choses livrées.

Si le donateur n'use pas de son droit de révocation, l'autorisation du gouvernement pourra intervenir utilement, quel que soit le temps qui se soit écoulé depuis la tradition. Il est cependant un moment où, toujours dans notre système, cette autorisation n'aura plus aucune efficacité. J'entends parler ici du cas où elle a été donnée après le décès du donateur. Mais ce dernier point est vivement contesté et les tribunaux semblent admettre la doctrine contraire. Voici les arguments sur lesquels on se fonde pour adopter cette opinion. Nous admettons, dit-on, que l'artiele 910 s'applique aux dons manuels, parce qu'il constitue une véritable condition de capacité ; mais il faut remarquer que cet article ne parle nullement de l'époque à laquelle cette autorisation doit intervenir. Cette époque est déterminée par l'article 937, qui déclare que les donations faites au profit d'hospices, de communes, etc., ne peuvent être acceptées qu'avec l'autorisation préalable du gouvernement. Il est donc certain qu'en ce qui concerne les donations entre vifs, l'autorisation doit précéder l'acceptation, dont elle constitue un élément essentiel ; et, on comprend que tant que cette autorisation n'est pas encore intervenue, on considère la libéralité comme non acceptée et, par suite, comme imparfaite. Mais pour qu'il en soit ainsi, pour que l'autorisation puisse constituer un des éléments essentiels de l'acceptation, il faut qu'elle puisse la précéder. Or, cette condition manque absolument lorsqu'il s'agit de dons manuels.

Et, en effet, en cette matière, il ne peut plus être question d'autorisation préalable, puisque l'offre résulte de la tradition, et l'acceptation de la réception des choses données. Imposer au donataire, dans une pareille hypothèse, l'obligation d'attendre l'autorisation pour recevoir ce que le donateur veut lui donner manuellement, ce serait rendre le don manuel impossible ; car on forcerait l'établissement public à demander l'autorisation pour l'acceptation d'un don qui n'existe pas encore.

Il faut, du reste, ajouter que l'article 937, qui détermine l'époque à laquelle la donation doit être autorisée, est placé dans une section qui a pour rubrique : De la forme des donations entre vifs. Or, tout le monde admet que les dons manuels ne sont pas soumis à ces formes ; pourquoi donc vouloir appliquer à ces libéralités une disposition qui n'a pas été faite pour elles ? N'est-il pas plutôt naturel de déclarer que l'autorisation du gouvernement peut intervenir efficacement à tout moment, même après le décès du donateur ? Cette décision ne méconnaît pas l'esprit de la loi ; car si son but est de garantir les intérêts de la société de la façon la plus sûre, ce but est atteint quand le gouvernement a donné son autorisation ; cette autorisation montre clairement que la libéralité dont il s'agit n'est pas de nature à porter un préjudice sérieux à l'État. Qu'importe que cette constatation soit faite avant ou après le décès du donateur (1) ?

Ce système adopté par quelques auteurs a été admis par la jurisprudence d'une manière à peu près constante. La Cour de Paris, après avoir, dans un arrêt du 22 janvier 1850, déclaré la nécessité de l'autorisation du gouvernement, revint sur sa jurisprudence dans son arrêt du 7 décembre 1852, où elle admet que l'autorisalion peut être donnée à toute époque, même après le décès du donateur.

Depuis, sa doctrine a été confirmée par la Cour de cassation, qui a rejeté, le 18 mars 1867, un pourvoi contre l'arrêt de la Cour de Paris du 18 mai 1864. Il faut avouer que les circonstances étaient très défavorables aux héritiers, qui attaquaient le don manuel. En 1859, la princesse de Béthune avait remis à la fabrique de Saint-Thomas d'Aquin, de Paris, une somme de 125,000 francs destinée à l'acquisition d'un presbytère. La princesse mourut en 1861, laissant pour héritiers le comte et le baron de Mautré, qui actionnèrent immédiatement, en restitution des 125,000 francs, la fabrique administrateur. Ils soutenaient que la somme avait été seulement l'objet d'un prêt; subsidiairement, ils prétendaient que si la dame de Béthune avait entendu faire un don manuel, ce don était nul à défaut, par la fabrique, d'avoir obtenu, du vivant de la donatrice, l'autorisation du gouvernement. Les conclusions

---

(1) Demolombe, *Donations entre vifs*, t. III, n° 63. — Paris, 7 décembre 1852, D. P., 53, 2, 92. — Req., 26 novembre 1833, D. P., 35, 1, 40. — Civ., Rej., 18 mars 1867, D. P., 67, 1, 170.

subsidiaires furent admises par un jugement du tribunal
de la Seine, dont nous ne pouvons qu'approuver les motifs : « Attendu qu'il est constant que l'intention de la
» princesse de Béthune était de donner la somme de
» 125,000 francs, non de la prêter. Attendu qu'au moment
» où le trésorier de la fabrique a reçu le montant de cette
» donation, l'acceptation n'en avait pas été autorisée par
» le gouvernement. Que, durant les quatre années qui se
» sont écoulées depuis lors, aucune diligence n'a été faite
» par la fabrique pour obtenir cette autorisation. Qu'à la
» vérité, elle vient de manifester l'intention de se pourvoir,
» à cet effet, auprès de l'administration, mais qu'aujour-
» d'hui les choses ne sont plus entières ; qu'en effet, d'une
» part, la princesse de Béthune est décédée ; et, d'autre
» part, la somme par elle remise est revendiquée par ses
» héritiers comme devant faire partie de la succession.
» Attendu, en droit, que si le don manuel est affranchi de
» toute solennité extrinsèque, il n'en faut pas moins, pour
» sa validité, que ces faits soient accomplis par deux per-
» sonnes capables, l'une de disposer, l'autre d'accepter à
» titre gratuit. Attendu que la fabrique d'une église n'a
» pas capacité pour accepter une libéralité, tant qu'elle n'a
» point été autorisée par le gouvernement. Attendu qu'en
» cas de don manuel, il est manifeste que la fabrique, ne
» pouvant se prémunir d'une autorisation préalable, doit
» être admise à la solliciter après avoir reçu la chose
» donnée; mais qu'alors c'est à ses risques que son accep-
» tation demeure incomplète et précaire. Attendu que, si
» le donateur vient à décéder avant que la fabrique ait été
» autorisée à accepter les dons manuels, et si ces héri-
» tiers, n'étant pas plus liés qu'il ne l'était lui-même
» par cette libéralité dépourvue d'acceptation régulière et
» définitive, prétendent faire rentrer dans la succession la

» chose donnée, la capacité tardivement requise de l'éta-
» blissement religieux ne peut suffire pour donner exis-
» tence à un contrat auquel manque la volonté de l'une
» des deux parties. Que, dans de telles circonstances, il ne
» peut avoir lieu de droit entre les héritiers du donateur
» et le donataire, parce qu'au moment du don manuel, il
» n'y avait pas d'acceptation et, jusqu'au moment de l'ac-
» ceptation, pas de libéralité. »

La Cour de Paris infirma ce jugement, mais par par des motifs tirés surtout des circonstances de la cause. Suivant elle, la loi est muette sur la question qui nous occupe ; cette question doit donc être résolue d'après les faits et circonstances : « Considérant, dit-elle, que si
» les parties ont eu recours à la forme du don manuel
» dans la pensée d'échapper au contrôle du gouverne-
» ment, cette fraude doit entraîner la nullité de la dona-
» tion ; qu'en effet, on encouragerait les dispositions
» des établissements publics à ne point appeler la sur-
» veillance de l'Etat sur leurs transactions, si l'on ad-
» mettait en principe qu'il leur est loisible de ne réclamer
» l'autorisation qu'au jour où leurs actes volontairement
» soustraits à la connaissance de l'autorité supérieure,
» seraient argués de nullité. Considérant que dans l'es-
» pèce, il est manifeste que les parties n'avaient pas la
» pensée déchapper à la nécessité de l'autorisation, car
» elles n'avaient aucun intérêt à éviter l'intervention du
» gouvernement ; qu'il s'agissait de faciliter une acqui-
» sition faite par la ville de Paris pour un service public ;
» que l'autorisation de l'Etat ne pouvait être arrêtée ni
» par des raisons d'intérêt général, ni par des motifs tirés
» de la situation de la famille de la donatrice ; que la
» princesse de Béthune par un sentiment d'humilité reli-
» gieuse avait voulu demeurer inconnue, circonstance

» qui faisait obstacle à une demande d'autorisation ; qu'a-
» près le décès de la donatrice, la fabrique s'est crue de
» bonne foi dispensée de solliciter une autorisation pour
» un don manuel consommé depuis longtemps, et que son
» caractère anonyme assimilait pour elle aux offrandes
» déposées dans les troncs des églises. Considérant que
» les faits s'étant ainsi accomplis en dehors de toute
» pensée frauduleuse il n'existe aucun motif pour refuser
» à la fabrique le droit de demander aujourd'hui l'auto-
» risation ; considérant en résumé que la libéralité de
» la princesse de Béthune constitue un don manuel fait
» sans condition et dans une intention qui a été suivie ;
» que la demande d'autorisation pour accepter n'est pas
» soumise à un délai déterminé, etc. » La Cour de Paris
a du reste, persisté dans sa jurisprudence, et tout récemment encore elle a rendu un arrêt dans le même sens (1).
Il s'agissait d'une somme de 28,115 francs donnée par la
demoiselle Bodin, au couvent de la Nativité de la Sainte-
Vierge ; le tribunal de Versailles avait condamné les
sœurs à la restitution de cette somme ; son jugement fut
infirmé par la Cour de Paris : « Considérant que les dons
» manuels ne sont valables, s'agissant d'une congrégation
» de femmes, et ne peuvent être acceptés que sur l'auto-
» risation spéciale du gouvernement ; mais considérant
» qu'au point de vue de l'ordre public, comme dans l'inté-
» rêt des familles, il suffit au procès que le gouvernement
» soit ultérieurement appelé à se prononcer sur la de-
» mande en autorisation et à examiner si les libéralités
» n'excèdent pas, soit les limites raisonnables, soit la limite
» du 1/4 des biens laissés par la donatrice. »

On a pu voir, par les quelques arrêts que nous avons

____

(1) Paris, 28 janvier 1881, Sir., 82, 2, 42.

cités, quel est l'état de la jurisprudence sur la question qui nous occupe ; il nous faut maintenant apprécier les arguments qu'elle invoque en faveur de sa doctrine et les repousser si cela est possible.

Il y a certaines phrases du jugement du tribunal de la Seine qui m'ont frappé. J'y vois la réfutation complète du système de la Cour de Paris. « Il est manifeste, dit-il, que » la fabrique ne pouvant se prémunir d'une autorisation » préalable, doit être admise à la solliciter après avoir » reçu la chose donnée ; mais alors c'est à ses risques et » périls, que son acceptation demeure incomplète et pré- » caire. » Nous n'exigeons pas l'autorisation préalable du gouvernement pour les dons manuels faits aux établissements publics ; nous ne demandons nullement l'application de l'article 937 du Code civil ; mais en permettant à ces établissements de recevoir manuellement certaines choses sans autorisation, on n'est pas obligé pour cela d'admettre que cette autorisation pourra intervenir à tout moment. Il est un point que ne peuvent contester nos adversaires, c'est que le don manuel reste imparfait tant que l'autorisation du gouvernement n'est pas intervenue ; c'est là l'application pure et simple de l'article 910. Il suit de là, que si la réception des choses données peut bien constituer une acceptation, il ne peut s'agir que d'une acceptation provisoire qui ne lie pas par conséquent le donateur. La preuve en est, que, si le gouvernement refusait son autorisation, le don manuel serait considéré comme non avenu et le donateur ou ses héritiers pourraient répéter contre le donataire les choses qui ont été livrées.

Eh bien, du moment que le donateur n'est plus lié par la tradition manuelle, que la perfection du don dépend de l'autorisation gouvernementale, il me semble que l'intervention tardive de cette autorisation, à une époque où le donateur n'existe plus, c'est-à-dire après son décès, ne peut avoir plus d'effet que le défaut d'autorisation. Qu'on me dise ensuite que le donataire a agi avec une entière bonne foi, qu'il n'a fait qu'exécuter fidèlement la volonté de la donatrice que, dans certains cas, les dons manuels sont favorables à l'intérêt général ; peu m'importe ; je réponds qu'il faut toujours appliquer les principes du droit, quelles que soient les conséquences que leur application entraîne, *dura lex, sed lex.*

La loi n'est pas muette, comme le prétend la Cour de Paris ; l'article 910 exige, pour toute libéralité, l'autorisation du gouvernement ; des considérations d'équité ne sont pas suffisantes pour écarter l'application de cet article. Du reste, admettre que l'autorisation peut être efficace à toute époque, ce serait engager les établissements publics à se dispenser de cette autorisation, puisqu'ils auraient toujours bien le temps de la réclamer quand la libéralité serait attaquée par les héritiers légitimes. Aussi les auteurs les plus sérieux n'hésitent-ils pas à se prononcer dans le sens de notre opinion (1).

Cependant, nous devons admettre dans certains cas, une dérogation au principe que nous avons posé. Parmi les personnes morales qui sont régies par l'article 910, il y en a, comme les départements, communes, hospices, qui ont un caractère d'utilité générale incontestable.

Les dangers que la loi a voulu éviter, en exigeant une autorisation pour recevoir des libéralités, sont loin de présenter la même gravité que quand il s'agit d'établissements religieux ; l'état et les particuliers ne peuvent guère que gagner à l'enrichissement des départements, communes et hôpitaux. Aussi, le législateur a-t-il pensé qu'il

____

(1) Aubry et Rau, t. VII, § 649. — Laurent, t. XI, n° 300, p. 413.

fallait adoucir la rigueur du Code civil et leur permettre d'accepter, à titre conservatoire, les libéralités qui leur étaient faites, afin d'éviter qu'elles ne deviennent caduques, par suite du décès du disposant ou ne soient révoquées par lui. Aux termes de l'article 48 de la loi du 18 juillet 1837; le maire peut toujours accepter, à titre conservatoire, les dons et legs faits à la commune, en vertu de la délibération du conseil municipal; l'ordonnance du roi ou l'arrêté du préfet qui intervient ensuite a effet du jour de cette acceptation. L'article 11 de la loi du 13 août 1851, donne la même faculté en ce qui concerne les dons et legs faits aux établissements charitables, au président de la commission des hospices et hôpitaux, mais seulement après avis favorable de la commission. Enfin, le préfet peut également et sans délibération du conseil général, accepter provisoirement les dons et legs offerts aux départements.

Remarquez que toutes ces dispositions législatives parlent des dons en général et, par conséquent, s'appliquent aux dons manuels.

Cela prouve que les législateurs, après la rédaction du Code civil, ont interprété l'article 910 comme nous-même nous l'avons fait. Ils admettaient évidemment que le don manuel, comme les autres libéralités faites aux établissements publics, ne devenait parfait que lorsque l'autorisation du gouvernement avait été donnée; car, s'ils avaient pensé que ces établissements pouvaient toujours accepter les dons manuels qui leur étaient offerts, s'ils avaient considéré le donateur et ses héritiers comme liés par la tradition manuelle et ne pouvant plus répéter les choses livrées contre le donataire; si, en d'autres termes, ils avaient jugé que l'autorisation devait avoir toujours le même effet à quelqu'époque qu'elle intervînt, pourquoi auraient-ils accordé comme une faveur, à certaines personnes morales, cette faculté d'accepter, à titre conservatoire, les dons qui leur étaient faits? Une telle décision ne serait-elle pas véritablement incompréhensible?

Ces exceptions, apportées par des lois postérieures au Code civil, confirment donc, par cela même, la règle que nul établissement public ne peut accepter, sans autorisation du gouvernement, les libéralités qui lui sont offertes.

Il est une dernière remarque que je dois faire pour terminer ce qui est relatif à la capacité. Le donateur pour éviter la rigueur de la loi, a pu livrer les objets dont il voulait gratifier un incapable, à un tiers intermédiaire avec ordre de les lui remettre. Cela peut arriver notamment quand le donataire est un établissement religieux non reconnu par la loi, ou même reconnu s'il craint le refus d'autorisation.

En ce cas, il ne faudra pas hésiter à appliquer l'article 911 aux termes duquel toute disposition au profit d'un incapable sera nulle, soit....., soit qu'on la fasse par personnes interposées. Les tribunaux devront donc admettre la preuve de cette interposition des personnes et si cette interposition est établie, annuler le don manuel.

APPENDICE

De quelques conditions qui sembleraient devoir
être exigées des Dons manuels.

Nous avons vu les différentes conditions qui, suivant
nous, sont nécessaires pour qu'il y ait don manuel ; doit-
on en exiger d'autres ?

La question s'est présentée à propos de la valeur des
choses qui sont l'objet du don manuel. On a essayé de
prétendre que cette sorte de liberalité ne pouvait s'appliquer qu'à des meubles de peu de valeur ou à des sommes
peu importantes. J'ai dit en abordant cette étude que la
difficulté s'était déjà élevée dans l'ancien droit, et que
quelques paroles du chancelier d'Aguesseau avaient fait
croire à certains jurisconsultes que les dons manuels de
sommes modiques étaient seuls permis à cette époque.
Une pareille théorie se reproduisant sous l'empire de
notre Code, aurait certainement des avantages en ce
sens qu'elle empêcherait la fraude de s'exercer sur des
sommes considérables ; mais elle offrirait des inconvénients
pratiques parce qu'on serait toujours amené à faire une
appréciation de la valeur du don, qui ne serait pas toujours exacte.

Quoi qu'il en soit, étant donné qu'on admet la validité
des dons manuels, étant donnés surtout les arguments sur
lesquels on s'appuie pour soutenir cette validité, je crois
qu'il est impossible de faire des distinctions et de subordonner l'existence de la libéralité à la modicité de son
objet. C'est cependant ce qu'avait semblé admettre un
jugement du tribunal de la Seine du 19 février 1862, mais

14

ce jugement avait été inspiré par des circonstances de fait très défavorables au donataire. Aussi les arrêts sont-ils généralement en sens contraire (1). Sans doute ce système présentera certains dangers ; on pourra éluder facilement les règles de la capacité de donner et de recevoir, du rapport, et de la réserve ; mais ces dangers sont nécessaires du moment qu'on admet la validité des dons manuels, c'est-à-dire d'une manière de disposer dans laquelle le donateur est privé de toutes les garanties des donations entre vifs.

Est-ce à dire qu'il n'y ait aucune différence à faire entre les dons suivant la modicité de leur objet. Je crois que ce serait peut-être aller trop loin ; il y a des dons, qui, à raison de leur peu d'importance peuvent être considérés comme de simples présents ou des cadeaux. Or, nous savons que les présents d'usage ne sont pas rapportables (article 852), et il n'y a aucun motif, comme je le montrerai plus tard, de les soumettre à la réduction. Il est évident que le législateur n'a pas considéré ces dons comme de véritables libéralités ; son intention a été de les soustraire d'une façon absolue aux règles de fond comme aux règles de formes des donations. Nous croyons même qu'on peut étendre ces principes aux cadeaux faits aux futurs époux ou à des proches parents à l'époque des anniversaires de famille, et d'une façon générale à tous les dons qui auront le caractère d'une véritable aumône (2).

Nons avons vu que la jurisprudence ne s'est pas contentée de cette concession, et qu'elle a voulu soustraire

---

(1) Cass., 6 février 1844, D. A. *Disposit.*, *entre vifs*, nº 1636. Rouen, 24 juillet 1845, Sir., 46, 2, 104.

(2) Grenier, *Donations*, nº 176, Coin-Delisle, *Donations*, p. 187. Demolombe, t. XX, nº 59.

les dons modiques à la nécessité de l'autorisation du gouvernement ; c'est ce qui résulte notamment de l'arrêt de la Cour de Paris du 16 décembre 1864, où il est dit que les libéralités de peu d'importance rentrent dans la classe des offrandes, et comme telles ne sont pas soumises aux règles de la capacité.

C'est véritablement aller trop loin ; il faut, en cette matière où les textes manquent absolument, observer une très grande réserve sous peine de favoriser la fraude et les détournements.

On a soulevé aussi des difficultés pour les dons manuels faits avec charges ; sur ce point cependant l'affirmative n'était pas douteuse. La donation entre vifs peut être faite avec charges ; pourquoi n'en serait-il pas de même du don manuel qui n'en diffère que par le défaut de formes ?

Il y a un concours de volontés ; il y a tradition ; les parties sont capables de disposer et de recevoir entre vifs à titre gratuit ; on ne peut raisonnablement rien exiger de plus. Aussi tous les auteurs et les arrêts se prononcent-ils dans le sens de la validité (1) et (2).

Enfin on s'est demandé si la qualité des parties ne pouvait pas être un obstacle à la validité du don manuel. Il y a en effet certaines personnes pour lesquelles les libéralités revêtent un caractère tout particulier. J'entends parler ici

---

(1) Demolombe, t. 20, n° 78. — Bourges, 21 novembre 1835. D. A., *Disposit. ent. vifs*, note 1631.

(2) Cependant, il est un cas où le don manuel ne peut pas être fait avec charges. C'est celui où il est réalisé au profit de communes et d'établissements religieux ou de bienfaisance. Aux termes d'une jurisprudenee constante du conseil d'Etat, il est interdit à ces personnes morales d'accepter des dons manuels faits sous conditions ; on exige qu'ils soient transformés en donations publiques, c'est-à-dire qu'ils soient constatés par acte notarié. On a pensé que dans cette hypothèse, un acte authentique seul pouvait assurer à perpétuité l'exécution de la volonté du disposant. (Décision ministérielle du 18 octobre 1862, Sir., 62, 2, 272).

des donations entre époux ; la loi les déclare essentiellement révocables ; or, pourrait-on dire, le don manuel par
sa nature même, est absolument irrévocable ; une fois la
tradition des choses données faite, la propriété en est
transférée au donataire, et, on ne peut plus revenir sur cet
acte ; tout est consommé.

Ce résultat s'accorderait parfaitement avec le système
que M. Demolombe a proposé pour la justification de la validité des dons manuels ; il en résulterait que ces dons ne
seraient pas possibles entre époux. Cette conséquence extrême n'a été adoptée par aucun jurisconsulte ; on a toujours considéré comme valable le don manuel entre époux,
sauf réduction à la quotité disponible. Et c'est là la vraie
doctrine, car aucune loi ne défend le don manuel entre
époux et sa nature n'est nullement incompatible avec ce
droit de révocation. Sans doute, il sera plus difficile de
révoquer cette libéralité ; parce qu'avant d'user de son droit
de révocation son auteur devra en établir l'existence, mais
cela importe peu pour la question.

DEUXIÈME PARTIE

Des effets des Dons manuels.

Le don manuel est comme toutes les autres donations, un contrat, qui, comme tel doit engendrer certaines obligations, obligation pour le donateur de laisser le donataire en libre possession des choses données; obligation pour le donataire de ne pas se montrer ingrat envers le donateur ; de plus, obligation d'exécuter les conditions de la donation s'il en a été apposées. La sanction de ces diverses obligations sera celle du droit commun. Le donataire évincé par le donateur ou ses héritiers, pourra demander la restitution de la chose enlevée et de plus des dommages-intérêts.

Le donateur, en cas d'ingratitude ou d'inexécution des charges, pourra demander la révocation de la donation, et, dans la dernière hypothèse, suivant l'avis de la plupart des auteurs, poursuivre le donataire en exécution des conditions.

Mais le don manuel ne fait pas seulement naître des obligations; il est encore translatif de propriété. Le donateur se dépouille irrévocablement de la chose donnée ; c'est là le caractère spécial des dispositions à titre gratuit entre vifs. Remarquez que ce n'est pas la tradition seule qui transfère la propriété, mais, la tradition accompagnée du concours de volontés.

J'ai dit que le don manuel, comme les autres donations, était irrévocable ; il est bien certain, cependant, que cette irrévocabilité, supporte les exceptions apportées par le droit commun lui-même. Il ne faudra donc pas hésiter à appliquer les articles 953 à 956, qui énumèrent diverses causes de révocation. Il en résulte que les dons manuels seront révocables : 1° lorsque le donataire n'aura pas exécuté les conditions qui y avaient été apposées ; mais il faut observer que cette cause de révocation sera assez rare, car, d'une part, les dons manuels sont rarement faits sous des conditions ou charges : et, d'autre part, alors même qu'il en est ainsi, il serait extrêmement difficile ·pour le donateur d'établir l'existence de ces conditions. Aussi la question ne semble pas s'être posée devant les tribunaux.

2° Lorsque le donataire se sera montré ingrat envers le donateur.

3° Lorsqu'il y aura eu survenance d'enfants.

Outre ces causes de révocation, qui affectent toutes les libéralités, il y en a une quatrième qui n'atteint que certaines d'entre elles ; c'est celle qui s'attache à la qualité des parties. Aux termes de l'article 1096, les donations entre époux sont toujours révocables. Le législateur craignant que les libéralités faites entre des personnes unies par un lien aussi puissant que celui du mariage, ne soient souvent déterminées par la passion ou la faiblesse et ne soient pas l'œuvre d'une volonté libre et indépendante, a voulu que l'auteur de ces libéralités puisse toujours les révoquer à son gré.

Évidemment, le danger que la loi a entendu éviter, se retrouvait et peut-être avec plus de force encore dans les dons manuels, qui, étant affranchis des formalités solennelles des donations destinées à protéger le donateur, offraient moins de garanties que les autres libéralités. Ainsi, les dons manuels sont soumis à l'article 1096 ; quant à la question qui s'élève sur leur validité, je l'ai déjà examinée et, d'accord avec les auteurs et les tribunaux, j'ai pensé que la qualité d'époux n'était pas un obstacle à l'existence de dons manuels.

Outre ces hypothèses, où le don manuel sera anéanti par suite de certaines circonstances, il y en a d'autres où le donataire sera dépouillé en tout ou en partie de la libéralité qui lui a été faite par l'application des règles du Rapport et de la Réserve.

§ 1ᵉʳ.

RAPPORT.

Et tout d'abord, le législateur, dans le but de maintenir autant que possible l'égalité entre les différents cohéritiers, a décidé que le successible rapporterait à la masse de la succession, les biens qu'il avait reçus du *decujus* de son vivant (art. 843 et suivants).

Cette règle doit-elle s'appliquer aux dons manuels ? Sur ce point les auteurs sont loin d'être d'accord, et la jurisprudence n'est pas elle-même bien fixée en un sens quelconque.

Quelques auteurs (1) ont prétendu que le don manuel, par sa nature même, était dispensé du rapport. En employant un pareil mode de disposition, en faisant une libéralité qui est consommée par la tradition même, et qui ne laisse après elle aucune trace, le disposant a manifesté clairement qu'il entendait dispenser le donataire du rapport. S'il n'avait pas eu cette pensée, il aurait certainement pris soin de constater sa libéralité par un écrit, de manière à assurer l'effet de sa volonté.

____

(1) Vazeille, art. 843, nº 20. — Grenier, *Donation*, t. 1, nº 176. — Bordeaux, 2 mai 1831, Sir., 31, 2, 324. — Poitiers, 3 décembre 1862, D. P., 63, 2, 136.

Cette doctrine a été admise par des arrêts de la Cour de Bordeaux et de la Cour de Poitiers ; mais elle a été depuis généralement abandonnée ; elle paraît absolument contraire au texte de l'article 843, qui exige formellement une dispense du rapport et qui s'applique à toutes les libéralités quelle que soit leur forme. Et, telle a été bien l'intention des rédacteurs du Code civil, car nous voyons Jaubert (1) s'exprimer en ces termes dans son rapport au tribunat : « Les dons manuels ne sont susceptibles d'aucune forme ; » il n'y a là d'autre règle que la tradition, sauf néanmoins » la réduction et le rapport dans les cas de droit. »

C'est le renversement absolu du système que nous combattons. Du reste, l'intention du disposant de dispenser du rapport le don manuel n'est rien moins que certaine. Il se peut qu'il n'y ait pas même songé, et c'est ce qui arrivera le plus souvent ; car les dons manuels se consomment par la tradition et sont affranchis des formes solennelles gênantes et, par suite, offrent de très grands avantages, qui les font préférer aux autres dispositions à titre gratuit. Enfin, il est un cas où il sera bien certain que cette volonté de dispenser du rapport n'existera pas ; c'est celui où le donateur, après avoir livré des choses mobilières qui lui appartenaient, aura constaté ce don sur des registres ou papiers domestiques.

Cette dernière considération a donné naissance à un second système (2) qui, moins absolu que le premier, propose une distinction, suivant que le don manuel est patent ou occulte.

Oui, dit-on, les dons manuels quand ils sont faits au grand jour sans déguisement et spécialement quand ils

---

(1) Fenet, t. 12, p. 598.
(2) Belost-Jolimont sur Chabot, art. 843. — Vazeille, t. 1, p. 348.

sont constatés par écrit, doivent être soumis au rapport ;
mais il ne doit pas en être de même, quand le disposant a
choisi cette forme afin de cacher sa libéralité, car ce déguisement ne peut se comprendre que par la volonté du
donateur de dispenser du rapport le donataire.

Ce système se rattache à la théorie suivant laquelle les
donations déguisées, sous la forme d'un contrat à titre onéreux, sont dispensées de plein droit du rapport, et, les
mêmes arguments qu'on invoque en sa faveur, pourraient
être également ici employés. Suivant moi, il n'est pas
exact ; car il n'est pas du tout certain que chez le disposant il y ait eu volonté de dispenser du rapport, et, alors
même que cette volonté existerait, on en serait pas moins
conduit à appliquer les articles 843 et 919 qui n'admettent
pas une dispense présumée, mais qui exigent une déclaration formelle du donateur.

Le système que nous combattons n'est admis par la jurisprudence qu'avec un tempérament qui le rend séduisant
mais qui ne le fait pas échapper aux justes critiques qu'on
peut lui adresser. Les dons manuels, d'après la plupart des
arrêts (1), ne sont pas même occultes, dispensés du rapport, car ce caractère ne révèle pas d'une manière assez
sûre la volonté du disposant ; mais on doit permettre aux
juges de rechercher quelle a été l'intention du donateur
et, par suite, de dispenser le donataire du rapport, s'il
résulte des circonstances de la cause que telle a été la volonté du disposant. Cette décision est une des applications
de la théorie très douteuse, mais généralement admise par
la jurisprudence, théorie qui peut ainsi se résumer : Pour

---

(1) Agen, 13 juin 1831, D. A., *Succession*, n° 1106. — Reg., 12 août 1844,
D. A., *Succession*, n° 1106. — Rouen, 12 mars 1845, D. P., 45, 2, 159. —
Rouen, 24 juillet 1845, D. P., 46, 2, 87. — Lyon, 18 mars 1859, D. P.,
61, 5, 403.

qu'un donataire héritier soit dispensé du rapport, il n'est pas nécessaire qu'il y ait une déclaration expresse du disposant, il suffit que sa volonté soit claire et certaine.

L'argument le plus puissant qu'on fait valoir en faveur de ce système, est fondé sur le respect qu'on doit avoir pour la volonté du disposant. Cependant on a cherché à lui donner une force juridique plus grande en l'appuyant sur des considérations tirées des textes même du Code civil. L'article 852, dit-on, déclare que les présents d'usage, sont dispensés du rapport. S'il en est ainsi, c'est que leur objet, leur modicité, les circonstances qui les déterminent, établissent clairement la volonté du disposant de soustraire au rapport ces libéralités. Eh bien, pourquoi ne pas étendre par analogie l'article 852 aux autres cas où il résulte également du but des libéralités, que dans l'esprit du disposant le donataire devait être dispensé du rapport.

Et qu'on n'objecte pas que les articles 843 et 919 exigent une déclaration expresse du donateur ; ces articles ne s'appliquent pas aux dons manuels ; car par leur nature, ils se consomment sans acte, par la seule tradition ; or, quand l'article 843 décide que les dons doivent être faits expressément par préciput, il suppose une donation faite par acte. Il en est de même de l'article 919 d'après lequel la déclaration de préciput peut être faite soit par l'acte qui contient la disposition, soit postérieurement dans la forme des dispositions entre vifs ou testamentaires. Ces articles écartés, il n'y a plus dès lors qu'à se référer aux principes d'équité qui commandent le respect fidèle de la volonté du disposant (1).

____

(1) Duranton, t. 7, n° 305. — Toullier, t. 5, n° 1786. — Aubry et Rau, t. 6., p. 645. — Massé et Vergé, t. 2, p. 398.

De nombreuses décisions ont été rendues en ce sens (1). Je me bornerai à en analyser quelques-unes. Une des plus intéressantes est celle qui a été rendue le 12 août 1844 par la Chambre des requêtes. La Cour de cassation s'est, par cet arrêt, séparée nettement de la doctrine qui admettait d'une façon absolue que les dons manuels occultes étaient dispensés du rapport; mais en même temps, elle a reconnu aux juges le droit de rechercher s'il ne résulte pas des faits de la cause une dispense de rapport.

Le sieur Gazagnaire était décédé, laissant cinq enfants pour héritiers. L'aîné, Georges, n'avait cessé de cohabiter avec son père. Ses frères et sœurs prétendaient que, pendant cette cohabitation, il avait reçu de nombreuses valeurs appartenant à leur père ; en conséquence ils avaient, en demandant le partage de la succession, conclu à ce que leur aîné fût tenu de rapporter tout ce qu'il avait reçu du défunt.

Le tribunal de Grasse admit leur demande ; mais, sur l'appel interjeté, la Cour d'Aix infirma le jugement (18 janvier 1843) par un arrêt à peine motivé : « En ce qui touche » les conclusions subsidiaires de Georges Gazagnaire, » prises pour la première fois en appel, considérant qu'elles » sont fondées, puisqu'il s'agit dans l'espèce de dons manuels occultes et, par conséquent, d'une libéralité faite à » titre de préciput et hors part, etc. » La Cour semblait admettre le second système, celui qui déclare que les dons manuels occultes sont dispensés du rapport. Les cohéritiers du donataire se pourvurent en cassation ; ils firent remarquer que, dispenser du rapport les dons manuels occultes,

____

(1) Rejet, 12 août 1844, D. A., *Succession*, n° 1106. — Rouen, 12 mars 1845, D. P., 45, 2, 159. — Rouen, 24 juillet 1845, D. P., 46, 2, 87. — Req., rej., 19 novembre 1861, D. P., 62, 1. 140. — Req., rej., 3 mai 1864, D. P., 64, 1, 173. — Req., 12 mars 1873, D. P., 73, 1, 194.

c'était leur accorder un avantage sur les dons écrits, avantage que rien ne justifie et que la raison réprouve ; car de semblables libéralités, faites sans contrats, livrent les droits des héritiers à réserve à tous les dangers de la captation et des machinations ténébreuses.

M. Mestadier, conseiller rapporteur, présenta des observations dans le même sens ; mais dans son rapport, il semblait reconnaître que les tribunaux avaient le droit de rechercher quelle était la véritable intention du donateur. « La raison, disait-il, qui détermine à dispenser du rapport » les dons manuels occultes, c'est la présomption de l'in- » tention du donateur, mais il faut néanmoins que cette » intention résulte des faits et circonstances de la cause, il » faut surtout qu'elle soit reconnue et déclarée en fait. Or, » dans l'espèce actuelle, la Cour d'appel ne s'est pas même » expliquée sur l'intention. Elle a dit : Ce sont des dons » manuels occultes ; par conséquent, ce sont des libéra- » lités faites à titre de préciput. C'est donc un point de » droit général qu'elle a admis. Ce principe, appliqué aux » dons manuels, pouvez-vous le consacrer ? »

La Cour de cassation, tout en adoptant sur ce point l'opinion du rapporteur, ne cassa cependant pas l'arrêt qui lui était déféré. « Attendu, en droit, que si les dons ma- » nuels occultes ne peuvent, pas plus que les donations » déguisées, être de plein droit et nécessairement dispen- » sés du rapport ou imputables sur la quotité disponible, » leur véritable caractère résulte de la volonté du dona- » teur ; que c'est au juge du fait qu'il appartient de » rechercher et de déclarer quelle a été son intention. » Attendu que, dans l'espèce, les faits avaient été l'objet » d'enquêtes réciproques ; qu'ils étaient parfaitement con- » nus de la Cour royale, étant constatés par un jugement » de première instance dont elle a adopté les motifs, et

» qu'en ordonnant l'imputation des dons manuels et oc-
» cultes sur la quotité disponible, elle n'a fait qu'user de
» son pouvoir d'appréciation de la volonté du père dona-
» teur, etc. »

Un arrêt assez récent de la Cour de càssation a encore confirmé cette doctrine (arrêt du 12 mars 1873). A vrai dire, la question qui s'élevait devant elle n'était pas celle que nous examinons ; le pourvoi n'invoquait pas les principes du Code en matière de rapport ; il soutenait simplement que la Cour d'appel avait méconnu la volonté du disposant. La chambre des requêtes, en déclarant qu'en réalité, cette volonté n'avait pas été violée, et en rejetant, en conséquence, le pourvoi, reconnut par cela même, le pouvoir qu'avaient les juges de rechercher, dans les faits de la cause, si l'intention du disposant n'avait pas été de dispenser le donataire du rapport.

Ce pouvoir d'appréciation, accordé aux juges par la Cour de cassation, n'est pas seulement de nature à nuire aux cohéritiers du donataire, mais encore aux personnes qui auront reçu du défunt des libéralités. Car si le don manuel, fait à un des successibles, est dispensé du rapport, il devra nécessairement s'imputer sur la quotité disponible ; et si on suppose qu'il porte sur des valeurs considérables, il absorbera la plus grande partie des biens compris dans la quotité disponible ; par suite, les donataires postérieurs seront forcés de subir la réduction. Les tribunaux, d'ailleurs, n'ont pas reculé, et avec raison, devant cette conséquence de leur système. C'est ce qu'on peut voir notamment dans l'arrêt de la Cour de cassation, que nous avons reproduit plus haut.

Il nous faut maintenant apprécier les arguments invoqués en faveur de cette doctrine et à en montrer la faiblesse. On dit d'abord qu'en déniant aux juges le droit de rechercher quelle a été la véritable intention du disposant, on s'expose, dans bien des cas, à violer la volonté du disposant. Cette considération ne me touche pas. Peu importe, en matière de rapport, la volonté du disposant; le Code civil ne l'a-t-il pas absolument méconnue en exigeant le rapport des legs faits à un héritier du *decujus ?* Il n'est guère possible, en effet, de soutenir qu'en cette hypothèse, le rapport est conforme à cette volonté, à moins que d'attribuer au *decujus* l'intention déraisonnable de faire une disposition qu'il sait d'avance ne pouvoir produire aucun effet. En réalité, le législateur s'est préoccupé avant tout de maintenir l'égalité entre les divers cohéritiers. C'est en vue de ce résultat qu'il a soumis au rapport toutes les libéralités directes ou indirectes, apparentes ou occultes, faites par actes entre vifs ou par disposition testamentaire à une personne qui est l'héritière du donateur. Il est vrai qu'il n'a pas cru devoir aller comme les coutumes d'égalité parfaite et de simple égalité dans notre ancien droit; il a permis au donateur de faire des libéralités par préciput et hors part; mais alors, il exige que sa volonté soit expresse, c'est-à-dire résulte de l'acte même par lequel il fait la libéralité, ou au moins d'un acte postérieur; une dispense tacite de rapport ne lui paraît pas suffisante. En agissant ainsi, il a voulu éviter l'incertitude et l'arbitraire des présomptions que l'on aurait pu vouloir induire des faits pour y découvrir la volonté du disposant. On méconnaît donc manifestement l'esprit de la loi, en permettant aux juges de rechercher, dans les faits de la cause, une dispense de rapport.

On invoque l'article 852, qui soustrait au rapport les présents et cadeaux ; on y voit une dispense tacite ; mais l'argument qu'on tire de ce texte peut facilement être retourné contre nos adversaires. Si, en effet, le législateur a cru nécessaire de dispenser du rapport certaines libéralités qui constituent des dons manuels, c'est qu'en principe, les dons manuels sont soumis au rapport. Et remarquez que des motifs spéciaux justifient l'article 852 ; en réalité, les présents d'usage ne constituent pas de véritables libéralités, puisqu'ils n'enrichissent pas le donataire, et qu'ils n'appauvrissent guère le donateur à raison de leur modicité.

Quant à la manière dont on repousse l'application aux dons manuels des articles 843 et 919, il est impossible de l'admettre. Ces textes prévoient, dit-on, des libéralités faites par acte et, par conséquent, ne peuvent s'appliquer aux dons manuels. Ceci n'est pas exact; si les articles 843 et 919 ne semblent prévoir que les donations qui sont constatées par un écrit, c'est que c'est l'hypothèse, qui, aux yeux du législateur, doit se réaliser le plus souvent ; rien de plus naturel, dès lors, qu'il exige que la dispense du rapport soit insérée dans cet écrit. Mais nous avons vu que, dans certaines hypothèses, un acte notarié constatant la libéralité n'était pas nécessaire; ce sont les cas où cette libéralité résulte d'une stipulation pour autrui, ou d'une renonciation à titre gratuit, ou enfin d'une tradition manuelle ; pourquoi, dans tous ces cas, une dispense expresse de rapport ne serait-elle pas exigée? Quel obstacle voit-on à ce que le donateur consigne sa volonté dans un acte postérieur à la perfection de la libéralité?

Et puis, pourquoi favoriser ainsi les dons manuels qui présentent, aux yeux les moins clairvoyants, de graves inconvénients pratiques ? Si la libéralité, au lieu d'être faite manuellement, avait été l'objet d'un acte solennel de donation entre vifs, on ne pourrait pas faire résulter la dispense du rapport des circonstances qui auraient précédé ou suivi la donation, si décisives qu'elles puissent paraître ;

rien, en cette hypothèse, ne pourrait remplacer une déclaration expresse de volonté ; et, parce que la libéralité constitue un don manuel affranchi de toutes les formes destinées à garantir la liberté du disposant et les intérêts de sa famille, toute preuve, toute présomption serait admise à l'effet d'établir la dispense du rapport ! Une pareille décision me paraît absolument illogique et, pour moi, il m'est impossible de l'admettre. Je crois donc, d'accord, du reste, avec d'illustres jurisconsultes (1), que les dons manuels, à moins d'une dispense expresse, sont toujours soumis au rapport.

Quelques Cours (2) ont adopté cette dernière opinion.

La Cour de Bastia a très bien fait valoir les considérations qui existent en sa faveur :

« Considérant que, d'après le Code civil, le principe de
» l'égalité des partages domine la matière des succes-
» sions; que la faculté accordée au père de famille de
» disposer, à titre gratuit, d'une portion déterminée de son
» héritage en faveur d'un ou plusieurs de ses enfants,
» n'est qu'une exception à cette règle générale : que si
» cette exception se justifie par de hautes considérations
» sociales, elle n'en doit pas moins, comme toutes les ex-
» ceptions, être strictement renfermée dans les limites
» tracés par la loi; que si des doutes s'élèvent sur la vo-
» lonté du père de famille, ils doivent être résolus plutôt
» dans le sens du principe général que dans celui de l'ex-
» ception à ce principe. Considérant que, suivant les
» articles 843 et 919 du Code civil, la volonté d'affranchir
» du rapport la donation faite à un successible, doit être
» expressément manifestée par le donateur; considérant

____

(1) Laurent, t. X, n° 596. — Demolombe, t. XVI, n° 255.
(2) Liège, 2 février 1854. — Bastia, 26 décembre 1855, D. P., 56, 2, 149.

» que si la libéralité consiste en un don manuel, le juge
» se trouve placé non en présence d'un contrat à interpré-
» ter, mais d'un fait pur et simple dont il doit déterminer
» la portée ; que, par suite, c'est en dehors de ce fait qu'il
» faudrait rechercher la preuve de l'intention du dona-
» teur, étant aujourd'hui admis généralement que le dé-
» guisement de la donation ou sa clandestinité, s'il s'agit
» d'un don manuel, n'implique pas, nécessairement, la
» dispense du rapport. Considérant que, quel que soit le
» relâchement de la jurisprudence en cette matière, il n'a
» pas été jusqu'ici décidé qu'en l'absence de tout acte, de
» tout écrit constatant la volonté du donateur, le donataire
» peut être admis à établir la dispense du rapport ; que,
» malgré les tendances de certaines doctrines manifeste-
» ment contraires à l'esprit du Code civil, il est permis
» d'espérer qu'on ne portera jamais à ce point l'oubli des
» plus saines règles de droit et des prescriptions impéra-
» tives des articles 843 et 919 ; qu'on ne saurait, par con-
» séquent, légitimement demander aux documents résul-
» tant de l'enquête ou aux circonstances de la cause, si
» M. François Moretti avait eu la volonté que le don ma-
» nuel de 3,240 francs fût imputé sur la portion dispo-
» nible, etc. »

Ainsi, les dons manuels sont, en principe, soumis au
rapport ; mais ne faut-il pas au moins apporter à cette
règle une exception fondée sur la modicité des objets qui
ont été donnés manuellement. La difficulté vient de ce que
l'article 852 dispense du rapport certaines libéralités : présents d'usage, frais de noces. On peut dire que le motif de
cette disposition est que ces libéralités portent sur des objets
de très peu de valeur ; et alors, pourquoi ne pas étendre
cette disposition équitable à tous les cas ou les dons manuels seront d'une modicité relative ?

Dans l'ancien droit, il semble bien qu'on adoptait cette manière de voir. Ainsi, Guy-Coquille s'exprimait en ces termes : « Le rapport doit être fait de toute sorte de biens » tant meubles qu'immeubles, pourvu que les dons et » bienfaits aient été de sommes notables. »

Cette opinion est généralement admise par la doctrine et la jurisprudence (1). « Attendu, dit la Cour de Mont- » pellier, qu'on ne peut s'arrêter à la prétention que les » dons manuels reçus par le fils Jullian ne seraient point » rapportables par ce qu'ils seraient provenus de simples » revenus de sa mère ; qu'en effet, aux termes de l'article » 843 du Code civil, tout héritier, venant à partager, doit » rapporter tout ce qu'il a reçu à titre de donation, direc- » tement ou indirectement ; que si la doctrine et la juris- » prudence admettent quelques modifications à cette règle, » ce ne peut être que pour des sommes modiques ; en ce » cas, les dons manuels peuvent être assimilés aux pré- » sents d'usage, que l'article 852 dispense du rapport. »

Cette décision est une application du système qui sous- trait les dons manuels, lorsqu'ils sont modiques, non seu- lement aux règles de forme des donations, mais encore aux règles de fond auxquelles sont soumises toutes les libéralités.

Pour moi, je me tiens à la doctrine que j'ai exposée plus haut. J'admets que l'article 852 doit être étendu aux dons manuels, lorsqu'en réalité ces dons ne constituent pas des libéralités, mais de véritables aumônes. Mais je ne peux aller plus loin et je rejette absolument un système qui dis- pense le donataire du rapport, dans tous les cas où le don manuel est modique ; il me paraît tout à fait contraire à

---

(1) Demolombe, t. XVI, n° 336. — Laurent, t. X, n° 597. — Montpellier, 11 juin 1846, Sir., 46, 2, 114.

l'esprit de la loi, qui veut que la plus stricte égalité règne entre les divers cohéritiers. De plus, il transforme une question de droit en une question de fait et, par là, il laisse aux tribunaux un pouvoir d'appréciation extrêmement dangereux. Ce n'est pas par l'autorité de Guy-Coquille que l'on doit résoudre la question qui nous occupe. Cet écrivain a pu dire que les dons manuels modiques étaient dispensés du rapport, mais il est très douteux qu'il fût d'accord sur ce point avec les autres jurisconsultes de cette époque; car Pothier déclare (1) que la coutume par ces termes : « en manière quelconque, assujettit au rapport » tous les avantages tant directs qu'indirects faits par » les pères et mères ou aux autres ascendants à leurs en- » fants. » Et il n'excepte pas même de cette règle, les habits nuptiaux et trousseaux de noce. On voit donc que la doctrine n'était pas certaine dans l'ancien droit sur cette question ; mais le fût-elle, qu'il faudrait dire que les rédacteurs du Code ont innové sur ce point ; cela résulte clairement des travaux préparatoires.

L'article 647 du projet de Cambacérès était ainsi conçu : « On ne rapporte pas les dons d'effets mobiliers quand il » y a eu tradition réelle et que leur valeur n'excède pas » 2,000 francs. » C'était la consécration du système qui dispense du rapport les libéralités modiques. Cette disposition n'a pas été reproduite dans le Code ; on ne trouve plus que l'article 852, qui soustrait au rapport les présents d'usage. La disposition du projet Cambacérès n'a donc pas été adoptée.

Toutes les considérations invoquées par nos adversaires se trouvant écartées, il n'y a plus qu'à appliquer strictement l'article 843, aux termes duquel toutes les libéralités

____

(1) Pothier, *Successions*, ch. IV, art. 2, §§ 2 et 3, *in principio*.

faites à un successible sont soumises au rapport. Quant à l'article 852, il ne peut pas recevoir ici son application, à cause de la règle que les exceptions doivent être limitées aux cas prévus.

Ainsi, quelle que soit la valeur du don manuel, il doit, à moins qu'il ne constitue un présent d'usage ou une véritable aumône, être rapporté à la succession du *de cujus*. Mais tout n'est pas dit, quand on a posé ce principe ; il peut se présenter, en pratique, des questions très délicates de preuve, analogues à celles que nous avons eu à examiner à propos de la volonté de donner. En effet, les héritiers, avant de pouvoir exiger de leur cohéritier, doivent établir qu'il a reçu certaines sommes, certains objets du défunt. Sans doute, comme il leur a été impossible de se procurer un écrit, puisqu'ils n'étaient pas parties au contrat, tout moyen de preuve sera admissible. Ils pourront notamment établir l'existence et la valeur des libéralités, soit par la preuve testimoniale et les présomptions, soit même par les registres et papiers de famille. C'est ainsi que l'a jugé la Cour d'Orléans, dans un arrêt du 24 novembre 1855.

Mais, si en droit, tous moyens de preuve leur seront offerts, en fait, le plus souvent, ces moyens leur feront absolument défaut. Car, à la différence des autres libéralités, ces dons manuels se consomment par la tradition, sans écrit, et sont le plus souvent occultes.

Les témoins, les présomptions, les registres domestiques ne peuvent donc être utilement employés par les cohéritiers du successible donataire ; et ceux-ci n'ont d'autre ressource que le serment qui, si leur adversaire est de mauvaise foi, est extrêmement dangereux ; et l'interrogatoire sur faits et articles. C'est ici, alors, que se présente une véritable difficulté. L'héritier défendeur se gardera

bien d'avouer simplement qu'il a reçu un don manuel; il
accompagnera toujours son aveu d'autres déclarations de
nature à empêcher qu'on en tire parti. Il dira: « J'ai
reçu telle somme, mais vous aussi, vous avez reçu une
somme égale ou supérieure »; ou bien : « J'ai reçu sans
doute telle somme, mais avec dispense de rapport ». Les
juges seront-ils liés par ces déclarations? Seront-ils obligés
d'établir, dans le premier cas, une sorte de compensation
entre les deux rapports, et dans le second, de rejeter la
demande des cohéritiers? En d'autres termes, doit-on
appliquer ici la règle de l'indivisibilité de l'aveu?

L'aveu complexe n'est, on le sait, indivisible que lorsqu'il porte sur des faits connexes, des faits qui se rattachent l'un à l'autre par un rapport intime. Eh bien, il est
certain que dans le premier cas, cette condition manque
absolument. Il n'y a aucun lien entre la libéralité que le
défendeur reconnaît avoir reçue du défunt et celle qu'il
prétend avoir été faite à ses cohéritiers. Les faits sont in-
dépendants l'un de l'autre ; les juges peuvent condamner
le défendeur à rapporter les sommes par lui reçues, et repousser la demande de rapport qu'il fait contre ses cohéritiers tant qu'il n'aura pas fait la preuve des libéralités
qu'il prétend avoir été faites, et, c'est ainsi que l'a décidé
un arrêt de la Cour de cassation du 30 juin 1857 (1).

Mais, sur la seconde hypothèse, il s'est élevé beaucoup
plus de doutes, et, la plupart des auteurs et des arrêts admettent l'indivisibilité de l'aveu. On fait observer que le
défendeur avoue un fait (le don manuel) avec certaines modifications (dispense du rapport), que dès lors il s'agit non
d'un aveu complexe, mais d'un aveu qualifié qui, comme

---

(1) Civ. cass., 30 juin 1857, Sir., 57, 1, 702. — Voir aussi Demolombe,
t. XVI, n° 329.

tel, doit toujours être soumis à la règle de l'indivisibilité.

Les conséquences fâcheuses auxquelles conduit une pareille doctrine, doivent nous la faire repousser. Je suppose qu'un des héritiers ait reçu du défunt le dépôt de certaines valeurs ou que plus proche que les autres du lieu de l'ouverture de la succession, il se soit mis en possession de certaines valeurs héréditaires ; les cohéritiers, qui n'ont aucun moyen pour prouver ces détournements qu'ils soupçonnent, n'auront d'autre ressource que l'interrogatoire sur faits et articles.

Examinez ce qui doit se passer en admettant la doctrine généralement adoptée.

Le défendeur avouera qu'il est en possession de certaines valeurs ayant appartenu au *decujus*, mais dira-t-il, je les ai reçues à titre de don manuel et avec dispense du rapport ; en sorte que les cohéritiers non seulement ne pourront pas exiger la restitution de ces valeurs, mais même demander qu'elles soient rapportées à la masse comme si elles avaient été réellement données par le défunt. N'est-ce pas là un résultat souverainement injuste, qu'il est impossible d'admettre ? Si encore la loi et les principes commandaient cette solution, il faudrait, je crois, s'incliner devant eux. Mais, en cette matière, de l'aveu de tous, les termes de la loi sont trop absolus ; la preuve en est que la jurisprudence elle-même a admis de nombreuses exceptions au principe de l'indivisibilité de l'aveu proclamé par l'article 1356. Maintenant encore, on n'est pas tout à fait d'accord sur ces expressions : aveu qualifié, aveu complexe. Tout, en cette matière, doit être régi par les règles de l'équité sainement appliquées.

L'hypothèse que j'ai prise pour montrer les inconvénients du système qui applique avec exagération l'indivisibilité de l'aveu, n'est pas imaginaire et peu pratique. La

Cour de Caen a eu à statuer dans un cas analogue, et elle n'a pas reculé devant la conséquence fâcheuse de la doctrine de la jurisprudence. Il s'agissait d'une somme de 1,300 francs prêtée par la dame Manoury aux époux Daune, ses héritiers. Lors de la mort du prêteur, les cohéritiers des époux Daune demandèrent le rapport de la somme qui leur avait été versée, soit à titre de prêt, soit à titre de don. Ils se fondaient, pour cela, sur une déclaration passée par la dame Mansuy lors d'un transport fait par elle, le 21 mai 1849, au profit d'un sieur Bayère, de 450 francs à prendre sur plus forte somme dont elle était créancière sans titre sur Daune. Comme cette déclaration ne suffisait pas pour établir l'existence du prêt, ils firent interroger le défendeur par faits et articles et il reconnut qu'il avait reçu la somme, mais à titre de don et avec dispense de rapport.

La Cour de Caen admit l'indivisibilité de cette déclaration : « Considérant que les époux Daune ont reconnu » qu'ils avaient reçu de la dame Manoury leur mère et » belle-mère, une somme de 1,300 francs ; mais qu'ils ont » ajouté que cette remise ne leur avait pas été faite à titre » de prêt mais bien à titre de don. Que cette réponse » constitue un aveu judiciaire qui ne peut être divisé ; » qu'en même temps, que les époux Daune reconnaissaient » la remise de la somme de 1,300 francs, ils avaient soin » de déclarer qu'elle leur avait été faite à titre de don ; que » leurs cohéritiers devaient donc prendre leurs déclarations » dans leur entier ; considérant que le don une fois établi, » il reste à rechercher, s'il a été fait ou non avec dispense » de rapport ; or, considérant que les réponses des époux » Daune, rapprochées des questions qui leur étaient » adressées ne peuvent laisser un doute sérieux s'élever à » cet égard ; qu'il en résulte que si un don leur a été fait, » il était dispensé du rapport. »

Cet arrêt montre bien le danger grave que peut faire naître une application exagérée de l'article 1356 ; pour nous, nous croyons que l'esprit de la loi est méconnu par un pareil système et nous préférons dire que l'aveu par lequel le défendeur, tout en reconnaissant qu'il a reçu certaines sommes à titre de don, prétend qu'elles lui ont été données avec dispense de rapport, ne lie pas les juges et qu'ils peuvent très bien décider que cette dispense n'a pas eu lieu.

Nous venons de voir quelles difficultés soulève l'application des règles du rapport aux dons manuels. Ces difficultés n'existeraient évidemment pas si l'héritier déclarait de son propre gré et sans aucune restriction, les dons qui lui ont été faits. Malheureusement, son intérêt personnel lui conseille une facile et profitable inaction. Frappés de cette idée, quelques jurisconsultes ont voulu obliger l'héritier donataire à sortir de son silence, et, pour arriver à ce résultat, ils ont tenté d'assimiler à un divertissement le défaut de déclaration de don manuel, et, en conséquence, ils ont proposé d'appliquer au successible les peines indiquées par l'article 792. C'est ce qu'a fait la Cour de Paris (1) dans un arrêt où nous lisons : « Considérant qu'en con-
» servant par devant lui les sommes ainsi reçues, en gar-
» dant intentionnellement et de mauvaise foi le silence à l'in-
» ventaire, en persistant à nier toute détention sur les di-
» verses interpellations faites, l'héritier en était le recé-
» leur et en devait la restitution intégrale, etc. »

Cette opinion a été soutenue par M. Laurent, mais elle a été rejetée avec raison par la jurisprudence (2). Sans

____

(1) Paris, 3 janvier 1874, Sir., 74, 2, 118.

(2) Labbé, *Revue critique*, 1882, p. 361. — Paris, 19 août 1859, Sir., 60, 2, 55. — Bordeaux, 2 juin 1874, Sir., 75, 2, 7. — Aix, 21 janvier 1880, Sir., 81, 2, 68. — *Contra*, M. Laurent, *Princ. de dr. civil*, t., IX, n° 335.

doute elle présente de grands avantages pratiques ; mais elle n'a aucun fondement juridique et elle est tout à fait contraire aux règles d'interprétation en matière répressive. En admettant, ce qui est douteux, que le divertissement ne suppose pas un fait actif de la part de l'héritier et qu'il peut résulter du simple silence gardé par lui à l'égard de valeurs héréditaires qui sont en sa possession, il faudrait au moins pour l'application de l'article 792, que ces valeurs n'aient pas été données au successible par le *de cujus* de son vivant ; du moment en effet, qu'il y a eu don manuel, l'héritier est devenu propriétaire des valeurs à lui données et on ne peut l'accuser de divertissement par cela seul qu'il ne les rapporte pas volontairement à la succession.

§ 2.

J'ai dit que les dons manuels doivent être soumis à toutes les règles de fond des donations: Il en résulte que s'ils dépassent la quotité disponible fixée par les articles 918 et suivants, ils devront être réduits conformément à l'article 920. On ne peut admettre en effet, que des personnes unies au *de cujus* par les liens du sang les plus étroits, puissent être dépouillées par lui d'une manière quelconque de la part qui leur est réservée par la loi.

Aussi la règle n'a-t-elle pas été contestée théoriquement, mais lorsqu'il s'est agi d'en faire des applications pratiques, il s'est élevé des difficultés sérieuses. On s'est d'abord demandé si tous les dons manuels devaient être soumis à la réduction, si on ne devait pas assimiler sur ce point le rapport à la réduction, et soustraire à cette dernière les libéralités qui telles que les présents d'usage, sont dispensées du rapport par l'article 852. Pratiquement il faut avouer que la question ne présente pas grand intérét ; car il sera bien rare que des présents d'usage, dépassent la quotité disponible.

Quelques auteurs (1) pensent qu'ils doivent être soumis à la réduction. Nulle part disent-ils, la loi n'a dit que les libéralités qu'elle dispensait du rapport, pouvaient impunément entamer la réserve. L'article 922, qui pose le principe de la réduction est tout à fait absolu ; il exige qu'on réunisse à la masse des biens existant au décès du donateur, ceux dont il a été disposé par actes entre vifs. Et on comprend jusqu'à un certain point qu'il en soit ainsi ; car si la loi voit avec faveur l'égalité régner entre les divers héritiers, elle ne la considère pas comme un principe essentiel à l'intérêt général, et elle permet au disposant de dispenser le donataire du rapport.

Il n'en est pas de même de la réserve ; le droit du réservataire est sacré pour le législateur; il n'admet pas qu'on y porte une atteinte de quelque nature qu'elle soit ; il en résulte qu'on ne peut poser en règle que les dispositions sur le rapport s'appliquent en tout point à la réserve.

Je crois que cette opinion exagère des idées justes en elles-mêmes. Sans doute, il faut en matière de réduction se montrer plus rigoureux encore que pour le rapport, mais il est certaines règles qu'on doit toujours appliquer si on veut se conformer à l'esprit de la loi, et une de ces règles est évidemment celle qui est écrite dans l'article 852.

Si les présents d'usage, cadeaux de noces sont dispensés du rapport, c'est parce qu'ils ne constituent pas de véritables libéralités, parce qu'en réalité ils n'enrichissent pas le donataire et n'appauvrissent guère le donateur.

---

(1) Laurent, t. XII, n° 171.

Ces motifs qui ont inspiré l'article 852 sont aussi puissants pour écarter la réduction ; il est vrai que l'article 922 s'applique à toutes les libéralités, mais il ne s'applique qu'à elles ; et encore une fois nous ne sommes pas ici en présence de véritables donations (1).

Mais faut-il aller plus loin et établir pour l'application des dispositions du Code sur la réserve, des distinctions suivant la valeur plus ou moins considérable du don manuel.

La question présente un très grand intérêt pratique dans le cas où le disposant a presque épuisé la quotité disponible par des libéralités antérieures au don manuel ; ce dernier si minime qu'il fût, pourrait être alors soumis à la réduction.

M. Laurent qui a posé en principe que même les présents d'usage dispensés du rapport par l'article 852, n'étaient pas soustraits à la réduction, déclare que les dons portant sur des sommes minimes, ne doivent pas être réduits.

Nous ne pouvons admettre cette doctrine qu'autant que les dons qui sont en cause, constituent de véritables aumônes assimilables par suite aux présents d'usage, mais si on est en présence de libéralités, il est de toute nécessité d'appliquer l'article 922 qui ne fait aucune distinction suivant la valeur des dispositions.

Autrement, où s'arrêterait-on dans cette voie? Il faudrait évidemment laisser la question à l'appréciation des tribunaux, et c'est ainsi qu'ils jugeraient que des dons d'une valeur de 100 à 150,000 francs ne doivent pas être réduits. La Cour de cassation a admis cette opinion regrettable dans un arrêt du 29 juillet 1861 (2).

---

(1) Demolombe, t. XIV, n° 312.
(2) Req., Rej., 29 juillet 1861, D. P., 62, 1, 288.

Le sieur Cottineau qui avait adopté le sieur Soulié et qui
était possesseur d'une grande fortune, avait laissé par
testament la moitié de cette fortune à des parents collaté-
raux ; l'autre moitié restait au fils adoptif. Celui-ci demanda
que diverses sommes reçues du testateur de son vivant
par le légataire de la quotité disponible, fussent réunies
fictivement à la masse héréditaire pour le calcul de cette
quotité et par conséquent pour la fixation de la réserve
qui lui appartenait. La Cour de Bordeaux, dans son arrêt
du 28 juillet 1860, déclara ses conclusions mal fondées.
« Attendu..... que s'il n'est pas permis au père de fa-
» mille d'épuiser son patrimoine et d'appauvrir ses enfants
» par des libéralités excessives, il doit avoir une certaine
» latitude dans l'emploi de ses revenus; que ce serait com-
» primer les sentiments les plus généreux et tarir la
» source de la bienfaisance et de la charité que de suppu-
» ter minutieusement, après sa mort, les sommes modi-
» ques qu'il prend sur ses économies pour venir en aide
» au malheur et de les imputer sur la quotité disponible ;
» que Cottineau qui était plus que millionnaire et jouissait
» d'un revenu de 50 à 60,000 francs, a dans un intervalle
» de 31 ans disposé en faveur de ses parents pauvres, tous
» simples artisans, de sommes qui, réunies, s'élèvent, il
» est vrai, à 150,000 francs, mais, qui divisées, ne for-
» maient annuellement qu'une mince fraction de son re-
» venu ; qu'au lieu de les dépenser pour ses plaisirs ou de
» les distribuer en aumônes à des inconnus, il les a em-
» ployées au soulagement de sa famille et qu'il convient
» d'autant moins à son fils adoptif de demander qu'il en
» soit fait rapport à la masse pour diminuer d'autant la
» quotité disponible, qu'il hérite d'un riche patrimoine,
» fruit de l'économie et du travail de son père adoptif, et
» qu'en sollicitant de lui le bienfait de l'adoption, il avait

» pris l'engagement formel de respecter toutes ses dispo-
» sitions. » La Cour de cassation rejeta le pourvoi interjeté
contre cet arrêt.

Ces décisions s'expliquent dans une certaine mesure par
les circonstances extrêmement défavorables qui existaient
pour le réservataire demandeur en réduction. Les dons
avaient été faits à des parents pauvres qui étaient unis au
disposant par des liens du sang, alors qu'entre lui et
Soulié ces liens n'existaient pas, alors que ce dernier n'é-
tait qu'un enfant adoptif qui, sans le bienfait de l'adoption,
n'aurait aucune fortune, et qui malgré toutes les libéralités qui avaient été réalisées par le défunt, héritait encore
de biens considérables. Il était donc naturel que dans une
pareille situation, ses prétentions n'aient pas été admises
et au point de vue de l'équité, la décision de la Cour de
Bordeaux était irréprochable. Mais si l'équité doit nous
guider, quand la loi est vague et incomplète, il n'en est
plus de même, lorsqu'on se trouve en présence d'un texte
formel comme l'article 922, qui n'admet aucune exception;
on doit donc regretter l'arrêt de la Cour de Bordeaux au
point de vue des principes.

Mais revenons au droit commun, et recherchons maintenant comment le réservataire devra prouver l'existence
des dons manuels dont il entend demander la réduction. Il
est évident qu'il lui a été impossible de se procurer une
preuve de ces dons puisqu'il n'a pas été partie au contrat
qui est intervenu entre le donateur et le donataire ; il faut
donc appliquer l'article 1348 et déclarer que tout moyen
de preuve sera admissible.

Cela a été jugé par la Cour de cassation dans deux arrêts
du 20 mars 1865 et 13 août 1866 (1). Il s'agissait, il est

______

(1) D. P., 65, 1, 285 et 66, 1, 467.

vrai, de donations déguisées, mais sur ce point, il n'y a aucune distinction à faire entre ces sortes de libéralités et les dons manuels. Du reste, un arrêt récent de la Cour de Caen en a fait l'application aux dons manuels (1). Cette Cour a décidé notamment que les mentions contenues dans les papiers domestiques du défunt constituent un mode de preuve régulier de ces libéralités. Mais à propos de ces mentions, il s'est élevé une difficulté très grave. On sait que lorsqu'il s'agit de libéralités entre vifs, la réduction se fait par ordre de date, en commençant par les plus récentes ; quand on se trouve en présence de donations constatées par acte authentique, aucune contestation ne peut naître, puisque l'acte authentique fait foi de sa date, même à l'égard des tiers ; mais il n'en est plus de même pour les dons manuels consommés par la tradition et dont l'existence n'a été établie que par des mentions contenues dans des papiers domestiques. Ces mentions ne pouvant constituer que des actes sous-seing privé, ne semblerait-il pas naturel qu'elles fussent régies par l'article 1328, aux termes duquel les actes sous-seing privé n'ont de date contre les tiers, que du jour où ils ont été enregistrés, ou constatés dans un procès-verbal, ou enfin au jour du décès du signataire ?

Avant de discuter la question, il est bon d'en montrer toute l'importance pratique.

Deux catégories de personnes peuvent être intéressées à exiger l'application de l'article 1328. Le conflit en effet peut s'engager, soit entre l'héritier réservataire et les donataires soumis à la réduction, soit entre les différents donataires. Le plus souvent, il importera peu à l'héritier réservataire que telle ou telle donation soit réduite de pré-

____

(1) Caen, 28 mai 1879, D. P., 80, 2, 49.

férence à telle autre. Il est cependant un cas où son intérêt se trouvera engagé, c'est celui ou un ou plusieurs des donataires sera insolvable.

Sans doute, si on se range à l'opinion de ceux qui admettent que l'héritier doit toujours avoir sa réserve intacte, que dès lors à défaut de tel donataire reconnu insolvable, il peut recourir contre un autre dont le droit est plus ancien, la question que nous avons soulevée ne présentera aucun intérêt pour le réservataire. Mais cette opinion est loin d'être admise par tous les auteurs et tous les arrêts ; on a prétendu, non sans des motifs sérieux, que les donations antérieures en date ayant été faites sur la quotité disponible, les donataires avaient un droit acquis et ne pouvaient être soumis à la réduction ; enfin, un système intermédiaire déclare que l'insolvabilité doit être supportée concurremment par l'héritier réservataire et les donataires.

Si donc on se place parmi les partisans de ces deux derniers systèmes, la question qui nous occupe présente une importance considérable pour l'héritier, car en admettant l'application de l'art. 1328, il pourra prétendre que les registres et papiers domestiques qui constatent les dons manuels n'ayant pas été enregistrés, n'ont acquis de date certaine que par la mort du donateur ; que dès lors, tous ceux qui ont reçu de pareilles libéralités doivent être réduits au marc le franc. En agissant ainsi, le réservataire fera supporter l'insolvabilité d'un des donataires par les autres. Il pourrait aussi ne s'attaquer qu'à un des donataires, et si celui-ci objectait la date inscrite dans les papiers du défunt, il répondrait qu'elle ne lui est pas opposable.

L'intérêt de la question est de beaucoup plus considérable quand on envisage la situation des donataires dans leurs rapports entre eux. Pour le montrer il n'y a qu'à

supposer que le *de cujus* a fait, outre les dons manuels,
de véritables donations entre vifs constatées par actes
authentiques. Si on permet à ceux qui ont reçu ces donations de se prévaloir de l'article 1328, la réduction devra
porter de préférence sur les dons manuels, et elle n'at-
teindra les autres donations que lorsque ceux-ci auront
été entièrement épuisés.

La question que nous examinons est très neuve en jurisprudence et en doctrine. Deux arrêts seulement ont été
rendus à ce sujet, et ils émanent tous les deux de la Cour de
Caen (1). Cette cour a décidé que l'article 1328 ne devait
recevoir son application ni dans les rapports des donataires
avec le réservataire, ni dans les rapports des donataires
entre eux : « Attendu, dit-elle, dans son arrêt de 1875,
» que la date des donations manuelles ou déguisées n'in-
» téresse pas seulement les donataires entre eux, mais
» aussi, et en premier lieu le réservataire qui exerce
» l'action en réduction parce qu'il lui importe essentielle-
» ment d'avoir affaire à des gratifiés solvables; que le
» réservataire est un tiers par rapport aux donataires,
» lorsqu'il réclame le complément de sa réserve ; qu'ainsi
» il aurait le droit de contester la date des libéralités pour
» cause de fraude et de simulation ; mais qu'il ne serait pas
» fondé à se prévaloir de l'art. 1328 du Code civil, lequel
» est étranger à la matière des donations; qu'il suit de là
» que lorsque la sincérité de la date d'un don manuel ou
» déguisé est démontrée, cette date fait la loi de l'héri-
» tier comme celle des donataires les uns vis-à-vis des
» autres, parce qu'il est inadmissible que de tels dons
» puissent avoir une date au respect du réservataire et

____

(1) Caen, 25 mai 1875 et 28 mai 1879, D. P., 80, 2, 49, l'arrêt de 1875
est en note sous l'arrêt de 1879.

» une autre date au respect des donataires ; que d'ail-
» leurs l'article 1328, qui se trouve au titre des obliga-
» gations a pour objet le cas où un droit est prétendu par
» plusieurs personnes sur une même chose, et non celui
» où il s'agit de droits distincts sur des choses essentielle-
» ment différentes ; que dans cette dernière hypothèse les
» intéressés ne sont pas seulement des tiers, les uns vis-
» à-vis des autres, mais des étrangers qui en l'absence de
» toute collusion sont obligés de subir, selon les dates res-
» pectives des libéralités, l'application de l'article 922 du
» Code civil; attendu en outre que si l'article 1328 était
» applicable aux donataires entre eux, il en résulterait
» que presque toujours les réductions s'opéreraient au
» marc le franc, ce qui serait contraire à la fois à la let-
» tre de l'article 922 et à son esprit, parce que le législa-
» teur n'a voulu éteindre que les dons faits après l'épui-
» sement de la quotité disponible ; qu'à l'égard des autres
» le disposant ayant usé de son droit, ses dispositions
» doivent être exécutées, et que l'établissement d'un marc
» le franc les anéantirait en partie, tandis qu'il en main-
» tiendrait proportionnellement d'autres qui seraient de
» la part du défunt un excès de pouvoir. »

La Cour de Caen a persisté dans sa jurisprudence le 28 mai 1879 ; mais dans ce dernier arrêt elle semble s'être surtout inspirée des circonstances de faits. Ces décisions ont soulevé une vive controverse dans la doctrine, et M. Guillouard (1) professeur à la Faculté de droit de Caen les a combattues très vivement.

Avant d'apprécier les arguments qu'on peut invoquer de part et d'autre, il y a une question préliminaire qui s'impose à notre examen, l'article 1328 peut-il s'appliquer

____

(3) *Revue Critique*, 1879, p. 305.

en dehors de la matière des obligations? La Cour de Caen
semble pencher pour la négative, mais il est certain que
si l'on se place à un point de vue général, l'affirmative
est bien préférable et en réalité c'est elle qui est précò-
nisée par les meilleurs auteurs ; je ne peux mieux
faire à ce sujet que de citer les propres paroles de
M. Demolombe (1). « La théorie des preuves, dit-il, em-
» brasse évidemment tout ce qui concerne la formation et
» l'extinction des droits soit personnels, soit réels, qui
» forment le domaine de la législation civile. Or, les
» auteurs de notre Code en ont posé toutes les règles
» dans ce chapitre. et ils ne s'en sont occupés nulle part
» ailleurs. Il est donc nécessaire d'admettre qu'ils ont
» entendu que ces règles sur le système des preuves
» étaient générales, et qu'elles s'appliquaient à tous les
» actes ou faits juridiques d'où peut résulter la formation,
» la modification, ou l'extinction des droits. Autrement
» nous serions en dehors des termes si restrictifs de la
» rubrique de ce chapitre, absolument dépourvus de
» règles législatives. » La place qu'occupe dans notre
Code la théorie des preuves peut du reste s'expliquer his-
toriquement. Pothier que les rédacteurs du Code civil
ont suivi pas à pas pour les obligations, avait divisé cette
matière en quatre parties dont la dernière était consacrée à la preuve des obligations ; puis dans tout le reste
de son œuvre il se reportait aux explications qu'il avait
données aux titres des obligations. Les rédacteurs du
Code qui n'avaient pas la même méthode, n'ont pu faire
les renvois ; et voilà pourquoi si on interprétait littéralement les textes législatifs, sans en rechercher l'esprit le
chapitre IV des obligations n'aurait pas la généralité qu'il
est cependant nécessaire de lui reconnaître.

____

(1) Demolombe, T. XXIX, n° 181.

Étant donné maintenant que l'article 1328 s'applique à la réduction, faut-il admettre que l'héritier réservataire pourra s'en prévaloir contre les bénéficiaires des dons manuels? que les donataires pourront l'invoquer dans leurs rapports entre eux ?

Quant à l'héritier réservataire il est difficile de contester qu'il ne soit un véritable tiers dans le sens de l'article 1328. On doit en effet, considérer comme tiers, tous ceux qui n'ont pas figuré dans l'acte sous seing privé dont il s'agit d'apprécier la force probante, et qui se trouvent soit en vertu de la loi, soit en vertu d'une convention passée ou d'une disposition faite par l'un des signataires investis en leur propre nom de droits réels ou personnels, dont l'existence ou l'efficacité serait compromise, si le fait juridique constaté par cet acte pouvait leur être opposé. Au contraire, on doit considérer comme représentants ou ayant cause des parties qui ont figuré dans l'acte, tous ceux, qui n'ayant à faire valoir aucun droit qui leur soit propre, n'élèvent des prétentions que du chef de l'une des deux parties (1).

Eh bien, l'héritier réservataire qui attaque des donations faites par le *de cujus* n'est pas dans cette dernière situation ; il n'exerce pas un droit du défunt, puisque le défunt ne pouvait réduire ses libéralités ; il invoque un droit qui lui est propre. On ne peut donc sérieusement lui contester la qualité de tiers et c'est ce que reconnaissent immédiatement MM. Aubry et Rau, d'accord sur ce point avec la presque unanimité des auteurs et la jurisprudence (2).

M. Toutain (Recueil de Caen, 1879, p. 162) qui a dé-

______

(1) Aubry et Rau, t. VIII, § 756, p. 251.

(2) Larombière, t. IV, art. 1328, n° 31. — Demolombe, t. XXIX, n° 524. — Civ., Cass., 31 janvier 1837, D. A., *Contrat de mariage*, n° 405. — Reg., 6 février 1833, D. A., *Dispos. entre vifs*, n° 739.

fendu l'arrêt de la Cour de Caen contre M. Laisne-Deshayes (Recueil de Caen, 1875, p. 133), qui le critiquait, reconnaît bien qu'en exerçant l'action en réduction, l'héritier met en mouvement un droit distinct, séparé, contre les actes de son auteur, mais dit-il relativement à la date, nous ne reconnaissons pas que l'héritier puisse se qualifier de tiers. Le défunt n'a pu faire échec à la réserve, mais il a pu donner à ses libéralités telle ou telle date constatée par sa signature ; pourquoi ces dates ne seraient-elles pas opposables à l'héritier ? à ce sujet il invoque deux hypothèses analogues, notamment le cas où les créanciers d'une faillite invoquent l'article 446 du Code de commerce pour faire annuler des actes faits par leur débiteur dans la période suspecte.

Eux aussi, en attaquant ces actes se présentent comme tiers et cependant si ces actes attaqués ont une date apparente en dehors de la période suspecte, il faudrait renverser cette date par une preuve précise.

L'héritier réservataire est dans une position mixte ; il demande la réduction contre les donataires, en cela il est un tiers ; mais la date assignée aux donations lui est opposable, en cela il est un ayant cause.

Je n'admets pas, pour moi, cette situation intermédiaire qu'on veut créer pour l'héritier réservataire. Attaquant comme tiers les libéralités faites par le défunt, il doit également être considéré comme tiers quant à la date de l'acte. La loi a voulu prévenir par l'article 1328 les fraudes qui auraient pu être pratiquées au moyen de dates fausses, attribuées à des actes de nature à préjudicier à des tiers qui ont acquis antérieurement, soit de la loi, soit de la convention des droits contre l'une des deux parties. Si tel est le but de l'article 1328, il n'y a aucune bonne raison pour en refuser l'application à l'héritier réservataire ; en le décidant autrement, on donne au *de cujus* un moyen bien simple d'anéantir la réserve que la loi accorde à certain de ses successibles ; il lui suffirait de faire des donations par acte authentique à des personnes insolvables et ensuite de livrer manuellement le reste de ses biens à d'autres donataires, en ayant soin dans ses papiers domestiques d'indiquer pour les dons manuels une date plus ancienne que celle des donations faites aux insolvables. Sans doute, l'héritier pourrait être admis à prouver que cette date n'est pas exacte ; mais qui ne voit la difficulté, je puis même dire l'impossibilité où il serait de faire cette preuve? On objecte que les créanciers d'une faillite, lorsqu'ils demandent l'annulation d'un acte en vertu des articles 446 et 447 du Code de commerce, se présentent également comme tiers, et cependant, dit-on, si l'acte attaqué avait une date apparente, il faudrait renverser cette date par une preuve précise.

Cette solution me paraît bien douteuse ; il me semble qu'un acte qui n'a pas acquis une date certaine, conformément à l'article 1328, ne peut pas être opposé aux créanciers d'une faillite ; je crois que ceux-ci sans avoir à faire de preuve, pourront considérer l'acte comme ayant été réalisé dans la période suspecte.

Mais en admettant même le contraire, nous croyons que M. Toutain a tort d'assimiler l'héritier réservataire aux créanciers d'une faillite. En traitant avec une personne sans exiger certaines garanties, pour les dettes par elle contractées, ces derniers ont montré qu'ils avaient la plus grande confiance dans leur débiteur ; cette confiance a été trompée ; leur débiteur a agi non-seulement en homme peu habile aux affaires, mais encore en homme de mauvaise foi ; au moment où il était déjà en état d'insolvabilité, il a fait des libéralités à certaines personnes ; eh bien, la loi permet aux créanciers de les attaquer si elles ont été faites dans la période de la cessation des paiements, mais elle exige qu'ils prouvent que les actes attaqués, aient été passés réellement dans cette période.

Il n'en est pas de même de l'héritier réservataire ; car il n'a pas suivi la foi du *de cujus ;* n'ayant pas traité avec lui, il n'a commis aucune faute. C'est la loi qui doit le protéger contre les fraudes que pourrait imaginer contre lui le disposant.

Cette protection lui manquerait si on admettait que les papiers et registres domestiques du défunt avaient date certaine contre lui.

Arrivons maintenant à la seconde hypothèse et voyons si entre eux les différents donataires pourront contester la date indiquée par les papiers domestiques du défunt.

Deux arguments ont été invoqués par la Cour de Caen en faveur de la négative. D'après elle, l'article 1328 aurait simplement en vue le cas où un droit est prétendu par plusieurs personnes sur une même chose, et non celui où il s'agit de droits distincts sur des choses essentiellement différentes, tels que ceux des donataires sur les objets de diverses libéralités faites par le défunt. Dans cette hypothèse, dit-on, les intéressés ne sont pas seulement des tiers vis-à-vis les uns des autres, mais des étrangers, qui en l'absence de toute collusion sont obligés de subir suivant les dates respectives des libéralités, l'application de l'article 922 du Code civil.

On ajoute que si on déclare que les libéralités manuelles n'ont de date certaine que par le décès du *de cujus*, on sera amené à faire la réduction de ces dons au marc le franc ; or n'est-ce pas là un résultat tout à fait contraire aux termes de l'article 923, d'après lequel les libéralités entre vifs doivent être réduites d'après leur date respective ?

Ces arguments me touchent peu ; l'article 1328 est général, il déclare qu'à l'égard des tiers, les actes sous-seing privé n'ont de date certaine que dans certains cas déterminés ; or il me paraît impossible de contester que les donataires dans leurs rapports entre eux, ne soient de véritables tiers ; car ils n'ont pas été parties au contrat qui est intervenu entre le défunt et le donataire ; ils ont un droit propre et distinct. La Cour de Caen a imaginé pour les besoins de sa cause une troisième catégorie d'intéressés, qui ne seraient pas à proprement parler des tiers, mais des étrangers. Ces personnes seraient traitées plus défavorablement que les tiers et sur le point qui nous occupe, elles seraient assimilées aux ayants causes. La loi nulle part n'a autorisé une pareille distinction, et celle-ci n'est également pas commandée par les principes.

Qu'importe que les droits des donataires aient pour objets des choses différentes ; ce fait ne peut avoir aucune influence sur la question de date certaine. Et puis, est-il vrai de dire que les droits des divers donataires portent sur des objets différents ? Cela est au moins bien douteux. En réalité, les donataires prétendent tous à la même chose, à la quotité disponible. « Cette proposition, dit M. Guil-
» louard, est rigoureusement vraie, s'il s'agit de deux
» donataires de somme d'argent ; il s'agit en effet pour eux
» d'avoir non pas tels écus plutôt que tels autres, mais de
» prendre ou de garder le disponible. Elle nous paraît
» vraie encore s'il s'agit de donataires de biens différents ;
» lequel d'entre eux a reçu la quotité disponible, lequel
» une partie de la réserve, telle est la cause du conflit et
» le disponible est le droit unique auquel prétendent les
» divers intéressés. »

Quant à l'argument tiré de l'article 923, il peut être également réfuté. Sans doute cet article exige que les libéralités entre vifs soient réduites successivement d'après leurs dates respectives ; mais pourquoi ? Par ce qu'il suppose qu'il s'agit de libéralités faites dans la forme ordinaire des donations, c'est-à-dire par actes passés devant notaire et dont il restera minute.

Le législateur n'a pas prévu les cas où le disposant souvent d'ailleurs dans le but de frauder le réservataire, emploierait pour réaliser ses libéralités la forme d'un contrat à titre onéreux, ou celle d'un don manuel. L'article 922 n'est donc pas applicable puisqu'il s'agit d'actes qui n'ont pas de date dans le sens de cet article, et l'hypothèse que nous examinons doit être régie par les principes généraux.

En résumé, je crois que soit l'héritier réservataire s'il y a intérêt, soit les donataires qui ont reçu une libéralité en vertu d'un acte authentique, pourront contester la date des dons manuels et ne les considérer comme ayant été réalisés qu'au jour du décès du donateur. M. Labbé (1), qui partage notre opinion en ce qui concerne les rapports des donataires entre eux, soutient au contraire que l'héritier à réserve doit à moins de preuve contraire, admettre la sincérité de la date indiquée par les registres ou papiers domestiques du défunt, Suivant lui, l'article 1328 ne doit recevoir son application qu'autant qu'on se trouve en présence d'un écrit destiné à faire preuve en justice ; il faut l'écarter absolument dans le cas contraire. « Dans le débat dit-il, les juges sont appréciateurs souverains de la valeur des déclarations verbales et des présomptions produites. Cette libéralité écarte toute disposition légale restrictive quant à la manière dont la conviction des juges se forme. »

Nous trouvons cette doctrine trop absolue ; nous croyons

____

(1) Sir., 80, 2, 281.

qu'il faut tout au moins faire une distinction. Sans doute, lorsqu'il n'y a aucun écrit qui constate la libéralité, les tribunaux sont tout à fait libres et ils peuvent attribuer au don la date qui leur paraît le plus vraisemblable ; nous admettrons donc le principe que pose M. Labbé dans l'hypothèse où l'héritier ne peut établir que par des présomptions ou indices graves l'existence des dons manuels dont il demande la réduction.

Mais, lorsqu'il représente un écrit émanant de son auteur, il ne peut plus en être de même ; car on ne voit pas pourquoi un acte qui a aux yeux de la loi moins de valeur juridique que les actes destinés à faire preuve en justice, serait traité par elle avec plus de faveur au point de vue de la date ; pourquoi il jouirait d'un privilége spécial.

Nous déclarons donc que, l'article 1328 recouvrant ici tout son empire, les registres ou papiers domestiques du défunt ne feront foi de leur date, qu'autant qu'ils auront acquis date certaine conformément à la disposition de cet article.

Remarquons du reste, que le système que nous combattons conduit à des difficultés pratiques considérables. En effet si on déclare d'une part que la date indiquée est opposable à l'héritier réservataire, et que d'autre part elle n'est pas opposable à ceux qui ont reçu des donations par acte authentique, on arrivera à ce résultat singulier qu'un acte juridique aura deux dates différentes suivant les personnes contre lesquelles il sera invoqué. Et, combien une pareille doctrine portera de préjudice au réservataire ? S'il attaque le donataire qui a reçu une libéralité conformément à l'article 931, celui-ci lui objectera qu'il y a des dons manuels qui doivent être soumis auparavant à la réduction ; le réservataire pourra, il est vrai, répondre que les papiers domestiques du défunt indiquent pour les dons manuels une date antérieure à celle de la donation, mais le défendeur soutiendra avec raison que pour lui, le don manuel n'a pu avoir de date certaine que par la mort du défunt. Le réservataire se retournera-t-il alors contre le bénéficiaire du don manuel? Ici, encore, il sera débouté de sa demande puisque la date indiquée par les papiers du défunt lui sera opposable. Il est vrai qu'il pourra en prouver la fausseté ; mais qui ne voit que cette preuve sera sinon impossible au moins très difficile à faire. Il est certainement préférable en présence de pareils résultats d'appliquer purement et simplement l'article 1328.

Nous avons supposé jusqu'ici que l'héritier réservataire connaissait les personnes qui avaient bénéficié des libéralités manuelles, dont il demandait la réduction. Mais l'hypothèse inverse peut se présenter, un don manuel a été fait ; il est certain quant à son existence et quant à sa quotité ; mais on ignore quel est le bénéficaire. Par suite il est impossible matériellement d'opérer la réduction de cette libéralité. L'héritier réservataire pourra-t-il se retourner contre les donataires antérieurs qu'il connaît pour leur demander le complément de sa réserve ? Ou bien sera-t-il sans recours et forcé de se contenter des biens qu'à laissés le *de cujus* à son décès. C'est une difficulté tout à fait analogue à celle qui s'élève dans l'hypothèse où le réservataire se trouve en présence de donataires insolvables.

Les trois systèmes auxquels elle a donné lieu peuvent également être soutenus ici. M. Labbé, en ce qui concerne les dons manuels faits à des inconnus, adopte le système intermédiaire. Suivant lui, une perte fortuite doit rejaillir proportionnellement, et contre le réservataire, et contre les donataires antérieurs. La valeur donnée, irrécouvrable par l'insolvabilité ou l'ignorance du nom du donataire, doit disparaître de la masse, et les différentes portions de cette masse disponibles et indisponibles diminuent par voie de conséquence (1).

Pour nous, nous n'hésitons pas à repousser cette opinion ; la distinction que l'on fait paraît, sans doute très rationnelle ; mais l'admettre, c'est méconnaître absolument l'esprit de la loi. Le but du legislateur, en établissant la réserve, a été d'assurer, dans tous les cas, une certaine portion de biens qu'il détermine aux parents proches du défunt. Aucune circonstance, aucun événement ne peut anéantir ou amoindrir le droit du réservataire. Or, précisément, en déclarant que les biens donnés à des inconnus doivent être considérés comme n'existant pas, on permet au disposant de réduire jusqu'à la limite extrême la réserve de son héritier. Des conséquences pratiques aussi fâcheuses doivent faire repousser la doctrine qui les admet. Aussi, dirons-nous avec le Cour de Caen, dans son arrêt du 28 mai 1879, que le réservataire peut agir, pour parfaire sa réserve, contre les donataires antérieurs en remontant du plus récent au plus ancien de ceux qui sont connus (2).

---

(1) Lyon, 5 janvier et 15 août 1855, Sir., 56, 2, 209. — Demol., *Don. et Test.*,, t. II, n°ˢ 603 à 606 ; Demol., t. IV, n° 61 bis

(2) Aubry et Rau, t. VII, § 684, note 26.

TROISIÈME PARTIE

De l'Enregistrement des Dons manuels.

INTRODUCTION

L'enregistrement est une formalité qui consiste dans l'inscription sur un registre spécial, tenu par certains fonctionnaires, des actes et des mutátions. Cette inscription a surtout pour but de permettre à l'État de percevoir des droits assez considérables, qui forment en réalité une de ses principales ressources. C'est donc une forme de l'impôt. Mais cet impôt ne pouvait évidemment pas porter avec la même force sur tous les actes juridiques. Certains d'entre eux, comme les obligations, les transmissions de propriété, méritaient, par leur importance, d'être frappés d'une manière toute particulière ; les droits auxquels ils sont assujettis sont dits : droits proportionnels, parce qu'ils varient avec l'importance des objets ; d'autres, au contraire, ne pouvaient avoir dans tous les cas qu'une importance minime ; aussi ne sont-ils frappés que d'un droit fixe.

Une autre distinction aussi fondamentale que celle que nous venons d'indiquer, et qui a plus d'intérêt encore pour le sujet qui nous occupe, consiste à diviser les droits en droits d'actes et en droits de mutation. Les premiers ne sont dus qu'autant que le fait juridique qu'ils frappent est constaté par un écrit ; les autres s'appliquent en dehors de tout acte ; ils ont lieu lorsqu'il y a transmission par décès de biens mobiliers ou immobiliers et, entre vifs, de propriété ou d'usufruit d'immeubles.

Ces principes étant connus, il était évident que, d'après le droit commun, il n'était pas possible de soumettre les dons manuels à la formalité de l'enregistrement. En effet, il ne pouvait tout d'abord être question de droits de mutation, puisque ces droits n'existent pour les actes entre vifs que lorsqu'il y a une transmission immobilière et que le don manuel, par sa nature même, ne peut avoir pour objet que des choses mobilières; d'autre part, on ne pouvait le soumettre aux droits d'actes, puisqu'il se consomme par la simple tradition et qu'il n'intervient pour sa *perfection* aucun acte instrumentaire.

Il en résultait que les dons manuels n'étaient passibles ni du droit proportionnel, ni même du droit fixe. C'est ce qui avait été reconnu formellement par le gouvernement lui-même dans une instruction ministérielle qui était ainsi conçue : « D'après les articles 4, 20 et 23 de la loi du 22 fri
» maire an VII, et l'article 4 de celle du 27 ventôse an IX,
» les transmissions de biens immobiliers, faites à titre oné
» reux ou à titre gratuit, doivent être soumises à l'enregis
» trement, mais les ventes et donations d'effets mobiliers,
» faites verbalement, ne sont assujetties à cette formalité
» par aucune disposition ; les transmissions mobilières ne
» peuvent être passibles du droit d'enregistrement que
» lorsqu'elles sont constatées par écrit ou lorsqu'elles s'o
» pèrent par décès. Le don manuel ne peut avoir pour
» objet que des valeurs mobilières, et il se réalise par la
» simple tradition ; il ne peut donc être question d'enre
» gistrement. »

Le plus souvent, il est vrai, le donataire déclarait plus tard qu'il avait reçu un don manuel, mais cette déclaration ne pouvait donner lieu au droit proportionnel que si elle était mentionnée dans un écrit, et il fallait, de plus, qu'elle constituât un titre pour le donataire, c'est-à-dire qu'elle émanât non seulement de ce dernier, mais encore du donateur. La jurisprudence était constante en ce sens (1).

Cette situation présentait certains dangers qui n'échappèrent pas au législateur. Dans bien des cas, en effet, où il y aurait eu lieu à percevoir des droits d'enregistrement, d'après les principes généraux, il était facile aux parties de tromper l'État.

Ainsi, dans une déclaration de succession, les cohéritiers omettaient des sommes ou autres valeurs mobilières ; puis, dans le partage des choses omises, elles étaient laissées à un des héritiers comme provenant d'un don manuel à lui fait par le défunt.

L'exposé des motifs de M. Passy (2), lors de la rédaction de la loi du 18 mai 1850 à la séance du 9 août 1849, révèle une seconde fraude très facile à réaliser : « Avant le Code » civil, dit-il, il n'y avait de dons manuels valables que » pour des valeurs peu importantes. Le Code n'ayant pas » autorisé cette distinction, la déclaration, dans les con- » trats de mariage, que les dots constituées aux futurs » époux proviennent de dons manuels, suffit souvent pour » que l'application du droit de donation ne puisse avoir » lieu. C'est une fraude que la loi du 22 frimaire an VII » eût empêchée, si la fraude eût été alors praticable. » M. Gouin, à la Chambre des députés, faisait la même observation au nom de la commission dont il était rapporteur ; et cependant cette observation était loin d'être exacte. Sous l'empire de l'ordonnance de 1731 comme après le Code civil, les dons manuels même considérables étaient valables ; les meilleurs auteurs étaient d'accord pour l'admettre ; si la loi de frimaire n'avait pas songé à soumettre

---

(1) Civ., Rej., 23 juin 1847, D. P., 47, 1, 223.
(2) Duvergier, *Collection des lois*, 1850, p. 172, note 3.

ces dons à des droits particuliers, ç'est qu'en réalité les fraudes qu'on découvrait en 1850 paraissaient tout à fait invraisemblables à une époque où la fortune mobilière était loin d'avoir le développement considérable qu'elle a pris plus tard.

Quoi qu'il en soit, l'article 6 de la loi du 18 mai 1850 a mis fin à toutes ces fraudes. Aux termes de cet article, les actes renfermant soit la déclaration pour le donataire ou ses représentants, soit la reconnaissance judiciaire d'un don manuel, seront sujets au droit de donation.

Avant d'aborder l'étude de cette disposition, une question préliminaire s'impose à notre examen. Quel est le sort des dons manuels réalisés avant la loi de 1850 ?

Seront-ils régis par cette loi, c'est-à-dire passibles du droit d'enregistrement ou bien bénéficieront-ils du silence des lois antérieures? L'article 9, qui règle le passage de la loi ancienne à la loi nouvelle déclare que les actes et mutations qui auront acquis date certaine avant la promulgation de la loi seront régis par les lois antérieures. On a soulevé des doutes sur la portée de cet article; on s'est appuyé sur le mot actes pour prétendre que les dons manuels, même ceux qui avaient acquis date certaine avant la loi de 1850 étaient soumis au droit proportionnel lorsque l'écrit qui constatait la déclaration n'avait pas également acquis une date certaine antérieurement à 1850. C'est ainsi que l'a jugé le tribunal de Nevers le 26 mars 1851. La Cour de cassation a, avec raison repoussé une pareille doctrine dans son arrêt du 24 janvier 1854 (1): « Attendu, dit-elle, que loin de déroger au principe fon- » damental de la non-rétroactivité des lois, celle du 18 » mai 1850, le confirme expressément, dans son article 9.

____

(1) Sir., 1854, 1, 271.

» Attendu que s'il est question dans cette disposition
» des actes en même temps que des mutations, la loi
» suppose évidemment, qu'il importera peu que l'acte
» énonciatif lui soit postérieur ; dès que la mutation a sa
» date précédente légalement établie, la franchise du droit
» que la loi antérieure lui assurait, et que la loi nouvelle
» déclare ne plus vouloir maintenir, lui est acquise, etc. »

Mais, comment le don manuel pouvait-il acquérir une
date certaine. Le plus souvent, c'était par le décès du
disposant (article 1328). Si le donateur était mort antérieurement à la promulgation de 1850, la reconnaissance
ou la déclaration ultérieure, qui en était faite, ne moti-
vait pas l'exigibilité du droit proportionnel. C'est ainsi
que l'avait décidé notamment le tribunal de la Seine, par
un jugement du 28 mai 1856 (1). Il s'agissait d'un don
manuel de 24,000 francs fait aux Lazaristes à la charge
de les distribuer aux missionnaires et aux pauvres chré-
tiens. La donatrice était décédée en 1846, mais le don
manuel n'avait été déclaré que postérieurement à la loi
de 1850. La demande de la régie fut repoussée.

Le don manuel acquérait également une date certaine,
par la mention qu'il en était fait dans un acte authentique ou même sous seing privé, enregistré avant le 18
mai 1850. La reconnaissance ultérieure que l'on faisait,
ne rendait nullement le droit proportionnel exigible (2).

Mais fallait-il encore aller plus loin et déclarer que la
date du don manuel pouvait être établie en dehors des cas
prévus par l'article 1328, soit par des présomptions, soit
par l'aveu du donataire. On l'a prétendu et les tribunaux
de Vassy et de Senlis ont repoussé la demande de la

---

(1) *Répertoire périodique d'enregistrement* de Garnier, art. 731.
(2) Coulomniers, 9 juillet 1852, Strasbourg, 19 avril 1853.

régie par ce motif qu'il y avait des présomptions graves
en faveur de l'antériorité de la date du don sur la loi
du 18 mai 1850 : « Attendu que......., que l'administra-
» tion de l'enregistrement et des domaines n'a pas soule-
» vé le moindre doute sur la sincérité ni sur les causes
» qui ont motivé les dons manuels ; qu'il est d'ailleurs
» de toute évidence qu'ils ont eu lieu à l'occasion des
» mariages des enfants ; que des sacrifices que s'impo-
» saient des parents peu favorisés de la fortune ne sau-
» raient, en effet, s'expliquer que par une circons-
» tance aussi grave ; que les dons manuels se rattachent
» donc par un lien intime aux mariages qui sont con-
» statés eux-mêmes par des actes solennels tous antérieurs
» à la promulgation de la loi du 18 mai 1850, qu'il suit
» de ce rapprochement qu'il est dans la force même des
» choses que la date des dons manuels n'est autre que
» celle des mariages ; qu'ils ont donc date certaine en ce
» sens qu'ils participent de la date des mariages ; qu'ainsi,
» ils ne sauraient être assujettis à un droit proportionnel
» qui n'a été introduit que pour l'avenir et postérieure-
» ment à leur accomplissement (3). » Ce jugement me
paraît absolument contraire aux principes du droit. En
effet, d'une part l'article 9 de la loi du 18 mai 1850 exige
que le *don manuel, pour qu'il ne soit pas soumis au droit
proportionnel,* ait date certaine avant la promulgation ;
d'autre part, le législateur dans l'article 1328 a énuméré
les différentes manières par lesquelles un acte peut acquérir date certaine ; et des présomptions si graves et si
précises qu'elles soient ne peuvent être efficaces en cette

____

(4) Vassy, 30 mai 1855, G. R. P., art. 491.— Voir aussi un jugement du
même tribunal du 9 janvier 1867 et un autre du tribunal de Senlis, 30
juillet 1857, G., R. P., article 919.

matière.; en les admettant comme l'a fait le tribunal de Vassy, on viole formellement l'article 1328.

On a voulu aussi quelquefois invoquer l'indivisibilité de l'aveu pour se dispenser de payer le droit proportionnel. J'ai reçu un don manuel, dirait le donataire, mais je l'ai reçu antérieurement à la promulgation de la loi du 18 mai 1850 ; or, vous ne pouvez pas diviser mes déclararations, par conséquent vous devez admettre comme certaine la date que j'ai indiquée. Ce système de défense qui avait été accueilli par le tribunal d'Yvetot (1), me paraît absolument inadmissible. Le principe est que toutes les reconnaissances de dons manuels postérieures à la loi de 1850 sont soumises au droit proportionnel ; les libéralités antérieures à cette époque ne sont dispensées qu'à condition d'avoir date certaine. C'est donc au donataire qui fait la déclaration à prouver que le don manuel a date certaine avant la promulgation de la loi ; une simple affirmation ne suffit pas ; quant à l'indivisibilité de l'aveu, elle doit être repoussée, puisqu'il ne s'agit pas ici d'un aveu judiciaire. C'est ce qu'a reconnu le tribunal de la Seine (2) dans un jugement où nous lisons dans les motifs : « At-
» tendu que le procès-verbal dressé par Lecerf contenant
» la liquidation de la succession de Berthé père, décédé le
» 21 février 1852, contient la reconnaissance faite par
» Charles Berthé d'un don manuel de 8,000 francs qui lui
» avait été fait antérieurement à la loi du 18 mai 1850,
» alors que le donataire lui-même n'était décédé que pos-
» térieurement, tombe nécessairement sous l'application
» de cette loi, à moins qu'il ne soit établi par acte ayant
» date certaine, que la donation était antérieure ; attendu

____

(1) Yvetot, 11 décembre 1868, G. R. P., art. 2993.
(2) Seine, 31 août 1854, G. R. P., art. 491.

» que la déclaration énonce bien que les 8,000 francs au-
» raient été remis pour parfaire le cautionnement d'avoué
» de Charles Berthé, lequel aurait cessé ses fonctions avant
» la loi du 18 mai 1850, mais que cette déclaration pour
» être admise aurait besoin d'être appuyée par un acte
» ayant date certaine établissant que telle était en effet la
» destination du don manuel. Considérant que Charles
» Berthé ne saurait invoquer le principe de l'indivisibilité
» de l'aveu consacré par l'article 1356 C. civil ; qu'en effet
» ces sortes de déclarations ou reconnaissances toujours
» commandées par les besoins d'une liquidation ou d'un
» règlement de compte, ne sauraient être assimilées à
» l'aveu judiciaire qui est de sa nature complètement bé-
» névole ; qu'autrement il arriverait que les donateurs
» ou les donataires faisant les déclarations et les recon-
» naissances, qu'exigeraient les besoins de la situation,
» auraient toute facilité d'éluder la loi en assignant aux
» dons manuels déclarés ou reconnus des dates qui les
» soustrairaient à son application. » Pour moi j'accepte
sans réserve la décision du tribunal de la Seine ; je crois
que l'indivisibilité de l'aveu ne pouvait être étendue à
cette matière ; non seulement, comme le dit le jugement,
parce que l'aveu est commandé par certaines circonstances, mais surtout parce que le défendeur ne doit pas pouvoir par des déclarations souvent fausses mettre en échec
des dispositions aussi formelles que celles de l'article 9 de
la loi du 18 mai 1850 combiné avec l'article 1328 C. civil.
Il faut donc poser en principe, qu'en dehors des cas indiqués par ce dernier texte, le donataire ne pourra jamais
se prévaloir de l'antériorité de la date du don manuel qui
lui a été fait.

Maintenant que nous avons déterminé l'étendue d'application de la loi de 1850, nous devons en aborder l'étude.

Nous aurons à y examiner successivement les trois points suivants qui feront l'objet chacun d'un chapitre : 1° la nature du droit d'enregistrement; 2° les conditions nécessaires pour qu'il puisse être exigé; 3° le paiement du droit.

CHAPITRE Ier

NATURE DU DROIT D'ENREGISTREMENT QUI FRAPPE LES DONS MANUELS

Dans les notions générales que nous avons données des droits d'enregistrement, nous avons dit qu'on pouvait les distinguer en deux classes : les droits de mutation, les droits d'actes. Ce qu'il y a de certain, d'abord, c'est que le droit qui frappe le don manuel n'est pas un droit de mutation, car ce qui caractérise ce dernier droit, c'est qu'il est dû par cela même qu'une transmission de biens immobiliers s'est opérée et l'on sait qu'à défaut d'écrit, qui la constate, l'administration peut en faire la preuve par d'autres moyens. Tout autre est le droit qui frappe le don manuel ; il n'est pas attaché à la transmission de certains biens; il exige pour son application, une manifestation extérieure de la mutation réalisée par l'une des parties.

Est-ce donc alors un droit d'acte ? Je ne le crois pas non plus, car le droit d'acte s'applique à l'écrit qui peut servir de titre aux parties, et telle n'est pas notre hypothèse, puisque la déclaration ou reconnaissance n'émane le plus souvent que du donataire ou de ses représentants et qu'ainsi elle ne constitue pas une preuve suffisante du don manuel, puisqu'elle ne sert qu'à établir au point de vue fiscal la transmission de la propriété mobilière.

Du reste, cette différence que j'indique entre le droit d'acte et le droit qui frappe les déclarations de dons manuels, je ne l'invente pas, elle se trouve indiquée dans un arrêt de la Chambre civile du 30 août 1869 (1), cassant un jugement du tribunal de Cherbourg du 18 décembre 1867. D'après ce tribunal, l'article 6 de la loi du 18 mai 1850 n'avait pas changé la nature du droit qui frappait antérieurement les donations mobilières ; c'était donc un droit d'acte qui devait frapper les dons manuels ; sans doute une simple reconnaissance et déclaration du don manuel était devenue suffisante pour motiver l'application du droit, mais cette déclaration ou reconnaissance devait être autre chose qu'une simple allégation; elle devait constituer un titre au profit d'une partie en cause, non plus comme constatant une donation, mais comme établissant un fait juridique créateur d'un droit quelconque. La Cour de cassation n'a pas, avec raison, admis cette doctrine : « Vu l'ar-
» ticle 6 de la loi du 18 mai 1850; attendu qu'il résulte de
» cette disposition conçue en termes généraux et absolus,
» qu'en imposant l'acte qu'elle prévoit au droit proportion-
» nel de donation, elle n'en subordonne pas l'exigibilité à
» la condition que la déclaration ou la reconnaissance ju-
» diciaire de don manuel soit susceptible de créer un lien
» de droit quelconque entre le donateur ou le donataire;
» qu'à la différence de la loi du 22 frimaire an VII, elle
» donne pour base au droit d'enregistrement ce fait seul
» que le don manuel a été déclaré ou reconnu judiciaire-
» ment dans un acte qui, sans d'ailleurs produire entre
» eux les effets légaux d'un titre véritable, suffit cepen-

____

(1) D. P., 1870, 1, 35.

» dant pour établir au point de vue de la loi fiscale et à
» l'égard du donataire ou de ses représentants, la trans-
» mission de la propriété mobilière, etc. »

Ainsi le droit qui frappe le don manuel n'est ni un droit
de mutation, ni un droit d'acte ; il a une nature toute spéciale. Il est mixte.

De cette idée découlent des conséquences très importantes. Le droit qui frappe le don manuel n'étant pas un droit
de mutation, il en résulte que, si aucune déclaration ou reconnaissance n'est intervenue, l'administration de l'enregistrement sera absolument désarmée, et elle ne pourra
établir par aucun moyen légal l'existence du don manuel.
Cela a été jugé dans des cas où on voulait prouver le don
manuel, soit par des présomptions, soit par des documents
tendant à établir que la libéralité avait été dissimulée dans
les énonciations d'un acte : « Attendu, dit la Cour de cas-
» sation, que si la loi du 18 mai 1850 a innové en dispo-
» sant (1) qu'à l'avenir les actes renfermant soit la décla-
» ration, soit la reconnaissance judiciaire d'un don ma-
» nuel seront sujets au droit de mutation pour donation,
» c'est par exception au droit commun; attendu qu'il est
» de la nature des exceptions de ne pas être étendues au
» delà des termes qui en fixent les conditions et en limi-
» tent les effets. Attendu, à cet égard, que l'énonciation
» dans le contrat de mariage de l'apport proportionnel de
» valeurs mobilières par les futurs époux, exclusive de toute
» déclaration de don manuel, rentre si peu dans les ter-
» mes de l'exception, qu'elle manque précisément de la
» condition essentielle qui d'après cette loi constitue la
» base légale de la perception du droit personnel. Attendu
» que la loi du 18 mai 1850, en fondant ainsi la perception

____

(1) Civ. cass., 28 novembre 1859, G., R. P., art. 1269.

» de ce droit non sur le fait pur et simple du don manuel,
» mais bien sur le fait distinct et nettement caractérisé de la
» déclaration de ce don dans l'acte par le donataire, a
» voulu surtout interdire des recherches qui ne pourraient
» tendre à la constatation des dons manuels à l'aide de
» simples présomptions sans porter par là atteinte au prin-
» cipe, qui, en fait de choses mobilières, couvre d'une
» immunité inviolable la pleine et entière liberté de leur
» transmission. »

J'ai dit, en second lieu, que le droit qui frappe le don manuel n'est pas un droit d'acte, en ce sens qu'il n'est pas nécessaire que la déclaration du don constitue un véritable titre pour le donataire. Il en résulte que la déclaration ne doit nullement émaner des deux parties, c'est-à-dire du donateur et du donataire, pour que le droit soit exigible. C'est ce qui a été déclaré formellement dans l'arrêt de la Cour de cassation de 1869, arrêté que j'ai déjà cité, et la même règle a été (1) fréquemment appliquée par les tribunaux.

CHAPITRE II

CONDITIONS REQUISES POUR L'EXIGIBILITÉ DU DROIT

Trois conditions me paraissent requises pour qu'il y ait lieu à l'application de l'article 6 de la loi du 18 mai 1850. Il faut : 1° qu'il y ait une libéralité ; 2° que cette libéralité constitue un don manuel ; 3° que le don manuel ait été reconnu ou déclaré.

---

(1) G., R. P., 1863, art. 1867. — Yvetot, 13 novembre 1863.

SECTION Iʳᵉ.

Je dis d'abord qu'il faut qu'il y ait une libéralité. Cette condition semble évidente et ne paraît devoir soulever aucune difficulté. Cependant il est certains cas où un acte, sans avoir les apparences d'un acte à titre onéreux, revêt un caractère tel qu'on ne peut le qualifier de libéralité.

Cela arrive notamment lorsqu'il s'agit de donations rémunératoires, c'est-à-dire de donations faites à une personne en récompense des services qu'elle vous a rendus. Si les biens donnés sont en proportion des services, on ne peut plus dire qu'on soit en présence d'un acte à titre gratuit; et dès lors dans cette hypothèse, l'administration de l'enregistrement ne pourra réclamer le droit proportionnel. Tel n'est pas l'avis de tous les auteurs : certains d'entre eux soutiennent qu'il y aura lieu à l'application du droit, à moins que les services soient appréciables à prix d'argent et que le donataire ait une action pour en obtenir le paiement ou la reconnaissance.

Sans doute, dit-on, on ne considère pas en droit civil, comme donation sujette aux formalités prescrites, celle qui est faite pour acquitter une dette imposée par la reconnaissance; mais, en droit fiscal, ces sortes de libéralités doivent donner ouverture aux droits de donation, alors même que les services rendus pourraient être considérés comme équivalent de l'objet donné (1). Cette opinion a été adoptée par certains tribunaux; je ne la partage pas.

Un contrat ne peut pas avoir deux caractères, suivant qu'on se place à deux points de vue différents. Il ne peut pas être à titre onéreux pour le droit civil, à titre gratuit pour le droit fiscal.

____

(1) Voir civ. cass., 7 janvier 1873, D. P., 73, 1, 36. — Req., rej., 13 août 1860, Sir., 60, 1, 998.

Du reste, sur ce point, il n'y a pas de jurisprudence constante et le tribunal de Rouen a jugé, le 27 août 1874, que, lorsqu'un failli réhabilité paie une certaine somme à une personne pour les démarches qu'elle a faites dans le but d'obtenir cette réhabilitation, il y a paiement de services rendus et non libéralité. Le plus souvent les tribunaux se décident, d'après les circonstances de fait.

Il se peut aussi que le don ait été fait dans le but d'exécuter une obligation naturelle *a fortiori*, nous le considérerons ici comme un acte à titre onéreux. Cette règle s'applique notamment au cas où des parents font des avances pour frais d'entretien, d'éducation, d'équipement de leurs enfants. En somme, ils ne font ici qu'accomplir l'obligation naturelle qui leur est imposée par la loi, de subvenir à ces frais.

SECTION IIe.

J'ai dit en second lieu que, pour l'application du droit proportionnel, il fallait que la libéralité constituât un don manuel. Il en résulte que toutes les conditions que nous avons indiquées plus haut sont requises ici pour que la libéralité tombe sous le coup de l'article 6 de la loi du 18 mai 1850; il faut notamment qu'il y ait une tradition ou un concours de volontés. Du concours de volontés, j'ai peu de choses à dire ; tant qu'il n'existe pas, le don manuel ne peut être considéré comme parfait, même au point de vue de l'enregistrement. Cette idée présente un intérêt pratique dans les cas où les choses ont été remises à un tiers intermédiaire ; si ce tiers intermédiaire ne livre les choses qu'après la mort du donateur, le concours de volontés n'ayant pas lieu, on ne pourra pas appliquer l'article 6 de la loi du 18 mai 1850.

Il faut également qu'une tradition soit intervenue ; si le

donateur ne s'est pas dessaisi en faveur du donataire, s'il a simplement promis de lui faire un don, il ne peut être question de droit proportionnel.

Ainsi, on a décidé que le droit de donation n'était pas dû sur une déclaration d'apport faite dans un contrat de mariage par le futur, déclaration dont il résulterait que ses père et mère lui ont fait don d'une certaine somme ; évidemment, il n'y a pas don manuel tant que ces sommes n'ont pas été effectivement versées. L'article 6 de la loi de 1850 n'a pu avoir pour but d'atteindre des mutations à venir ; il ne permet donc pas de frapper, comme accomplie, une mutation qui n'est encore qu'un projet. C'est par application de ces principes que le tribunal de Remiremont, dans un jugement du 9 juillet 1874, a déclaré que lorsqu'un tiers a écrit au préfet pour lui offrir, à titre de libéralité, une somme d'argent destinée au département, et que cette libéralité a été acceptée par le conseil général, le droit de don manuel n'était cependant pas dû, si rien ne constatait la tradition effective de la somme au destinataire. « Considérant, en ce qui concerne l'application à la
» cause de l'article 6 de la loi du 18 mai 1850, que cet article
» assujettit au droit de donation les actes renfermant soit
» la déclaration par le donataire ou ses représentants, soit
» la reconnaissance judiciaire d'un don manuel ; considé-
» rant que cette disposition n'a pu évidemment avoir en
» vue que la déclaration de dons manuels accomplis et
» devenus parfaits par la tradition, condition *sine quâ non*
» de leur existence ; que la mention d'un don manuel à
» l'état d'offre non réalisée ne saurait, dès lors, tomber
» sous l'application de la loi invoquée. »

De ce que la tradition réelle des objets donnés est nécessaire, il s'ensuit que les seules libéralités passibles du droit proportionnel seront celles qui porteront sur des choses susceptibles de cette tradition. Aussi doit-on admettre que les seules libéralités soumises à l'article 6 sont celles qui ont pour objet des choses qui, comme les effets mobiliers corporels, l'argent, les billets de banque, les bons ou effets au porteur, peuvent se transmettre de la main à la main. Il résulte de là que toutes les valeurs incorporelles, créances, billets à ordre, rentes nominatives échappent à l'application de la loi de 1850.

La règle que nous posons a un intérêt pratique assez considérable en ce qui concerne les rentes sur particuliers ou sur l'État. Conformément à notre système, nous devons déclarer que le droit de demander la prestation des arrérages d'une rente étant essentiellement incorporel, ne peut faire l'objet d'un don manuel et que, par suite, il ne peut être question de droit proportionnel. C'est, en effet, ce qu'a décidé le tribunal de la Seine, dans son jugement du 15 juillet 1859 (1) et c'est ce qu'a reconnu elle-même l'administration de l'enregistrement, dans une solution donnée par elle le 10 janvier 1859 : « La rente, dit-elle, étant une » chose incorporelle de sa nature, ne peut faire l'objet » d'un don manuel à l'égard duquel la tradition paraît » indispensable et qui ne peut avoir d'existence, et par » suite donner ouverture au droit proportionnel que par » son exécution » (2).

Cette opinion n'a cependant pas été admise par tous les jurisconsultes, et la Cour de cassation qui me paraît, sur ce point, plus fiscale que la régie elle-même, a, dans un arrêt du 15 février 1870 (3), déclaré que le droit de donation établi par l'article 6 de la loi du 18 mai 1850, pouvait être perçu sans qu'on ait à rechercher comment s'est opé-

(1) G., R. P., 1859, art. 1221.
(2) G., R. P., 1859, art. 1131.
(3) Sir., 1870, 1, 225. — D. P., 1870. 1, 365.

rée la transmission et, dès lors, aussi bien lorsque les
choses données consistent en droits incorporels tels que les
créances, que lorsqu'elles consistent en objets mobiliers.
Cet arrêt a été précédé d'un rapport de M. Tardieu où se
trouvent exposés les arguments en faveur de cette opinion.
« La règle pour les droits d'acte, dit-il, et c'est d'un droit
» de cette nature qu'il s'agit, est qu'il faut prendre l'acte
» tel qu'il est et n'admettre aucune preuve contraire,
» contre et outre le contenu ; et, c'est parce que le droit
» est exigible non sur la mutation résultant d'un don ma-
» nuel, mais sur la production d'un écrit qui l'énonce,
» que la régie doit puiser dans l'acte seul la preuve du
» don et la cause de la perception. La distinction entre
» les choses purement mobilières et les droits incorporels
» à l'aide de laquelle on prétendrait échapper à la percep-
» tion, ne nous paraît pas devoir entraîner cette consé-
» quence. Ce n'est pas, en effet, comme don manuel que
» la loi assujettit au droit proportionnel ce qui en a pu
» être l'objet ; c'est l'acte qui en renferme la déclaration ;
» il ne s'agit plus alors d'un don manuel, mais d'une do-
» nation écrite qui devient le titre du donataire et sur la-
» quelle la régie est admise à réclamer le droit propor-
» tionnel. Il importe donc peu que le don tel qu'il a été
» déclaré, ait compris, avec des choses mobilières, des
» créances, dès qu'il est prouvé que le donataire a été
» saisi des unes comme des autres. L'acte qui contient sa
» déclaration devient son titre sans distinction pour toutes
» les valeurs qui sont déclarées lui avoir été données, et
» c'est aussi sur ces valeurs, indistinctement, que le droit
» proportionnel de donation peut être exigé. » La chambre
des requêtes s'est rangée à l'avis de son rapporteur :
« Attendu que l'article 6 de la loi du 18 mai 1850 établit
» le droit proportionnel non sur le don manuel, mais sur

» l'acte qui en contient la déclaration ; que cet acte, qui
» forme le titre du donataire, étant la seule base de la
» perception, il importe peu que les valeurs données con-
» sistent en objets mobiliers ou en créances, pourvu
» qu'elles aient été reçues par le donataire ; que le droit
» est dû sur l'acte qui constate le don sans que la régie
» ait à rechercher comment s'est opérée la transmission. »

Pour moi, malgré tout le respect que j'ai pour les décisions de la Cour suprême, je crois que, sur ce point, sa doctrine ne saurait être admise. L'idée sur laquelle se fonde surtout sa décision, c'est que la déclaration du don manuel constitue un titre pour le donataire ; alors, dit-on, il ne s'agit plus d'un don manuel, mais d'une donation écrite. Eh bien, je crois avoir montré aux débuts de mon étude sur l'enregistrement des dons manuels, que telle n'était pas la nature de la déclaration et, à ce sujet, la Cour de cassation paraît avoir oublié l'arrêt du 30 août 1869, qui déclare qu'en imposant l'acte qu'il prévoit au droit proportionnel de mutation, l'article 6 de la loi de 1850 n'en subordonne pas l'exigibilité, à la condition que la déclaration ou reconnaissance judiciaire de don manuel soit susceptible de créer un lien de droit quelconque entre le donateur et le donataire. Si on admet comme vrai ce dernier principe, il ne peut certainement avoir été dans l'intention du législateur de 1850, de frapper un acte qui n'a aucune valeur par lui-même, son but a été différent ; il a voulu atteindre la mutation elle-même, en la saisissant dans une de ses manifestations. Cette mutation, dans notre hypothèse, ne peut pas légalement exister, puisqu'il s'agit de créances, c'est-à-dire de choses qui ne sont pas susceptibles de tradition manuelle ; dès lors, le droit proportionnel n'a plus sa raison d'être et il faut l'écarter d'une manière absolue.

Le texte de l'article 6 de la loi du 18 mai 1850 n'est nullement contraire à notre théorie, car, lorsqu'il parle de déclaration ou reconnaissance judiciaire de don manuel, il n'envisage évidemment que les dons manuels qui ont pu s'opérer juridiquement entre les parties.

Nous plaçons-nous maintenant au point de vue des principes généraux d'enregistrement? Ah, sans doute le receveur d'enregistrement n'est pas juge de la validité des actes juridiques et le droit proportionnel n'en est pas moins dû, lorsque ces actes sont entachés de nullité. Mais pour cela, au moins, il faut qu'ils existent légalement; or, encore une fois, un don manuel portant sur des choses incorporelles ne peut pas avoir une existence légale, parce que la tradition réelle est impossible, parce qu'elle ne se conçoit même pas.

Et telle me paraît bien être la théorie enseignée par M. Gabriel Demante dans ses principes de l'enregistrement (1). « Quand un acte est nul, dit-il, dans le sens étymologique du mot, c'est-à-dire qu'il n'existe pas, il ne » rentre pas dans les définitions du tarif; aucun droit » proportionnel ne peut être régulièrement perçu sur tel » acte et, s'il a été perçu, il donne lieu à restitution. » Ainsi, le droit proportionnel ne doit pas être perçu sur des déclarations de libéralités portant sur des choses qui ne sont pas susceptibles d'être données manuellement. Du reste, comme à ma connaissance un seul arrêt a été rendu contrairement à mon opinion, il est probable que la Cour de cassation abandonnera son système, qui n'est conforme ni aux principes du droit civil, ni même à ceux de l'enregistrement.

---

(1) Demante, *Principes de l'enregistrement*, n° 48. — Dans le même sens, Championnère et Rigaud, *Traité des droits d'enregistrement*, n° 244. — Garnier, *Répert. général d'enregistrement*, n°ˢ 6499 et suivants.

Jusqu'ici, on a pu remarquer que j'avais omis de parler de la troisième condition nécessaire pour qu'il y ait un don manuel valable, c'est-à-dire la capacité des parties. C'est qu'en cette matière il y a une distinction importante à faire. Oui, sans doute, lorsque le donataire n'aura pas d'existence légale, par exemple, s'il s'agit d'un individu non conçu ou d'une corporation religieuse non reconnue, il faudra maintenir la solution que nous avons adoptée pour le concours de volontés et la tradition. Il n'y a pas de don manuel, donc pas de droit proportionnel.

Au contraire, si nous nous trouvons en présence d'une de ces incapacités légales indiquées par les articles 901 à 910, alors je crois que le don manuel, tout en étant susceptible d'être annulé, sera passible du droit proportionnel. Il est de principe, en effet, en matière d'enregistrement, que le receveur n'a pas à s'occuper des causes de nullité qui peuvent entacher un acte; il suffit que les vices ne soient pas tels, qu'ils entraînent l'inexistence même de l'acte. Ainsi, je déciderai notamment que les dons manuels faits aux établissements religieux ou publics autorisés par la loi, sont soumis au droit d'enregistrement, alors même que ces établissements n'ont pas été autorisés à accepter (1).

---

(1) On pourrait douter que les dons faits à certains établissements publics soient soumis au droit proportionnel. En effet, plusieurs décrets (15 brumaire, 7 pluviôse an XII, 18 février 1809), avaient affranchi du droit proportionnel, les donations faites aux pauvres des hospices et de certaines maisons hospitalières, Mais ces dispositions ont été, je crois, abrogées par l'article 17 de la loi du 18 avril 1831, aux termes duquel sont abrogés..... et les dispositions des lois, décrets et arrêtés du gouvernement qui n'ont assujetti qu'au droit fixe, les donations faites au profit des départements, communes, hospices, séminaires, fabriques, congrégations et autres établissements publics. En conséquence, ces donations seront soumises au droit proportionnel. » Il me semble donc que l'article 6 de la loi du 18 mai 1850 régit d'une manière absolue toute déclaration de don manuel fait à un établissement public.

SECTION IIIe.

La troisième condition nécessaire pour l'application de l'article 6 de la loi du 18 mai 1850, consiste dans une déclaration du don manuel faite par certaines personnes. Cette condition est indiquée par l'article 6 ainsi conçu : les actes renfermant soit la déclaration pour le donataire ou ses représentants, soit la reconnaissance judiciaire d'un don manuel, seront sujets au droit de donation.

Au sujet de cette déclaration, nous aurons à examiner les trois points suivants : 1° forme de la déclaration ; 2° personnes qui ont qualité pour la faire ; 3° actes qui contiennent la déclaration.

§ 1.

FORME DE LA DÉCLARATION.

L'existence d'un don manuel ne peut résulter pour l'application du droit proportionnel que de deux modes de preuve, savoir : d'une reconnaissance judiciaire faisant pleine foi de la réalité du don ainsi que de sa date ; d'une déclaration faite dans un acte écrit soumis à l'enregistrement, ou parvenu à la connaissance de l'administration par les voies légales.

La déclaration ou reconnaissance doit être formelle, mais il n'est pas nécessaire qu'elle soit faite en termes exprès. De nombreuses décisions ont été rendues en ce sens, et on a déclaré notamment que l'expression cadeaux dans une déclaration d'apport, constituait une reconnaissance de don manuel suffisante pour motiver l'exigibilité du droit. (Tribunal de la Seine, 22 novembre 1856.) *A fortiori*, il n'est pas besoin, pour que le droit proportionnel puisse être exigé que le donateur soit désigné dans l'acte qui contient sa déclaration. Le silence gardé à cet égard par le donataire ne peut avoir aucune influence sur l'application de l'article 6 de la loi du 18 mai 1850 ; cet article ne distingue pas, il décide d'une façon absolue que la déclaration ou reconnaissance faite pour le donataire ou ses représentants est passible du droit proportionnel. Cette manière de voir est du reste conforme au but de cette disposition ; et en effet on a voulu empêcher les fraudes qui se pratiquaient antérieurement dans les contrats de mariage et les partages, fraudes au moyen desquelles on évitait de payer à l'État des droits d'enregistrement ; or il serait, en vérité, trop facile d'éluder l'article 6, si on en pouvait écarter l'application en ne désignant pas le donateur. Les tribunaux sont d'ailleurs unanimes sur ce point, et c'est ainsi qu'un débiteur ayant déclaré dans un concordat que la somme distribuée à ses créanciers provenait d'une collecte faite entre ses amis, le tribunal de la Seine, dans un jugement du 22 novembre 1856, a considéré cette énonciation comme suffisante pour motiver la perception du droit proportionnel.

Le plus souvent les déclarations de don manuel se font dans des inventaires et partages qui interviennent entre les différents héritiers du donateur ; or ces déclarations peuvent être l'objet de réserves, même de contestations de la part des cohéritiers. Ces contestations auront-elles une certaine influence sur l'application du droit proportionnel ? Sur ce point je me range à l'opinion générale, d'après laquelle les réserves dont a été l'objet la déclaration ne peuvent empêcher la perception, alors même qu'elles sont sérieuses et qu'elles constituent de véritables dénégations. Sans doute, si le droit proportionnel de l'article 6 de la loi de 1850 constituait un droit d'acte, il faudrait pour qu'il pût être appliqué que la déclaration constituât un titre pour le donataire et dès lors il ne pourrait plus en être question, si le concours à l'acte du prétendu donateur était contesté. Mais nous avons vu qu'il n'en est pas ainsi ; le législateur de 1850 n'a pas entendu établir un véritable droit d'acte ; il frappe la déclaration de don manuel, alors que cette déclaration n'établit pas à l'égard des personnes autres que le fisc, la libéralité qui donne lieu au droit (1).

Il est vrai que la contestation élevée par les cohéritiers du déclarant peut être soumise aux tribunaux et que ceux-ci peuvent la trancher contre le donataire, mais comme le dit très bien le tribunal de Brives, on n'a pas à s'occuper au point de vue du droit fiscal, de l'appréciation ultérieure de la déclaration par les tribunaux.

En cette matière, je ne crois pas mieux faire que de m'approprier les motifs du jugement du tribunal d'Épinal : « Attendu que l'article 6 de le loi du 18 mai 1850 est » conçu en termes généraux et absolus ; qu'il en résulte » qu'en imposant l'acte qu'elle prévoit au droit propor- » tionnel de donation, elle n'en subordonne pas l'exigibi- » lité à la condition que la déclaration du don manuel soit » susceptible de créer un lien de droit entre le donateur » et le donataire ; attendu qu'il est de principe en matière » fiscale que la perception du droit est encourue par la » présentation des actes à la formalité de l'enregistrement, » que dès lors le tribunal ne peut s'arrêter aux conclusions » subsidiaires des parties en sursis jusqu'à ce qu'il ait été » statué au fond sur la validité du don manuel contesté. »

Mais nous n'irons pas, comme l'a fait le tribunal de Montdidier, jusqu'à décider que, le droit d'enregistrement

---

(1) Montdidier, 3 mai 1867. — G., R. P., 1869, art. 2829. — Épinal, 8 août 1871. — G., R. P., 1871, art. 3408. — Brives, 19 janvier 1872, Sir., 72, 2, 251.

peut être réclamé même après le jugement définitif qui a annulé le don manuel. Nous ne nous trouvons plus ici, en effet, en présence d'une simple contestation ; la déclaration de don manuel a été jugée fausse par les tribunaux ; ils ont reconnu que le don manuel n'avait jamais existé ; en présence de ces faits, il me paraît inadmissible qu'on puisse exiger encore le droit proportionnel ; le néant ne peut rien produire, même pour le fisc ; et un acte annulé est, on le sait, comme s'il n'existait pas.

Je suppose maintenant que le droit a été perçu avant le jugement définitif, pourra-t-on, en s'appuyant sur ce jugement, demander la restitution du droit ? Sur ce point, le tribunal de la Seine (1) a décidé que quand sur une demande en restitution de deniers, le défendeur déclare qu'il lui a été fait don manuel de ces deniers et que le tribunal repoussant son système condamne le défendeur, attendu qu'il n'y a pas don manuel, la perception du droit proportionnel de donation opérée sur l'exploit contenant la déclaration du don manuel ne peut être maintenue. Pour moi, je crois que ce jugement n'est pas conforme aux principes de l'enregistrement ; sans doute, il est dur de déclarer qu'une personne ne peut demander la restitution d'un droit, dont la perception est maintenant reconnue n'avoir eu aucun fondement, mais cette décision est commandée par les textes.

En effet, aux termes de l'article 60 de la loi du 22 frimaire an VII : « Tout droit d'enregistrement perçu régulièrement en conformité de la présente, ne pourra être restitué quels que soient les événements ultérieurs sauf les cas prévus par la présente. » Or, ç'est précisément l'hypo-

---

(1) Seine, 27 avril 1872, *Répertoire général*, n° 6,479. Garnier, au mot *restitution*.

thèse dont nous nous occupons ; au moment où la perception du droit a été faite, la déclaration du don manuel était simplement contestée, elle n'avait pas été encore reconnue fausse par le tribunal ; le receveur avait donc perçu régulièrement le droit proportionnel de donation et on ne peut dès lors en demander la restitution, puisque ce cas n'est pas un de ceux où il y a exception au principe.

§ 2.

PERSONNES QUI ONT QUALITÉ POUR FAIRE LA DÉCLARATION.

Nous venons de voir quelle forme doit avoir la déclaration ou reconnaissance qui sert de base au droit proportionnel ; il nous faut rechercher maintenant quelles personnes ont qualité pour la faire. Sur ce point, l'article 6 de la loi de 1850 ne paraît pas très explicite ; il dit bien au nom de qui la déclaration peut être faite, mais il n'indique pas les personnes dont elle doit émaner. Malgré cela, tout le monde est d'accord pour déclarer que le mot pour doit être considéré comme ayant le sens du mot par, et que, par suite, il résulte de l'article 6 de la loi de 1850, que la déclaration doit être faite par le donataire ou ses représentants. Cela exclut évidemment l'application de cette disposition au cas où la déclaration ou reconnaissance émane du donateur (1).

Mais bien entendu, pour que la déclaration ne soit passible d'aucun droit proportionnel, il faut qu'elle ne soit pas de nature à constituer un titre pour le donataire, ce qui arriverait si la déclaration était faite en présence du donataire acceptant, il faudrait alors appliquer les règles du droit commun. La Cour de cassation n'a pas hésité à ad-

____

(1) Douai, 26 mai 1852. — Bordeaux, 24 mars 1857.

mettre ces principes et de nombreux arrêts ont été rendus en ce sens, même postérieurement à la loi de 1850 (1). « Attendu, dit la Cour, que les arrêtés de compte produits » dans l'instance en liquidation et partage de la succes- » sion X... étaient présentés par les parties elles-mêmes ; » qu'il ne s'agissait donc point d'un don manuel simple- » ment énoncé dans un acte étranger au donataire et con- » stituant en faveur du débiteur une remise de dette ; que » la stipulation ainsi invoquée a dû être considérée par » l'administration de l'enregistrement comme une dona- » tion de valeurs mobilières passibles de 1 franc 25 centi- » mes pour cent. »

J'ai dit que la déclaration doit émaner du donataire ou de ses représentants. Du donataire je n'ai rien à dire ; mais que faut-il entendre par ses représentants?

Il n'y a pas de difficulté en ce qui concerne les héritiers du donataire ; évidemment lorsqu'ils invoquent un don manuel fait à leur auteur, ils exercent un droit du *de cujus*, ils sont au premier chef ses représentants ; mais certaines difficultés pouvaient s'élever pour les mandataires. Il y a, on le sait, des mandataires légaux et des mandataires conventionnels.

Parmi les premiers, nous trouvons d'abord le tuteur du donataire. La déclaration d'un don manuel fait à son pupille peut-elle entraîner l'application du droit proportionnel ?

Le doute proviendrait de ce qu'une pareille déclaration crée une obligation à la charge du mineur.

Néanmoins le droit proportionnel doit être perçu, car,

---

(1) Cass. 9 août 1836, Sir. 36, 1,853.—12 février 1844, Sir., 41, 1,211. — 18 novembre 1845, Sir., 45, 1, 815. — 21 avril 1846, Sir., 46, 1, 394. — 28 décembre 1853, Sir., 54, 1, 206.

aux termes de l'article 450 du Code civil, le tuteur est constitué, par la loi, le représentant du mineur dans tous les actes qui peuvent l'intéresser ; sans doute, la déclaration du don manuel fait par le tuteur oblige le mineur à payer au fisc un droit, mais en fait cette déclaration lui sera toujours très avantageuse, car elle révèlera à son profit un chef de reprises souvent importantes (1).

Il y a une autre personne à laquelle la loi a conféré, au moins dans certains cas, le pouvoir de représenter le mineur ; nous voulons parler du subrogé tuteur. Il est constitué par la loi le mandataire légal du mineur, lorsque l'intérêt de celui-ci se trouve en opposition avec celui de son tuteur. Dans cette hypothèse, il est certain que le subrogé tuteur aura qualité pour faire une déclaration de don manuel.

Quant à la déclaration faite par un père d'un don manuel dont son fils a été bénéficiaire, elle ne pourra rendre exigible le droit proportionnel qu'autant que ce père sera le tuteur de son fils ; mais le fils, une fois devenu majeur, ne serait plus représenté par lui, et par suite toute déclaration faite en son nom, devrait être considérée comme non avenue.

Une autre situation juridique intéressante à notre point de vue, est celle de la femme à l'égard de son mari. Le mari peut-il, par sa déclaration, rendre passible du droit proportionnel le don manuel fait à sa femme ? La femme, sans autorisation spéciale du mari, a-t-elle qualité pour déclarer un don manuel dont elle a bénéficié ? Ces deux questions ont été, avec raison, résolues affirmativement par la jurisprudence. Le mari, en tant qu'administrateur des biens de sa femme, doit faire tous les actes de

____

(1) Gray, 18 février 1869. — G., R. P., 1869, art. 3021.

conservation ; or, le plus souvent la déclaration de don manuel constitue un acte conservatoire destiné à parer les attaques dont la femme pourrait être l'objet de la part de ses cohéritiers (1).

D'autre part, la femme n'est pas considérée par la loi comme incapable de faire un acte conservatoire de sa fortune ; elle doit donc pouvoir faire valablement une déclaration de don manuel (2).

Quant aux mandataires conventionnels, nous croyons que la déclaration faite par eux d'un don manuel, rendra le droit proportionnel exigible, si cette déclaration peut être considérée comme l'exécution stricte du mandat. Mais en est-il de même au cas où les pouvoirs donnés au mandataire n'entraînaient pas pour lui le droit et le devoir de déclarer le don manuel ? Les termes dont s'est servi l'article 6 de la loi du 18 mai 1850, pourraient élever quelques doutes à ce sujet ; il semblerait qu'une déclaration au nom du donataire serait suffisante pour motiver la perception du droit. Mais j'ai déjà fait remarquer que ces termes, de l'aveu de tous, ne pouvaient être interprétés littéralement ; un tiers quelconque ne peut avoir qualité pour faire une déclaration ; cette déclaration ne doit émaner que du donataire ou d'une personne qui a reçu de lui un mandat comportant un pareil acte. C'est ainsi qu'un mandataire nommé pour assister à un inventaire sans autre pouvoir, sort des limites de son mandat quand il reconnaît le don manuel fait à son mandant.

---

(1) Cherbourg, 13 avril 1856. G., R. P., 1856, art. 719.
(2) Seine, 29 décembre 1866. G., R. P., art. 2488, 1867.

§ 3.

ACTES CONTENANT DÉCLARATION DE DON MANUEL.

L'article 6 de la loi du 18 mai 1850 est conçu en ces termes : « Les actes renfermant déclaration ou reconnaissance de don manuel »; d'où il résulte qu'il n'y a aucune distinction à faire entre les différents actes qui contiennent la déclaration. Ainsi peu importe que l'acte soit judiciaire ou extra-judiciaire, public ou sous seing privé, qu'il émane de la volonté spontanée du donataire ou qu'il soit nécessité par les circonstances ou par la situation où il se trouvait (par exemple, il était soumis à un interrogatoire sur faits et articles); peu importe enfin que le déclarant figure dans l'acte comme partie ou comme témoin.

Mais ces derniers points ont été contestés ; pour qu'une déclaration, dit-on, puisse donner lieu au droit proportionnel, il faut qu'elle soit spontanée; si elle a été forcée, elle ne peut avoir aucun effet, même au point de vue fiscal.

De plus l'application de l'article 6 de la loi de 1850 à la déclaration d'un témoin dans une enquête, serait un danger pour la sincérité des témoignages en matière civile (1).

Cette opinion a été repoussée avec raison par la Cour de cassation. Et, en effet, le droit proportionnel est perçu toutes les fois qu'un aveu du don manuel est fait et cela alors même qu'il est provoqué par le juge.

Le texte de l'article 6 commande cette solution puisqu'il assimile aux déclarations les reconnaissances judiciaires qui sont presque toujours déterminées par les dénégations du donateur. Et puis, pourquoi le donataire qui spontanément avoue le don manuel à lui fait, serait-il plus maltraité

____

(1) Epinal, 27 avril 1871. — G., R. P. 1871, art. 2408.

que celui qui le reconnaît devant le juge sous la pression du serment? Leur attribuer une situation différente, ne serait-ce pas méconnaître l'esprit fiscal dans lequel a été conçue la loi de 1850 ? Qu'on ne dise pas qu'une pareille application de cette loi porterait atteinte à la sincérité des témoignages ; car une personne préférera encore payer le droit proportionnel et justifier ainsi la possession des deniers qu'elle a entre les mains, que de garder le silence et de s'exposer ainsi à des contestations sur la propriété de ces derniers (1).

Il y a certains actes où les déclarations de don manuel se trouvent fréquemment. Ce sont d'abord les contrats de mariage ; nous avons vu même que c'était dans ses actes que se pratiquaient surtout les fraudes qu'ont voulu réprimer les législateurs de 1850. Il résulte de là que le droit proportionnel sera dû, si l'un des époux déclare que la dot provient de dons manuels faits à lui par ses parents. Pourtant, il ne faudrait pas exagérer cette idée et prétendre que le droit proportionnel est dû sur une simple énonciation de l'apport personnel fait par les époux de valeurs mobilières, lorsqu'il est à présumer, d'après les stipulations du contrat, qu'un don manuel est déguisé sous cette déclaration. C'est cependant ce qu'avait jugé le tribunal de Semur (31 décembre 1856), mais son jugement a été cassé par un arrêt de la Chambre civile du 28 novembre 1859 (2). « Attendu que l'énonciation *dans le contrat de mariage* de » l'apport *personnel* de valeurs mobilières par les futurs » époux, exclusive d'ailleurs de toute déclaration ou re- » connaissance judiciaire de don manuel, rentre si peu » dans l'exception prévue par les termes de la loi de 1850,

(1) Civ. cass., 7 janvier 1873; Sir., 73, 1, 138.
(2) Sir., 1860, 1, 282.

» qu'elle manque précisément de la condition essentielle
» qui, d'après cette loi, constitue seule la base légale de
» la perception du droit proportionnel de donation, etc. »

Très souvent, dans les inventaires et partages, des déclarations de don manuel sont faites par les divers cohéritiers; ce sont même ces actes qui, en pratique, donneront le plus fréquemment lieu à l'application de l'article 6 de la loi de 1850; car les cohéritiers s'accusent réciproquement de divertissements, et celui qu'on accuse justifie ordinairement sa possession des valeurs du défunt, par un prétendu don manuel. Sur le point de savoir si une déclaration faite dans de telles conditions est passible de droit proportionnel, il n'y a aucun doute.

L'affirmative est commandée par le texte de l'article 6 et elle a toujours été admise par les tribunaux (1). Mais il se peut que le notaire liquidateur indique dans l'inventaire des actes sous seing privé, qui constatent des dons manuels. En ce cas, alors même que les héritiers seraient présents à l'inventaire, le droit proportionnel ne peut être dû que si l'héritier donataire reconnaît le don manuel à lui fait.

L'interrogatoire sur faits et articles donnera également lieu à des déclarations de don manuel; l'article 6 s'applique sans aucun doute en cette hypothèse. Le tribunal de Cherbourg a cependant jugé que la déclaration faite par une personne d'un don manuel dans un interrogatoire sur faits et articles n'entraînait pas l'application du droit proportionnel; mais il partait d'une idée dont nous avons déjà eu l'occasion de montrer la fausseté, à savoir que le droit proportionnel qui frappe le don manuel est un droit d'acte. Il en résultait nécessairement qu'il ne pouvait s'appliquer

____

(1) Compiègne, 15 décembre 1859. — Civ. rej. 13 août 1860; Sir., 60, 1, 998. — Gray, 18 février 1869; G., R. P. 1869, art. 3021.

qu'aux déclarations émanant du donateur et du donataire. Son jugement a été annulé par la Cour de cassation dans un arrêt qui nous est déjà connu (1).

Sur tous ces points, il n'y a pas eu à vrai dire de controverse bien sérieuse; on a au contraire discuté fort vivement la question de savoir si on devait considérer comme des actes renfermant l'aveu d'un don manuel dans le sens de la loi, certaines délibérations prises par les établissements publics pour autoriser l'encaissement des sommes offertes ou payées à leur trésorier. Cette question a une importance pratique considérable car, si on la résout affirmativement, on arrivera à ce résultat que tous les dons manuels faits aux établissements publics seront soumis à la loi de 1850, puisque toujours ils sont constatés par des délibérations. Aussi ne doit-on pas s'étonner de l'incertitude de la doctrine admise soit par l'administration de l'enregistrement, soit par la Cour de cassation elle-même.

Aux débuts, la régie avait admis que ces délibérations seraient affranchies du droit proportionnel. Notamment une décision ministérielle du 13 décembre 1858, transmise aux préposés de l'enregistrement comme règle de perception déclare qu'on ne saurait ranger dans la catégorie des actes contenant déclaration de don manuel la délibération d'une commission administrative, qui en constatant la remise d'une somme d'argent par une personne inconnue (2) ne fait que déterminer l'emploi de cette somme.

---

(1) Arrêt du 30 août 1869 ; G., R. P., 1869, art. 3018. — Voir aussi les jugements des tribunaux de Cholet 15 juillet 1863 ; G., R. P., art. 3018. — Seine, 29 décembre 1866 ; G., R. P., 1866, art. 2488. — Grasse, 15 juillet 1873, art. 3689. — Saint-Dié, 2 mars 1882; G., R. P. 1882, article 6492.

(2) Sir. 1859, 2, 576.

Cette appréciation avait été confirmée par une décision concertée entre les ministres des finances et de l'intérieur au sujet d'une délibération énonçant le versement à titre de don manuel entre les mains du receveur du bureau de bienfaisance d'une somme destinée à une œuvre charitable (1).

Mais bientôt l'administration n'eut plus les mêmes idées et la difficulté s'étant trouvée soumise à la Cour de cassation le 12 janvier 1870, cette Cour repoussa la demande de la régie : « Attendu que le législateur a voulu attein-
» dre non pas toute déclaration ou toute reconnaissance de
» don manuel, mais seulement les actes contenant décla-
» ration (2) ; attendu que tel n'est pas le caractère des déli-
» bérations de la commission des hospices de Lyon ; que
» ces délibérations contenaient uniquement la constatation
» des offres avec mention des conditions sous lesquelles
» elles étaient faites, et l'indication de l'emploi des som-
» mes si les offres étaient ultérieurement acceptées ;
» qu'ainsi réduites à n'avoir d'autre effet que de prépa-
» rer la réalisation des dons, les délibérations dont il s'a-
» git avaient le caractère de simples pièces d'administra-
» tion intérieure, et restaient à ce titre sous l'application
» de l'article 80 de la loi du 15 mai 1818 aux termes du-
» quel tous les actes, arrêtés ou décisions administratives
» non dénommés en l'article 78 (3) sont exempts de l'en-
» registrement. »

L'affaire fut renvoyée devant le tribunal de Bourg qui jugea, contrairement à la Chambre civile, qu'il y avait là une véritable déclaration de don manuel, et il motiva son jugement sur ce qu'il s'agissait dans la délibération de

---

(1) G. R. P., art. 1945.
(2) Sir. 1870, 1, 176.
(3) L'article 78 ne vise que les actes translatifs de propriété.

dresser état des libéralités non à titre préparatoire, mais à titre définitif. Le pourvoi en cassation interjeté contre ce jugement, fut rejeté par les Chambres réunies, qui abandonnèrent ainsi la doctrine de la Chambre civile.

Je crois pour moi qu'en définitive, la question était une pure question de fait. La délibération constatait-elle un don manuel parfait par la tradition et le concours de volontés ou bien simplemént une offre de libéralité ? Dans le premier cas il était vrai de dire qu'elle était soumise à l'article 78 de la loi du 15 mai 1818, aux termes duquel demeurent assujettis à l'enregistrement dans le délai de 20 jours, les actes des autorités administratives et des établissements publics portant transmission de propriété, etc., puisqu'ici il y avait transmission de propriété mobilière ; ou en admettant que cet article dût être écarté en cette matière, il fallait au moins appliquer la loi de 1850, car une délibération par laquelle une assemblée constate un don manuel, constitue bien la déclaration exigée par l'article 6 de la loi de 1850.

Au contraire, si la délibération a simplement constaté l'offre d'une libéralité, si même elle a constaté le versement de la somme donnée, mais en termes exclusifs de la pensée de reconnaître l'existence de la libéralité, cette pièce n'aurait pas le caractère d'un acte contenant déclaration de don manuel dans le sens de la loi de 1850, elle ne constituerait qu'un simple document d'ordre intérieur exempt de l'enregistrement.

Maintenant, dans quelle catégorie d'hypothèses devait être rangée celle qui avait été soumise à la Cour suprême ? A ce sujet, je ne peux pas conserver de doutes. Il me paraît impossible de contester que ce soit le don manuel qui était constaté par la délibération, car d'une part la tradition avait été faite et d'autre part l'acceptation du don résultait suffisamment de l'appréhension des objets par le donataire ; et telle était bien la pensée de la commission des hospices, puisqu'elle avait demandé l'autorisation préfectorale, et que cette autorisation avait été effectivement donnée. Le tribunal de Remiremont (1) a compris parfaitement la distinction que je viens de faire, et il a jugé peu de temps après l'arrêt des Chambres réunies, que la délibération d'un conseil général, statuant sur l'offre d'un don manuel non encore réalisé, n'était pas passible du droit proportionnel parce qu'on ne pouvait voir là une véritable déclaration de don manuel. L'administration de l'enregistrement reconnaissant que le jugement était à l'abri de toute critique en a autorisé l'exécution.

Mais on a voulu aller plus loin ; la Cour de cassation, a-t-on dit, dans son arrêt du 19 mai 1874, a reconnu que la délibération dûment approuvée par laquelle une commission hospitalière constate le versement, dans la caisse de l'hospice, d'une somme d'argent donnée par une personne désignée sous des conditions et avec une affectation particulière, a le caractère d'un acte administratif tombant sous l'application de l'article 6 de la loi du 18 mai 1850 ; mais si la délibération se borne à énoncer le fait d'un versement effectué par un anonyme, sans condition et sans indication de l'emploi, on ne peut plus dire qu'il y a là, véritable déclaration de don manuel ; c'est un simple document d'ordre intérieur exempt de l'enregistrement. Le tribunal d'Arras a adopté cette interprétation de l'arrêt de la Cour suprême dans un jugement du 16 décembre 1879. Voici l'affaire qui lui était soumise : Les hospices d'Arras avaient reçu, de la part d'un donateur ano-

---

(1) Remiremont, 9 juillet 1874 ; G., R. P., 1874, art. 3953.

nyme, des sommes d'argent ou des titres nominatifs s'élevant ensemble environ à 79,000 francs. L'existence de ces dons anonymes avait été constatée par une délibération de la commission des hospices (1) et la délibération avait été approuvée par le préfet; il semblait donc qu'elle devait tomber sous le coup de la loi de 1850 et c'est en effet ce qu'avait soutenu l'administration de l'enregistrement. Mais le tribunal, s'appuyant sur la décision ministérielle du 13 décembre 1858 qui prévoyait spécialement les dons faits par des anonymes, et d'autre part limitant la portée de l'arrêt des Chambres réunies aux termes dont elle s'était servie, déclara nulle la contrainte décernée par l'enregistrement.

On ne pouvait admettre une telle décision ; nous avons montré, en effet, qu'il importait peu pour l'application de la loi de 1850, que le donateur soit désigné dans l'acte qui constitue la déclaration ; quel motif peut-on donner pour refuser d'appliquer cette règle à l'hypothèse qui nous occupe ? Il semble bien, au contraire, qu'il y a ici un *a fortiori*, car les dons manuels faits aux établissements publics, sont le plus souvent très considérables et l'Etat aurait pu, si on avait adopté la doctrine du tribunal d'Arras, être frustré d'une grande partie des droits que l'article 6 de la loi de 1850 lui permettait de recevoir.

On prétendait que dans l'affaire actuelle, le but de la commission administrative avait été de fournir au receveur hospitalier un titre de recette, mais telle n'était pas évidemment le caractère de la délibération. L'intention de constater le don manuel résultait bien des termes employés par la commission : *accepte le don*, et puis pour-

---

(1) La délibération était conçue en ces termes; la commission, après avoir délibéré, accepte le don manuel, elle autorise son receveur à encaisser la somme au nom de l'hospice de la ville d'Arras.

quoi si elle n'avait pas eu cette pensée, aurait-elle demandé l'approbation préfectorale? Evidemment cette approbation était inutile; car, d'après les règlements administratifs, il suffisait d'obtenir du maire un état certifié. Aussi la Cour de cassation a-t-elle avec raison cassé le jugement du tribunal d'Arras (1) : « Attendu que dans les
» termes de l'article 6 de la loi du 18 mai 1850 la per-
» sonnalité du donateur n'est d'aucune importance au
» point de vue de l'exigibilité du droit, l'aveu du donataire
» étant par lui-même la cause de la perception ; qu'il est
» dès lors indifférent que le donateur soit ou ne soit pas
» connu, dès que la reconnaissance se trouve consignée
» dans un acte susceptible d'enregistrement ; que tel était
» le cas de l'espèce, les délibérations par lesquelles la
» commission a constaté les libéralités manuelles et les
» arrêtés préfectoraux qui les ont approuvées ne permet-
» tant pas d'après les énonciations qu'ils contiennent de
» douter que ces documents sont intervenus à l'effet de
» consacrer l'existence desdites libéralités, d'en assurer la
» perpétuité et d'en garantir l'exécution ; qu'ils consti-
» tuaient dès lors des actes dans le sens de la loi du
» 18 mai 1850 et donnaient ouverture au droit de dona-
» tion, etc. »

Accessoirement, les hospices d'Arras avaient fait valoir devant la Cour de cassation, que les dons qui leur avaient été faits constituaient des aumônes et par conséquent devaient être affranchis du droit de don manuel.

La Cour de cassation n'a pas admis cette manière de voir ; est-ce parce qu'elle pensait que les aumônes elles-mêmes étaient passibles du droit proportionnel, ou est-ce parce qu'elle ne considérait pas les dons dont il s'agissait comme de véritables aumônes ?

---

(1) Civ. cass, 1er février 1882; Sir., 82, 1, 228.

Je crois, pour moi, que c'est ce dernier motif qui l'a déterminée; il n'est, en effet, guère possible de croire que le législateur de 1850 ait voulu frapper la simple aumône. Il y a évidemment une distinction à faire entre l'hypothèse où on se trouve en présence d'un véritable don manuel, et celle où il s'agit d'une aumône, du produit d'une quête ou d'un concert, ou d'une somme recueillie dans un tronc. L'esprit de la loi la commande et nos mœurs, d'accord avec elle, n'admettent pas que le fisc intervienne dans de pareilles libéralités. Seulement comme ici nous dérogeons au droit commun, il faudra, pour les affranchir du droit proportionnel, que par leur nature et surtout par leur quotité, elles puissent être considérées plutôt comme l'exécution d'une obligation morale que comme de véritables donations.

CHAPITRE III

DU PAIEMENT DU DROIT

Au sujet du paiement du droit, nous rechercherons : 1° quelle est la quotité du droit proportionnel; 2° quelles sont les personnes qui doivent le payer.

§ 1ᵉʳ.

L'article 6 de la loi du 18 mai 1850 soumet la déclaration du don manuel au droit de donation. Il n'y a donc aucune difficulté, lorsque l'acte qui contient la déclaration n'a été l'objet d'aucune disposition exceptionnelle en ce qui concerne la perception; le tarif des donations ordinaires est alors applicable; mais il y a certaines donations qui sont tarifées à un taux moins élevé ; ce sont celles qui sont contenues dans des actes que la loi favorise particulièrement ; je veux parler des libéralités contenues dans des contrats de mariage ou des partages d'ascendants. Les déclarations de don manuel contenues dans ces actes doivent bénéficier de cette réduction ; car du moment qu'on admet que le droit ne devient exigible que par l'acte qui constate le don manuel, on doit, par une conséquence nécessaire, reconnaître que la quotité du droit à percevoir est déterminée par la nature et la forme de l'acte. Ainsi la déclaration d'un don manuel, faite par l'un des futurs dans son contrat de mariage, doit n'être soumis qu'au droit proportionnel établi pour les donations par contrat de mariage. De même, l'administration a reconnu que le tarif réduit par la loi du 16 juin 1824, article 3, était seul applicable au cas où un don manuel aurait été reconnu dans un partage d'ascendant.

Quant au tarif lui-même, il est trop compliqué pour que nous puissions l'examiner ici. Tout ce que nous pouvons en dire, c'est qu'il est proportionnel à l'importance du don.

Il en résulte naturellement qu'en pratique il faut, pour le fixer, faire une estimation de la libéralité, estimation qui sera ordinairement indiquée dans la déclaration ou la reconnaissance du don manuel. Cependant le cas contraire peut arriver ; je pense qu'alors l'administration de l'enregistrement pourrait exiger une déclaration estimative des parties.

§ 2.

PERSONNES QUI DOIVENT PAYER LE DROIT.

Lorsqu'on recherche quelles sont les personnes qui doivent payer le droit proportionnel, il faut bien distinguer l'obligation, c'est-à-dire la mesure dans laquelle la régie peut poursuivre chacun des intéressés ; et la contribution, c'est-à-dire la portion de la dette qui doit être supportée définitivement par chacun d'eux.

Examinons d'abord à qui la régie peut demander le paiement du droit. Un principe certain, c'est qu'il peut toujours être exigé du donataire ou de ses héritiers, dont la déclaration émane.

Mais la reconnaissance ou la déclaration peut être contenue dans un acte notarié ; faudra-t-il en ce cas appliquer l'article 29 de la loi du 22 frimaire an VII, aux termes duquel les notaires sont tenus de payer, au moment de l'enregistrement, les droits des actes passés devant eux.

Pour moi, la question ne souffre pas de difficulté. Sans doute, il a toujours été reconnu que l'obligation imposée aux notaires ne s'applique pas aux droits dont sont frappés les mutations indépendamment de tout acte. Mais le droit proportionnel qui frappe le don manuel n'est pas un droit de mutation ; ce n'est pas, il est vrai, un droit d'acte dans le sens strict du mot, mais sur le point qui nous occupe, il doit y être assimilé ; car, dans les deux cas, ce qui est frappé, ce n'est pas la mutation, mais la manifestation extérieure de cette mutation.

L'impôt de l'article 6 de la loi de 1850 est dû sur la déclaration elle-même, abstraction faite de la convention et sans que la régie ait à examiner comment la transmission s'est opérée. Ainsi, le notaire qui reçoit un acte renfermant une reconnaissance de don manuel est tenu d'avancer les droits qui sont perçus sur cette reconnaissance ; et s'il ne le fait pas, il encourt personnellement le droit en sus (1). Du reste, nous ne lui imposons aucun risque, car

----

(1) Civ., Rej., 10 décembre 1877 ; Sir., 78, 1, 84,

l'officier public est toujours autorisé à exiger la consignation des droits avant d'insérer dans l'acte la déclaration qui y donne lieu.

La régie a voulu aller plus loin ; dans le cas où la déclaration avait été faite à la suite d'un interrogatoire provoqué par le donateur, elle a voulu exiger du donateur le paiement du droit, elle s'est appuyée pour cela sur certaines dispositions de la loi de frimaire qui autorise le recouvrement des droits contre toutes les parties qui ont figuré dans les actes civils ou judiciaires sauf leur recours entre elles. Mais évidemment sa prétention était inadmissible; on comprend que la régie ait une action solidaire contre toutes ces parties, lorsque leur concours est un acte volontaire de léur part comme dans les contrats ou les acceptations de succession ; mais non lorsqu'elles n'y interviennent que par ordre de justice comme dans des procès-verbaux d'enquête ou d'interrogatoires et que les déclarations qui donnent lieu au droit leur sont absolument étrangères. La jurisprudence a reconnu l'exactitude de cette doctrine et les prétentions de la régie ont été toujours repoussées (1).

Nous savons qui peut être poursuivi en paiement des droits ; nous devons maintenant rechercher qui sera forcé de les supporter définitivement.

Le principe est fort simple ; c'est celui qui profite de la déclaration qui doit payer le droit dont elle est frappée ; ce sera donc toujours le donataire ou son héritier. Le notaire qui d'après notre opinion est obligé d'avancer la somme qui est perçue par la régie, aura certainement un recours contre son client. Mais ne faut-il pas apporter une

____

(1) Cass., 21 juillet 1865, Sir., 65, 1, 361. — Seine, 29 décembre 1866 ; G., R, P., 67, art. 2488. — Mortagne, 7 juillet 1876 ; Sir., 77, 2, 91.

restriction au principe que nous venons de poser lorsque c'est par suite d'une contestation de la part des héritiers du donateur que le donataire s'est vu forcé de déclarer le don manuel ? Ne doit-on pas en cette hypothèse imposer la charge du droit à celui qui a élevé la contestation? On l'a prétendu ; et la Cour de cassation, dans un arrêt du 6 novembre 1860 (1), a même admis cette manière de voir.

Le don manuel, a-t-on dit, n'est pas frappé de droit proportionnel par lui-même ; c'est la déclaration seule qui l'en rend passible ; il est juste dès lors que ceux qui par leurs contestations ont rendu nécessaire cette déclaration supportent le droit d'enregistrement, puisque du reste leurs contestations ont été reconnues mal fondées.

Ce n'est pas mon avis ; presque toujours il s'élève des difficultés sur la réalisation des dons manuels, précisément à cause du caractère occulte de ces libéralités.

Les héritiers du donateur, en contestant l'existence des dons, ne font qu'agir en bon père de famille, ils ne commettent aucune faute. Pourquoi leur infliger en sus des dépens du procès, l'obligation de payer le droit proportionnel qui frappe une déclaration qui leur est étrangère? Sur cette dernière question d'ailleurs la jurisprudence est assez incertaine ; un arrêt de la Cour de Paris du 22 juillet a été rendu en notre sens (2).

(1) D. P., 60, 1, 488.
(2) D. P., 1859, 5, 147.

APPENDICE

———

J'ai exposé d'une façon aussi complète que possible la théorie des dons manuels telle qu'elle résulte des principes et des textes. Dans les solutions que j'ai admises pour les diverses questions qui se présentaient à mon examen, j'ai essayé de pallier les inconvénients très graves que pouvait présenter ce genre de libéralité ; mais on a pu voir que j'étais loin d'être d'accord sur tous les points avec la jurisprudence. Inspirée par des motifs que nous n'avons pas à apprécier, elle a validé des dons manuels dans un grand nombre d'hypothèses où leur reconnaissance nous semblait bien dangereuse. Tel qu'il nous apparaît, son système favorise la fraude et permet d'éluder des dispositions de la loi que le législateur de 1804 considérait avec raison, comme intéressant l'ordre public au plus haut degré. Le dépositaire infidèle pourra renier impunément le contrat qui le lie, en se plaçant sous la protection de l'article 2279, si, comme il arrive le plus souvent, les héritiers ne trouvent pas dans les papiers du défunt un écrit constatant le dépôt. Des valeurs mobilières d'une succession pourront être détournées par un des héritiers, et si ces cohéritiers ne peuvent prouver sa malhonnêteté par les moyens de preuve ordinaires, l'auteur du détournement interrogé sur faits et articles avouera qu'il les a en sa possession, mais en ajoutant qu'il les a reçues à titre de don manuel, et il s'abritera ainsi derrière le principe de l'indivisibilité de l'aveu. Si on exige de lui le rapport des sommes qu'il prétend lui avoir été données manuellement par le défunt, il dira qu'il a été dispensé du rapport, et nous savons que sur ce point la jurisprudence admet comme vraies ses déclarations.

Les dons manuels deviendront bien plus dangereux encore lorsque le prétendu donataire sera un établissement public et spécialement une congrégation religieuse. Il est vrai que la nécessité de l'autorisation du gouvernement empêcherait les fraudes dans une très large mesure ; mais la Cour de cassation permet à l'établissement public d'éluder toutes les dispositions de la loi à ce sujet, puisqu'elle admet que l'autorisation sera efficace à quelque moment qu'elle soit intervenue.

En présence de pareils résultats, il est permis de se demander s'il n'y a pas une réforme législative à faire. Pour moi, elle me paraît absolument nécessaire et voici quelle en serait la base :

Le législateur de 1804, dans l'intention bien louable de restreindre les libéralités entre vifs, a exigé pour leur perfection, des formalités très compliquées. Son but n'a pas été atteint ; pour échapper aux formes dont les articles 931 et suivants entouraient les donations entre vifs, le disposant a déguisé sa libéralité sous la forme d'un contrat à titre onéreux ; le plus souvent, employant un moyen plus simple, il a fait une tradition manuelle des valeurs dont il voulait se dépouiller et la jurisprudence a reconnu la validité de ces dispositions. Pour réagir contre cette fâcheuse habitude, il faudrait rendre plus facile la perfection des donations entre vifs ; exiger simplement un écrit sous seing privé dans lequel serait constatée la libéralité, mais l'exiger en revanche pour toutes les dispositions entre vifs et par conséquent pour les dons manuels, en ne faisant exception que pour ceux qui, pour leur modicité, pourraient être considérés comme des présents ou des au-

mônes. Remarquez qu'il ne s'agirait pas d'une pure question de preuve ; l'écrit ici ne servirait pas *ad probationem*
mais *ad solem nitatem* ; il constituerait une des conditions
essentielles à l'existence même de la libéralité. Il s'en
suivrait que le dépositaire infidèle, l'héritier malhonnête
ne pourraient conserver le produit de leur fraude en invo-
quant les règles de la preuve et notamment l'indivisibilité
de l'aveu.

Au point de vue du rapport, la réforme que je propose
offrirait également de grands avantages, car un écrit étant
exigé pour la perfection du don manuel, le disposant, s'il
avait réellement l'intention de dispenser le donataire du
rapport, consignerait sa volonté dans l'écrit et on applique-
rait ainsi exactement l'article 843.

Enfin, il est évident que les dons manuels faits aux établissements deviendraient plus rares par cela seul qu'ils
perdraient leur caractère occulte ; or l'on sait que l'État a
un très grand intérêt à ce que ces libéralités soient limitées autant qu'il est possible. Quant à l'administration de
l'enregistrement, ce n'est certes pas elle qui sera hostile à
notre réforme, car ce serait désormais sur l'écrit qui constate le don manuel, que serait perçu le droit proportionnel et on éviterait de cette manière toutes les difficultés
que nous avons eu à examiner dans la troisième partie de
notre étude.

Il est vrai qu'en pratique une personne pourra toujours
donner manuellement certaines sommes à des personnes
qu'elle veut favoriser au détriment de sa famille légitime,
et bien souvent il sera impossible aux héritiers de prouver
l'existence de ces dons. Il en résulte que notre réforme
n'aura pas l'efficacité absolue que nous aurions voulu lui
donner. Mais elle aura du moins le mérite, d'une part,
d'empêcher les divertissements et les abus de confiance ;

d'autre part, d'aplanir les difficultés relatives au rapport à la réduction et à l'enregistrement des dons manuels.

Or, si les mœurs du siècle où nous vivons nous empêchent d'atteindre la perfection en cette matière, nous devons cependant rechercher s'il y a des améliorations possibles. C'est comme telle que nous osons présenter cette étude.

POSITIONS

DROIT ROMAIN

1º L'obligation contractée sous l'empire du dol était valable *jure civili* ;

2º Il en était de même de l'obligation contractée sous l'empire de la violence ;

3º L'action *præscriptis verbis* était de bonne foi dans toutes ses applications ;

4º Le pacte nu engendrait une obligation naturelle.

DROIT CIVIL

1º Le droit de rétention n'existe que dans les cas où la loi l'a formellement admis, sauf lorsqu'il s'agit d'un contrat Synallagmatique dont une des parties demande l'exécution alors qu'elle n'a pas elle-même rempli ses engagements.

2º Sous le régime de la communauté réduite aux acquêts, les époux restent chacun propriétaires *in specie* des choses qui leur appartenant, n'entrent pas en communauté ;

3º La séparation des patrimoines n'étant pas un privilège dans le sens strict du mot n'emporte pas le droit de suite ;

4º La constitution d'une hypothèque sur la chose d'autrui n'est pas validée par ce seul fait que le constituant est devenu postérieurement propriétaire de la chose revendiquée.

DROIT CRIMINEL

1° Un commerçant ne peut être poursuivi comme banqueroutier que lorsque sa faillite a été préalablement déclarée dans les formes du Code de commerce ;

2° L'excuse de provocation n'est pas admissible au cas de violence ou voie de fait envers les agents de la force publique dans l'exercice de leurs fonctions.

DROIT ADMINISTRATIF

1° Les conseils généraux ne commettent pas un excès de pouvoir en déclassant en bloc toutes les routes départementales pour les classer ensuite comme chemins vicinaux ;

2° Les conseils de préfecture sont compétents pour connaître des dommages causés aux personnes par l'exécution des travaux publics.

Vu par le président de la thèse :

Nancy, 26 janvier 1884.

P. LOMBARD.

Vu :

Nancy, le 28 janvier 1884.

Le Doyen,

E. LEDERLIN.

Vu et permis d'imprimer :

Nancy, le 28 janvier 1884.

Le Recteur,

M. E. MOURIN.

TABLE DES MATIÈRES

ERRATA

Imprimerie Nancéienne.